故事背后的故事

中国民俗文化通识九课

施爱东　著

全 国 百 佳 图 书 出 版 单 位
时代出版传媒股份有限公司
安 徽 人 民 出 版 社

图书在版编目（CIP）数据

故事背后的故事：中国民俗文化通识九课 / 施爱东著 . —— 合肥：
安徽人民出版社 , 2024.5
ISBN 978-7-212-11637-8

Ⅰ . ①故… Ⅱ . ①施… Ⅲ . ①民间故事—文学研究—中国
Ⅳ . ① I207.73

中国国家版本馆 CIP 数据核字 (2023) 第 186311 号

故事背后的故事：中国民俗文化通识九课
GUSHI BEIHOU DE GUSHI：ZHONGGUO MINSU WENHUA TONGSHI JIU KE

施爱东　著

出 版 人：杨迎会	选题策划：何军民
责任编辑：蒋越林	责任校对：佘金锁
责任印制：董　亮	装帧设计：今亮后声

出版发行：安徽人民出版社 http://www.ahpeople.com
地　　址：合肥市蜀山区翡翠路 1118 号出版传媒广场 8 楼
邮　　编：230071
电　　话：0551-63533258　0551-63533259（传真）
印　　刷：安徽新华印刷股份有限公司

开本：880 mm×1230 mm　1/32　　印张：10.5　　字数：220 千
版次：2024 年 5 月第 1 版　　2024 年 5 月第 1 次印刷

ISBN 978 - 7 - 212 - 11637 - 8　　　　　　　　定价：48.00 元

前　言

"理解之同情"与"不理解之尊重"

　　陈寅恪在冯友兰《中国哲学史》的审查报告中有一句话："凡著中国古代哲学史者，其对于古人之学说，应具了解之同情，方可下笔。"后面，他又对这句话做了进一步的解释："所谓真了解者，必神游冥想，与立说之古人，处于同一境界，而对于其持论所以不得不如是之苦心孤诣，表一种之同情。"这句话被后来者提炼为"理解之同情"的史学理念并加以推广，甚至将之应用到人际交往和社会关系的方方面面。

　　这话放在史学著作审读报告的语境中似乎是成立的，但是将其推广到社会关系实践中，则有很大的局限性，甚至有时是有害的。

　　了解也罢，理解也罢，依然是以"我"为中心，以"我的价值观"为标准的思想方式。在这里，理解是同情的前提，也就是明白考察对象为什么这么说、为什么这么做，从而认可他的言行具有自决的依据和逻辑。

那么，对于我们"不能理解"的事物呢？《天真的人类学家》讲到一个吃鸡蛋的故事。喀麦隆的多瓦悠人不吃鸡蛋，他们认为鸡蛋是从鸡屁股里掉出来的很恶心的东西，他们那里的鸡蛋只用来孵小鸡。人类学家巴利想吃鸡蛋，就拿牛肉去换鸡蛋，一颗颗敲开，却全是蓝绿色，飘散出可怕的臭味。为了吃上新鲜鸡蛋，巴利决定自己养鸡，终于等到鸡长大到可以下蛋了，他的土著助理却跑来跟他说："主人，我刚发现母鸡下蛋了，我宰了它们，以免它们流失精力。"在这个故事中，巴利虽然知道多瓦悠人不吃鸡蛋的习俗，但他不能理解，所以还是一个个敲碎了那些本可用来孵小鸡的蛋；助理虽然知道巴利养鸡是为了下蛋，但他不能理解，所以还是宰了那些用来生蛋的鸡。

所以说，光有"理解之同情"是不够的，还需要"不理解之尊重"。尽管我们无法与对方处于同一境界，无法理解对象不得不如是的苦心孤诣，但仍然应该尊重对方自愿选择某种文化的行为。

2006 年，全国人大常委会决定批准联合国教科文组织第 33 届大会通过的《保护和促进文化表现形式多样性公约》（以下简称《公约》），《公约》"序言"的第一条就强调了"确认文化多样性是人类的一项基本特性"。

什么是"文化多样性"呢？《公约》指出：文化多样性指各群体和社会借以表现其文化的多种不同形式，这些表现形式在他们内部及其间传承。考虑到文化在不同时间和空间具有不同的表现形式，文化具有独特性和多元性，《公约》因此提出了"所有文化同等尊严和尊重原则"：保护与促进文化表现形式多样性的前提是承认所有文化，包括少数民族和原住民的文化在内，具有同等尊严，并应受到同等尊重。

文化多样性不仅体现在不同民族、社群的集体选择上，也体现在个体差异上。但是，社会往往不能容忍那些"异己"的行为方式，男人说话声音细一些，被人笑作"娘娘腔"；衣服花一些，被人笑作"娘娘样"；染发被人视作"不务正业"；文身被人视作"流氓习气"。我们总是对那些异己的文化行为表现出不同程度的蔑视甚至敌意。

民俗学从一开始，就是一场"眼光向下的革命"。民俗学者从一开始，就接受了顾颉刚的教导："我们要站在民众的立场上来认识民众！我们要探检各种民众的生活，民众的欲求，来认识整个的社会！我们自己就是民众，应该各各体验自己的生活！"换成一句俗语，也就是"将心比心"，站在对象的立场和诉求上来认识其文化。即使无法认识和理解其文化，我们也得首先抱持一种尊重的态度，承认一种文化总有它自身的存在逻辑，而不是必须用我们自己的立场、观念和逻辑去"理解"它。

本书所讨论的话题，全都是俗称"反转"的话题，也即对于"异常现象"和"非常事件"的不同于传统解读的文化侦探。那些被许多专家学者认为是地震地陷的"沉东京传说"，其实是南宋王朝的沉沦史；被公认为流传数百年的北京建城传说，不过是 20 世纪 40 年代生产出来的新传说；历史上最早的刘三姐传记《刘三妹歌仙传》，作者并不是文献记载的浔州知府张尔翮，而是贵县一位爱好文学的富商；学者们考证的"刘三姐传歌路线图"并不存在，刘三姐的年龄称谓只是各地对于女神的不同尊称；江南地区广泛传颂的罗英、罗元、罗衣、罗游、卢远等，全是唐代诗人罗隐的在地讹名。

民间口头知识是不确定的，这与我们对于确定性知识的追求恰恰形成了巨大的反差，也让许多学者在这种不确定的"无稽之谈"面前止步不前。"大历史"往往被无数高文典册叙述和评议。帝王的一言一行，不仅有"起居注"，还有"实录""纪传"，甚至民众的八卦兴趣，也多是帝王将相、才子佳人、宫斗戏、发迹史。相反，对于民众自己的历史和文化，不仅学者不大关心，连民众自己都没啥兴趣。民俗学者在田野调查中最常听到的一句话就是："我们乡下人的这些东西，没什么意思，没什么好说的。"

民俗学的任务，正在于从没意思的日常生活中发现意思，从不可言说的社会现象中找到言说之处，从反常的民俗事项中梳理出民俗主体的行为逻辑，赋予我们难以理解的亚文化、异文化以合法性。

"理解"是个大词，说到理解，似乎谁都能理解，但是，如何理解，以及是否能做到"理解之同情"，乃至"不理解之尊重"，却并不是每个人都能理解的。本书的任务是，试图借助民俗学的眼光，重审一些经典文化现象，在传统的文化解释之外，开启一种民间视角的释读方式，为读者提供一些新的知识获取途径。

目
录

第三章　迷失的指路碑：沉东京传说的历史隐喻　071

第四章　八臂哪吒城：北京建城传说的千年演进　115

第五章　传说进京：文人交游与刘三姐的文化转译　145

第六章　刘三姐就是刘三婆：女性称谓的人神转换　181

第七章　罗隐变罗源：传说人物的讹名落籍　219

第一章

讲故事的民俗学:

非常事件的正常解析

民俗生活中一些隐含的规律，往往只在某些特定条件下才会有所显现，暴露出问题，表现为事件。事件民俗学倡导通过具体事件进入民俗研究。

　　民俗事件是日常生活中的非常案例，是平衡被打破之后的非常态关系，是主体间反复博弈的结果。关注生活中的民俗事件，留心异常现象，是发现问题、寻求学术突破的重要策略。

　　一个合格的民俗学者，除了敏锐的问题意识，还必须具备两项特殊的民俗学技能：一是人情练达的民俗感悟力，二是学术侦探般的勘案能力。学术研究就是一个不断捕捉事件、提出问题、解决问题的过程。理论上说，所有的异常现象（偶然性）都可以找到它的正常解析（必然性）。民俗学不只是社会学，更应该是文学和历史学，以讲故事的方式解析民俗事件，是源自学科创始之初的学术传统，更是一种学术境界。

一、从晚清高官的日常烦恼说起

道光二十七年（1847年），兵部尚书何汝霖丁母忧，回到老家江宁。其间大嫂去世，何汝霖竟不敢前往吊唁，因为那里聚集着一批准备找他哭诉、要求解决各种困难的女眷。回乡的头两个月，求助者坌集何府，"各处帮项已付三四十处，约二百余，而来者仍众，奈何奈何。又知朱、况二生窘而未启齿，赠以十五金"①。这些求助者中，有的是仗着亲戚关系，理直气壮地索要钱财；有的是仗着乡邻关系或旧日情谊，厚颜哀求，欲壑难填；还有人热心为别人做掮客，慷他人之慨，专替朋友说项求助；甚至许多毫无瓜葛和交情的人也会来信告帮。何汝霖疲于应付，身心疲惫。更令他揪心的是，丁忧期间江宁水灾，两江总督李星沅前来与之商议捐赈之事，何汝霖由于帮衬多，花销太大，手头已不宽裕，正在为捐一千两还是两千两而烦恼，李星沅却明确要求他"捐二竿，方与现在地位相称"，令他苦不堪言。

这是张剑在《华裳之蛊：晚清高官的日常烦恼》中为我们讲述的故事，故事完全出自何汝霖的丁忧日记，"真实地展现出一位达官显贵的乡居生活"。故事讲完之后，张剑提出一个问题："欧阳修晚年退居于安徽颍州，苏洵的儿子苏辙晚年也退居于河南许州，他们为什么不回到各自的故乡居住？"张剑认为，恰恰是"敬宗收族"的观念束缚着他们："宋代官员一旦入仕，照顾族人似

---

① 张剑：《华裳之蛊：晚清高官的日常烦恼》，中华书局，2020，第17页。

乎成为一种义务，有的甚至为之入不敷出，负担过重，故不得不有所逃避。清代于此，似过之而无不及。常见达官显宦，因食指浩繁，而负债累累者。对于他们，家乡既是乐土的象征，又是烦恼的渊薮；既是心灵中永远避风的港湾，又是现实中急欲挣脱的梦魇。"①

那么，在非宗族社会又是怎样一种情形呢？张剑又给我们讲了一个溥仪宫中总管内务府大臣绍英的故事。绍英的年收入高达两万多元，他行事慎廉，力求节俭，可晚年却一再向银行借款，那么，绍英的钱都去哪儿了？张剑通过对其日记的细致梳理，发现其最大开支在于"为维持自身社会身份所必需的排场而花的费用"。绍英平时进宫办事，都要给具体办事的太监、苏拉等不菲的小费，其他如抬夫、厨茶役之类，都得给赏钱，此外还有各种诸如车马费、置装费、医药费、保险费、宴请费、捐赠费、入股投资、婚丧嫁娶等花销，一遇年节，更是花费无度。张剑总结说："中国基于长期农耕社会和儒家伦理思想形成的礼仪与风俗，是极端重视人际交往的等级性、长期性和连续性，不如此就无法保持人情社会的基本稳定。一般而言，在上位者必须使自己的恩情时常大于在下位者，才能让在下位者觉得永远还不清、还不起，从而心甘情愿地维持彼此尊卑关系。"②

这两则故事令我想起另外两则故事。一是我的同乡，前赣州

---

① 张剑：《华衮之蛊：晚清高官的日常烦恼》，中华书局，2020，第 57 页。
② 张剑：《华衮之蛊：晚清高官的日常烦恼》，中华书局，2020，第 164 页。

市政协主席赖联明的故事。据说赖联明每次回乡过年，家里都门庭若市，四邻八舍都会来领压岁钱，嫌少的乡亲还会赖在家里不走，甚至有一位乡亲因借钱未果，居然扛着锄头坐到他家，暗示借不到钱就去挖他祖坟。赖联明每向人讲起这些事，就会感叹："好像我前世欠了一村人的债。"另一则故事完全相反，阎云翔在《礼物的流动：一个中国村庄中的互惠原则与社会网络》中说，在黑龙江的下岬村，地位和声望的象征是收礼而不是送礼："礼物甚至仅仅沿着社会地位等级序列向上流动，而受礼者在地位上总是优越于送礼者。进一步的分析揭示出，许多社会文化机制支撑着这种单向馈赠并再生产着现行社会等级秩序。"①

那么，礼物到底是向上还是向下流动？或者说，哪种关系模式下礼物向上流动？哪种关系模式下礼物向下流动？对这些貌似反常的事件，一定能找到一个正常的解释。而这，正是引导我们思考、调研的绝佳入口。作为一个民俗学者，我阅读《华裘之蚤：晚清高官的日常烦恼》的心情是愉快的，也是失落的。这些日常生活中的民俗现象，不是被声称"最接地气"的民俗学者从生活实践中挖掘出来，而是被一位古典文学研究者从古人的日记中揭示出来。

《礼物的流动：一个中国村庄中的互惠原则与社会网络》我曾在课堂上给学生讲过多次，但当我听到赖联明的故事时，却只是当作谈资一笑而过，从来没有把它当成一个需要民俗学者去解

---

① 阎云翔：《礼物的流动：一个中国村庄中的互惠原则与社会网络》，李放春、刘瑜译，上海人民出版社，2000，第21页。

析的"事件"。直到阅读《华裳之蚤：晚清高官的日常烦恼》，我才意识到曾经有过一个很好的选题摆在我面前，我没有抓住。

二、事项民俗学批评

许多民俗学者认为民俗学是关于"人"的学问，也有学者认为民俗学是关于"生活世界"的学问，这样的认识当然是对的。人文社会科学没有哪门学科是"非人"的学问，也没有哪门学科是"非生活世界"的学问。只不过有些学科侧重通过文本来间接地研究人和生活，比如历史学和文学；有些学科侧重通过田野来直接地研究人和生活，比如人类学和民俗学。

许多人不了解学术史，以为民俗学向生活世界的转向是20世纪90年代的事，殊不知中国民俗学创建者顾颉刚早在1928年《民俗》周刊的《发刊辞》中就提出了面向民众生活的口号："我们要站在民众的立场上来认识民众！我们要探检各种民众的生活，民众的欲求，来认识整个的社会！我们自己就是民众，应该各各体验自己的生活！我们要把几千年埋没着的民众艺术、民众信仰、民众习惯，一层一层地发掘出来！"[1]

早期的民俗学倡导者，多数都是把民俗学视作特殊形态的历史学，他们倡导"眼光向下的革命"[2]，希望从"民众文化"的角度，

---

① 顾颉刚：《发刊辞》，《民俗》周刊第 1 期，1928 年 3 月 28 日。
② 赵世瑜：《眼光向下的革命——中国现代民俗学思想史论（1918—1937）》，北京师范大学出版社，1999 年。

把平民阶级的生活文化一层一层地发掘出来。顾颉刚认为：人间社会大得很，尚有一大部分是农夫、工匠、商贩、兵卒、妇女、游侠、优伶、娼妓、仆婢、堕民、罪犯、小孩等，而我们民俗学的任务，就是要发掘和呈现他们无穷广大的生活、热烈的情感、爽直的性子，以及真诚的生活。[1]

但是，学术发展到一百年后的今天，如果还停留在"生活世界"的意义讨论，还在倡导"生活世界转向"，就真成聒噪复读机了。其实，人文社会科学研究能否取得进展的关键并不在于是否研究人、是否关注生活世界，而在于如何研究人的生活、研究生活中的哪些方面、有没有用以解剖生活的手术刀。"在学界对日常生活转向形成一定范围的共识后，摆在研究者面前的主要问题就需要从学理性思辨转向学术实践性运用，即从合理、合法性论证向可操作性、可使用性转向。"[2]

传统民俗研究，多为事项研究，也即将生活中的民俗现象做分门别类的研究，如民间文学、岁时节日、人生仪礼、民间游戏、民间信仰等，《新中国民俗学研究 70 年》[3]就是照着这个思路进行总结的。事项研究是一种归类研究，先将老百姓的整体生活形态按不同主题给切碎了，再将来源各异、同一主题的生活碎片装到同一个盘子里加以研究，然后得出一系列结论。比如什么是人

---

[1] 顾颉刚：《发刊辞》，《民俗》周刊第 1 期，1928 年 3 月 28 日。
[2] 李向振：《迈向日常生活的村落研究——当代民俗学贴近现实社会的一种路径》，《民俗研究》2017 年第 2 期。
[3] 叶涛：《新中国民俗学研究 70 年》，中国社会科学出版社，2019 年。

生仪礼,不同的人生仪礼具有什么样的文化内涵,在不同的群体中可以呈现为怎样的表现形态,这对于我们从结构上和总体上认识民俗现象是有帮助的。但是,事项研究的弊端也很明显,正如刘铁梁所批评的:"如果要检讨我们的春节研究还有什么不足的话,重要的一点就是缺乏与社会发展实践相关联的讨论,特别是没有对当下老百姓在节日中的亲身经历给予更多的关注。从如何尊重文化拥有者的态度上来说,目前的春节研究虽然在一定程度上承担起了文化人的责任,却还未能与广大民众丰富的春节生活实践及其现实感受发生紧密的联系。"[①]

也就是说,事项民俗学尚未进入民众生活实践的层面加以讨论。比如,有上海民俗学者在讨论春节文化的时候说,上海仅大年初一就有 27 项民俗。但在实际生活中,不可能有人将这 27 项民俗都过一遍,有些民俗可能是徐汇区的,有些民俗可能是浦东新区的,它们都被拣入上海民俗这个大盘子里,更像是一批零碎部件的综合展览,而不是一个可以正常运作的有机整体。当然,我们也不能说民俗事项就不是顾颉刚所说的民众生活,比如元宵舞龙这一民俗事项,它当然是民众生活,但它只是生活中的一个局部,不是完整的生活事件。

许多批评者认为,既有的民俗研究,只见有俗而未见有民,它体现的只是一种脱离了具体"民"的、抽象的、平均值的"俗"。刘

---

① 刘铁梁:《感受生活的民俗学》,《民俗研究》2011 年第 2 期。

铁梁说:"生活的整体性,离不开生活中的人。应该说,只有通过人的行动,才能呈现出生活的整体性,而不是靠民俗事象的排列组合。"① 所以王加华提倡以个人生活史为中心的研究进路:"完全可以以一个人为中心与视角,'透视'出与其所交往的其他人,随之再以'其他人'透视出更多的人。而民俗学作为一门研究民众生活的学问,其最终落脚点在于'民'上,更具体一点来说在于'民'与'民'的相互关系上。事实上,各种民俗事象之所以被'发明'与'创造'出来,即在于解决人与自然以及人与人之间的关系。"②

这些批评是有道理的,但从学术发展史的角度来说,对平均值民俗的研究却是民俗学发展的必经范式,是不可逾越的。民俗是一种"社会事实",是一种普遍性、习惯性、规约性的社会生活方式,是超越了个体鲜活生命史的平均值的"俗"。我们要认识"俗民""个人",恰恰必须基于这种平均值的社会事实,才能对个人行为的意义做出更加恰当的评判。正如我们拿到孩子的成绩单,却很难对他的成绩做出判断,必须将它放到全班同学的平均成绩中看、放到学校划定的合格分数线上看,才能看出他的成绩到底处于一个什么水平。

值得庆幸的是,经过了上百年的学术发展,各地民俗和非物质文化遗产项目的搜集、整理、研究都已经相当完备。不幸的是,

---

① 刘铁梁:《感受生活的民俗学》,《民俗研究》2011 年第 2 期。
② 王加华:《个人生活史:一种民俗学研究路径的讨论与分析》,《民俗研究》2020年第 2 期。

这种资料性、结构性、事项化的民俗研究已经遇到了瓶颈，民俗研究日益内卷，学术成果的社会效应却日见疲软。学科危机促使一批精英民俗学者不断尝试新的突围之路，比如从民俗转向俗民的研究、朝向当下的研究、认识论转向实践论的研究、口头诗学的研究、礼俗互动与中国社会的研究、民俗主义的研究、个人生活史的研究，等等，这些都是方向性的突围思路。而本书将要讨论的，则是受到《华裘之蚤：晚清高官的日常烦恼》和微观史学刺激而产生的方法论突围之路。

三、事件民俗学：讲故事的民俗学

进入 21 世纪以来，受到非物质文化遗产保护热潮的影响，民俗学领域的横向、纵向课题越来越多。为了多快好省地完成课题任务，民俗研究已经形成了若干格式化的操作模式。研究生像填鸭似的帮助导师做课题，观点是导师的、思路是导师的、提纲也是导师的，学生只是在田野和文献中不断地翻寻素材，为导师填空。这种机械化的研究生培养模式，在一定程度上限制了青年研究者的感性和灵性，导师的课题未必是他们熟悉的生活世界，也未必是他们的兴趣所在。

民俗学本该是最接地气，最生动、最有趣的一门学问，可是，许多跟在人类学屁股后面赛跑的民俗学者，往往只是热衷于跟人类学者对飙理论术语，制作资料拼盘、术语沙拉，似乎不如此就无法证明民俗学的存在价值。刘铁梁在比较了民俗学者的春节研究与《北京晚报》的春节报道之后说："（民俗学）没有通过田野作业深入访谈的方法，去了解个人、家庭、群体的日常生活及其话语形式，只进行游离于生活的生活文化研究，其理解民众生活的程度还不如新闻记者，这样的研究倾向应该引起警觉……春节个人叙事，不仅与过年的个人行动一样重要，而且会在更为广阔的节日时空中促进全社会的情感交流与共鸣。"[1]

讲故事本该是民俗学擅长的，中国现代民俗学就是从讲故事起家的。顾颉刚的孟姜女故事研究，就是用讲故事的方式追踪了一个家喻户晓的戏曲故事的来龙去脉，奠定了中国现代民俗学的经典研究范式。

民俗学如何讲故事？一个"事件"，就是一个自成体系的"故事系统"。在常态的日常生活之外，还有许许多多非常态的民俗事件，每一个事件都是一则故事，无论是喜庆的、悲伤的、积极的、消极的。如果说虚构的文学作品可以反映一个时代人的思想、文化、生活，那么，基于田野调查的、实实在在的民俗文化与生活方式，不是更可以反映这个时代人们的各种生存状态吗？

可以进入学术视野的事件多种多样，有典型事件，也有偶然事件，有历史事件，也有突发事件，只要成为事件，都是平衡的被打破，都有它的非常之处。每一个非常的民俗事件，都是特定初始条件下主体间反复博弈的结果，反映了正常民俗心理的一种合力。

---

[1] 刘铁梁：《身体民俗学视角下的个人叙事——以中国春节为例》，《民俗研究》2015年第2期。

所谓合力，指的是作用于同一物体上多种力量加在一起的矢量之和。表面上看，事件的结果只有一个方向，但在事件发展过程中，却曾有过许多的可能方向，力量与力量相互牵制、抵消和叠加的背后，是人与人之间、社会势力与社会势力之间的复杂博弈，是社会力量的相互制衡。解析这种合力的形成，以及不同群体或个体间动态的博弈过程，找到左右合力方向的临界点，勾勒其变迁模式，指出其影响要素，这是自顾颉刚《孟姜女故事研究》创下这一经典研究范式以来，中国民俗学者最拿手的研究范式，但是，这项本该是民俗学者看家的本领，如今却丧失殆尽。

民俗学者不仅要倾听故事，还要讲述故事，把来自田野的故事、生活的故事，加以组织和阐释，重新讲述给读者。然而，当代民俗学者正在一步步丧失讲故事的能力，每年一度的"民间文化青年论坛"评出来的优秀论文，一年比一年佶屈聱牙。尽管民俗学者一直在呼吁回归生活世界，回归日常生活，但我们的研究、语言和叙事方式却离生活世界越来越远。我们正在用脱离生活的方式呼吁回归生活，将学术研究玩成了自说自话的圈子游戏。

四、从非常事件切入民俗研究

民俗学和历史学有着不可分割的历史渊源，中国现代民俗学的先驱者，无一不把民俗学归在历史学或文学门下。顾颉刚把民俗学当作民众生活的历史来看待，认为创建民俗学的目的是："我们要打破以圣贤为中心的历史，建设全民众的历史！"①钟敬文也说："一切的科学都是历史的科学。一切事物都有其历史性，用历史的观点分析问题，是学术研究的一种角度。"②

可是，从顾颉刚吹响"民众生活"的研究号角至今已近百年，民俗学界还在喋喋不休地讨论"生活世界"的意义，在研究实绩上却始终打不开局面，堪称范本的成果寥寥无几，为什么？因为我们只是空谈向何处去，却不关心如何去；面对民众生活，我们既不知道从何入手，也不清楚怎么研究；纸上谈兵的民俗学者越来越多，实证研究的民俗学者越来越少。

我们往往会告诉学生，民俗不是孤立的存在，所有民俗都是特定语境中的民俗，民俗研究与语境研究密不可分。可是，语境如果不能放在具体的事件中加以考虑，而忽略了它的功能，那就是"无效语境"，它对于整个事件的发生发展也就没有任何实际意义。正如李向振所批评的："经过十多年的发展，在'语境'中理解和解读民俗事象业已成为学界共识，并逐渐成为理论常识。然而在具体学术表达中，'泛语境化'问题却日益凸显出来。所谓'泛语境化'，就是在学术文本中为'语境'而'语境'，将'语境'简约成为'志书式'介绍，或流于表面，或未能与研究事象进行有机结合，或干脆将其视为可有可无的学术装饰。更有甚者，部分

① 顾颉刚：《发刊辞》，《民俗》周刊第 1 期，1928 年 3 月 28 日。
② 钟敬文：《对待外来民俗学学说、理论的态度问题》，《民间文学论坛》1997 年第 3 期。

研究者在生产民俗志或民族志文本时，形成了'八股文'式的写作框架。"① 也就是说，"语境"只是作为时尚的学术标签用以装点论文，事实上并没有成为研究工作逻辑链中的有机成分。

我们指导学生要对民俗进行"整体性研究"或者"立体性研究"，但如果不对民俗行为进行生活功能的分析，那就只是罗列齐全的事项研究而已，本质上仍是一种平均着力的事项民俗学。即使整体性的村落民俗志研究，也只是全面铺开的事项研究，虽然面面俱到，但是并没有进入具体、生动的生活场景，无法呈现民俗主体的行为目的和功能，更无从体现主体间的意志博弈。

我们常常说学术研究要进入历史深处，什么叫作历史深处？就是历史的细节处，流淌在历史毛细血管中的血细胞，覆盖在宏大叙事下面的人的活动，以及历史事件对不同人群所造成的生活影响，等等。无论历史深处还是民俗深处，都是复杂人性的深处，那里汹涌着各种矛盾、纠结和选择，演绎着行为的意义、目的和功能，充斥着各种激情、无奈和苦恼。正如户晓辉所说："学者常常只能在风俗中与民众相遇。只有沉入风俗、与民众一起卷入风俗，我们才能与民众相识、相知，才能不仅遭遇自己的命运，而且遭遇民众的命运，才能与民众一起共同遭遇民俗的命运和我们与民众共同的命运。只有在共同被卷入风俗的存在中，我们才能与

---

① 李向振：《迈向日常生活的村落研究——当代民俗学贴近现实社会的一种路径》，《民俗研究》2017 年第 2 期。

民众同甘共苦、息息相通。"①

社会生活中某些隐含的规律，只有在特定条件下才会有所显现，而非在所有的民俗活动中都能够显露出来。民俗功能往往在失控、失衡的时候，才会暴露出问题，表现为事件。所谓民俗事件，也即日常生活中的非常事例，是平衡被打破之后的非常态关系。无论历史研究还是民俗研究，都应该从具体的事件入手，没有事件就无从进入具体的生活情境。历史学家对拿破仑在滑铁卢战役当天每时每刻的所作所为都有细致的研究，但他们未必想知道、也不可能知道拿破仑平常日子里每一个时刻的鸡零狗碎。民俗学者一到逢年过节就特别忙碌，因为只有这时候他才可以密集地观察到生活中的许多非常态民俗事件。没有事件的日常生活，不仅很难受到关注，也很难让人提出有意思的问题，所以贝弗里奇强调说："'留心意外之事'是研究工作者的座右铭。"②

2013年春节，我和一些同行在江西某村调查元宵灯会。灯队在比较偏远的A家、B家舞完，刚到C家，A家长子突然跑来跟灯队炮手说，灯队在他们家少放了一个炮，要求回去补放，可是灯队正热火朝天地向前推进，不可能走回头路。A家长子锲而不舍地一直跟着灯队，说了许多狠话，必须讨个说法。我直觉这是一个"非常事件"，事件中蕴含着太多可以深究的民俗内涵。追踪

---

① 户晓辉：《日常生活的苦难与希望：实践民俗学田野笔记》，中国社会科学出版社，2017，第350页。

② W. I. B. 贝弗里奇：《科学研究的艺术》，陈捷译，北岳文艺出版社，2015，第36页。

觉地以一种未经认真考虑的解释将它忽略过去,这种解释其实算不上什么解释。正是这些情况,他抓住了,并以此作为起点。"[1]陈启能在论述微观史的研究方法时,也谈到金兹堡研究中常用的两种方法,一是关注民俗,二是关注民俗现象中的异常细节:"第一是他特别努力收集欧洲及世界其他地方的民俗资料,特别是他认为存在于欧洲的绵延长久的广大通俗文化底层的资料。第二是他总是从这些民俗资料中或从其他史料中去发现若干有意义的小点,或某种异常的、蹊跷的细节,通常总是用这些民俗资料来说明这些小点,并阐发其意义。"[2]

在科学史上,从意外发现的异常现象入手从而打开科技新局面的案例不胜枚举。著名的伦琴射线的发现、望远镜的诞生、射电天文学的创立、莱顿瓶的发明,无一不是对异常现象的研究所得。在弗莱明发现青霉素之前,许多科学家都曾注意到青霉菌抑制葡萄球菌菌落的现象,但是他们都只是因实验失败而沮丧,并没有深入思考其本质,因而错过了青霉素的发现。微观史研究中也有许多因关注异常现象而导出规律性认识的故事:"例如,在1519 年的一件宗教裁判所的审讯案中,一位被审讯的乡村妇女在口供中数次把魔鬼的名字与圣母马(玛)利亚相混淆。金兹堡把这些混淆之处加以排列对比之后,认为这一混淆具有重要意义,并不是偶然的。它说明在当时基督教世界的民俗中,正宗宗教信

---

[1] W. I. B. 贝弗里奇:《科学研究的艺术》,陈捷译,北岳文艺出版社,2015,第 37 页。
[2] 陈启能:《略论微观史学》,《史学理论研究》2002 年第 1 期。

此事的前因后果及其背后的民俗心理，观察双方如何利用平衡智慧处理矛盾，或者矛盾是否升级为更大事件，访谈非当事村民态度，这些都是民俗学者擅长的。当时由于我必须跟随调查组赶往另一个灯会，于是建议驻村调查的同行持续关注这一事件，并将结果告诉我。可惜他的兴趣点并不在这，事后给我的回复也就一两句话。

当然，我们提倡事件研究并不是要否定事项研究。事项研究不仅在过去是必要的，将来也有其继续存在的价值，正如后现代是以现代性为前提的，事件研究也是以事项研究为前提的研究进路。有了事项研究以及我们对于事项的认识，才有正常生活形态的概念的建立；有了既定的观念图式，才具备发现异常的眼光。正如我们司空见惯的现象，在西方学者的眼中却是一幅异常图景，激发他们一再追问。所以说，土生土长的日本人是永远写不出《菊与刀》的。

五、微民俗、低微理论与日常生活

理论的贫弱，以及对于宏大理论的孜孜以求，是民俗学学科自信问题上的正反两面。2004 年，邓迪斯的《21 世纪的民俗学》一文在美国民俗学界引起巨大争议，其核心的观点是："在我看来，大学中民俗学科衰落的第一个也是最主要的原因是我们可称为'宏大理论'的创新持续缺乏。"① 第二年,美国民俗学会专门组织论坛讨论这个问题。讨论中,更多的民俗学者认为民俗学更适合于"低微理论"或者"弱理论"的建构。

诺伊斯对于低微理论的论述主要是基于民俗学者的中层位置和功能:"民俗学者具有典型的地方知识分子特性,虽然这个位置没什么魅力,但它比我们想象的更重要。民族国家通过地方知识分子努力将他们的地方现实和总体秩序整合,成为一个有活力整体而变得稳固。"② 也就是说,民俗学适合在全球化与地方性、宏大理论与生活实践之间寻求局部适应性的理论突破。

低微理论的定位无疑为民俗学指明了一个正确的方向。宏大理论是可遇不可求的,试想,人世间哪有那么多宏大理论?千千万万的人文社会科学工作者,如果人人都想追求宏大理论,也就意味着可能生产出千千万万的宏大理论,可是,千千万万的宏大理论还能够宏大吗?空想和口号是没有意义的,对于民俗学来说,或许只有踏踏实实地立足于微民俗和低微理论才能有所作为,成长为实实在在的一门科学。

低微理论应该深入社会的毛细血管,研究那些尚未被关注,但是作为社会有机构成的小人物、小事件。低微理论可以用来夯实宏大理论的理论硬核、修订其保护带、纠正以往研究中的误判

① 阿兰·邓迪斯:《21世纪的民俗学》,收入李·哈林编《民俗学的宏大理论》,程鹏等译,上海社会科学院出版社,2018,第8页。
② 多萝西·诺伊斯:《低微理论》,收入李·哈林编《民俗学的宏大理论》,程鹏等译,上海社会科学院出版社,2018,第95-96页。

误读。低微理论的研究也可能邂逅"异向机遇",也即田野信息所提供的机会、事件偏离研究初衷的情况。倘若我们发现异向事件中某些共性的思想或行为模式,与既有的民俗学观念存在偏差,那么,我们也可能颠覆旧观念,另立新说。打一个比方,我们也许不能在安邦治国的大舞台上大展宏图,但我们可以在乡村或社区治理的小舞台上施展拳脚。

假设把民俗学的历史学定位与低微理论追求相结合,那就正合了 20 世纪 70 年代以来微观史学所做的努力:"从事这种研究的史学家,不把注意力集中在涵盖辽阔地域、长时段和大量民众的宏观过程,而是注意个别的、具体的事实,一个或几个事实,或地方性事件。这种研究取得的结果往往是局部的,不可能推广到围绕某个被研究的事实的各种历史现象的所有层面,但它却有可能对整个背景提供某种补充的说明。也就是说,微观史学家的结论记录的或确定的虽只是一个局部现象,但这个看似孤立的现象却可以为深入研究整体结构提供帮助。"①

微观史学关注地方社会、下层阶级、日常生活、边缘个案、小规模事件,这正是人类学和民俗学的视角。其代表人物金兹堡②、勒华拉杜里、戴维斯等,都在介绍其研究工作时反复提到他们曾经深刻地受到人类学、民俗学的影响。"微观史学所试图建立起的就是一种微观化的历史人类学研究,其对象是过去历史

---

① 陈启能:《略论微观史学》,《史学理论研究》2002 年第 1 期。
② 意大利微观史学代表人物 Carlo Ginzburg,又译卡罗·金兹堡。

中的那些小的群体或个人,以及他们的思想、信仰、意识、习俗、仪式等文化因素,他们相互之间的社会、经济关系和宏观的政治、环境等因素仅仅被作为整个讨论的某种背景介绍,其实质是一种对文化的'解释性'研究。"①

以勒华拉杜里的《蒙塔尤:1294—1324年奥克西坦尼的一个山村》为例,我们完全可以将它视作一部民俗学论著,如果由民俗学者来为它起一个书名,可以题为《蒙塔尤村中世纪民俗志》。1320年,蒙塔尤这个法国小村因为宗教异端问题,受到天主教宗教裁判所的无情审判,富尼埃主教审理此案时留下了大量文件。勒华拉杜里借助这些文件,"试图把构成和表现14世纪初蒙塔尤社区生活的各种参数一一揭示出来"②,这些"参数"包括社区环境、社会结构、家庭组织、行为方式、婚姻规则、妇女地位、性爱观、文化网络、时空观、巫术观、宗教观、生死观,等等。如果借用民俗学的行话,这就叫民俗事项,只不过这些民俗事项是附着在蒙塔尤村民琐琐碎碎的生活故事中被讲述的。虽然我们不能从目录中一眼找到某项民俗在第几页,但是,生动的故事吸引着我们读完全书,让我们对蒙塔尤这滩"臭气扑鼻的污水",以及污水中"许许多多的微生物"有着全面的了解和充分的理解。

通过故事呈现日常生活,通过日常生活辐射至所有的社会活

---

① 周兵:《微观史学与新文化史》,《学术研究》2006年第6期。
② 埃马纽埃尔·勒华拉杜里:《蒙塔尤:1294—1324年奥克西坦尼的一个山村》,商务印书馆,1997,"中文版前言"第2页。

动,从而解析民俗生活的意义和功能,是《蒙塔尤:1294—1324年奥克西坦尼的一个山村》成功的关键要素。法国马克思主义思想家列斐伏尔认为,日常生活是我们的内心世界与社会世界最深刻、最直接的汇聚地,也是人类本能欲望的所在地。他在1946年出版的《日常生活批判》中说:"日常生活从根本上是与所有活动相关的,包含所有活动以及它们的差异和它们的冲突;日常生活是所有活动交汇的地方,日常生活是所有活动在那里衔接起来,日常生活是所有活动的基础。"①

　　无论微观史、微民俗、低微理论,还是日常生活史、个人生活史,其意义正如勒华拉杜里引《奥义书》所说:"孩子,通过一团泥便可以了解所有泥制品,其变化只是名称而已,只有人们所称的'泥'是真实的;孩子,通过一块铜可以了解所有的铜器,其变化只是名称而已,只有人们所称的'铜'是真实的……"② 我们可以将这段话做一个延伸:"通过一个人可以了解所有的人,其变化只是名称而已,只有我们所称的'人'是真实的。"也就是说,所谓微观史、低微理论的背后,还是有着普遍性和深层结构的追求。一叶落而知天下秋,小规模、微民俗的研究,其方法论目的乃在于以小见大,以精细化的操作建构宏大理论与宏大叙事的微缩景观。

　　人文社会科学的理论往往来自对经验事实的归纳总结,在此

---

① 亨利·列斐伏尔:《日常生活批判》第1卷,叶齐茂、倪晓晖译,社会科学文献出版社,2018,第90页。
② 埃马纽埃尔·勒华拉杜里:《蒙塔尤:1294—1324年奥克西坦尼的一个山村》,商务印书馆,1997,扉页献词。

基础上进行模式化，并升华为一种规律性认识。不断积累的低微理论逐渐被发表，相关的信息逐渐体系化，自然会被后来的理论家归并到一个涵盖面更广、概括性更强的理论之中。所以说，低微理论所积累的经验事实和理论方向，有可能为宏大理论的提出夯实基础、做好铺垫。

当然，低微理论并非宏大理论的马前卒，也可能是马后炮，它对学术发展的意义并不完全是基础性、铺垫性的，也可以是修补性、侵蚀性的。

科学哲学告诉我们，在既有学科格局基础上，学术发展是以截然不同的两种方式向前推进的：一种是不断积累和完善的方向，一种是不断否定和革命的方向。无论哪个方向，都离不开低微理论的作用，前者体现为充实和修正，后者体现为质疑和冲击。就前者来说，低微理论可以通过具体的事实归纳，补充或细化宏大理论所未能涵盖的生活层面；就后者来说，来自田野调查或经验事实的低微理论有可能提出与宏大理论完全不同的新思想。这些新思想的累积和冲击，可能会逐渐瓦解宏大理论的立论基础，稀释宏大理论的解释力。也就是说，无论在宏大理论成型之前，还是之后，低微理论都一直作用于它。

六、关注异常现象

所谓异常现象，是相对于正常现象来说的，正如非常事件是相对于平静、常态的日常生活来说的一样。异常现象与非常事件是这样一种关系:异常现象未必足以构成非常事件,但它是非常事件的重要表现形式。打个不太恰当的比喻,如果说非常事件是一种疾病,那么,异常现象就是一些症状。

如果没有民俗学的知识武装,没有对于常态的事项民俗学的认知图式,也就无所谓正常或异常。所谓异常现象,指的是既有民俗学理论尚未关注到或者难以解释的民俗事件或民俗现象。留心异常现象,是发现问题、理解非常事件、寻求理论突破的重要策略。我们一定要意识到:存在就是合理,任何异常现象,都有它背后的正常逻辑。世上没有无缘无故的爱,也没有无缘无故的恨,事物出现异常,一定还有未被我们发现的隐蔽的力量存在,还有一些特殊的、尚未被既有民俗学理论涵盖的社会规律潜藏在现象背后。

普通的社会现象被我们关注、认识之后,形成一些系统性、模式化的理解方式,我们称之为理论。这些理论成为经验图式充实到我们的认知体系当中。但是总会有一些特殊现象只有在特殊条件下才会显现出来,它们无法在既有理论框架中得到合理解释。这就告诉我们,现象背后还有一些尚未被我们意识到的扰动因子。找出这些隐蔽的扰动因子,探讨导致事态失衡的原因与过程,从而得到一些规律性、模式化的新认识,正是新发现、低微理论的生成机制。在医学史上,以前我们只知道视觉和听觉与平衡感有关系,后来正是因为观察到小脑受损的患者失去平衡感这一异常现象,才发现小脑是人类运动协调中枢这一事实。

常态的民俗生活中，扰动发生之后，旧的行为规则被打乱，结构的稳定性遭到破坏，人们会依新的权力结构重建新的关系，并由此制定新的规则、维持新的平衡。由旧结构到新结构、旧平衡到新平衡，是一个不断博弈的过程，每一方势力都会试图利用连横合纵促使规则朝着有利于自己的一方发展，这是一个复杂的动态过程。民俗学的田野优势有利于我们在动态的调研中细致地观察这一过程，这是民俗学相对于微观史学的学术便利之所在。

异常现象意味着我们必须悬置既有的理论模型和常识性判断，深入到当事人的生活实践当中，去观察、体验他们的生活和诉求，梳理他们的关系，权衡他们的力量，探讨其思维和行动的功能，追踪事态变化的过程，从而揭示其生活实践的逻辑，勾勒新的结构模型，对非常事件做出符合生活实际的正常解析。

新发现往往隐藏在一些异常的细节之中。要知道，那些最显著、最突出的民俗现象，早就被我们的学术前辈蒸煮炖炒无数遍了，很难再炒出新的花样，除非我们有新的烹饪技法，否则只能从前人忽视的细节和线索中去寻找新的食材。所以说，所有异常的民俗现象，都是生活给予民俗学者的一次机遇。"认识了机遇在作出新发现中的重要作用，就应当正视它，辩证地看待它和常规性地研究机遇和发现之间的关系。"①

民俗生活是一个复杂的系统，而所有的民俗学理论都只是片

---

① 刘大椿：《科学活动论》，中国人民大学出版社，2010，第180页。

面视角的认识论。当生活向我们展示出既有理论所忽视的那部分功能项的时候，也就是给予我们机遇，让我们重新思考新的功能项的时候。所以说，关注事件，发现异常，是我们深入民俗纵深秘境的一把钥匙。当我们把新冠病毒感染当成普通肺炎处理的时候，我们无法理解事态的性质，只有当我们意识到它是一种"新型"冠状病毒感染的时候，人类的抗疫之旅才算真正开启。

从异常现象出发，我们更容易提出新问题，也更容易求得新发现，不会被熟视无睹的平常景象所遮蔽。科学哲学告诉我们："新发现常常是通过对细小线索的注意而取得的。要有敏锐的观察能力，在注意预期事物的同时，要保持对意外事物的警觉。从事科学发现，切忌把全副心思都放在自己的预想上，以致忽略或错过了与之无直接联系的别的东西。没有发现才能的人，往往不去注意或考虑那些意外之事，因而在不知不觉中放过了可能导致重大成果的偶然'事故'——他们很少有机遇，只会遇到莫名其妙的怪事。反之，对机遇所提供的线索十分敏感、非常注意，并对那些看来有希望的线索深入研究，这才是富有创造力的表现。"[1]

达尔文的儿子曾经专门论及达尔文对异常现象的敏锐触觉："当一种例外情况非常引人注目并屡次出现时，人人都会注意到它。但是，他却具有一种捕捉例外情况的特殊天性。很多人在遇到表面上微不足道又与当前的研究没有关系的事情时，几乎不自

---

[1] 刘大椿：《科学活动论》，中国人民大学出版社，2010，第 180 页。

仰与魔鬼信仰之间的界限十分淡薄。对普通信众来说，只要能解救人们摆脱困难，是圣母还是魔鬼就无所谓了。"①

　　同样的文化现象，在 A 眼里是事件，在 B 眼里未必是事件。我在给中山大学中文系学生讲授史诗结构的时候，产生了"叠加单元模型"的想法，我曾经跟一位老师说起，可他只是淡淡地说了一句："这种现象很常见。"我燃烧的兴奋迅速就被扑灭了。到了北京之后，为了参加陈岗龙的史诗研讨会，我想重拾这个想法写篇小文章，征求刘魁立老师的意见，刘老师说："这个问题太重要了。很多人也许意识到了，但没有谁认真思考过，你必须写成一篇大文章。"于是我振奋精神，利用"非典"的封闭时段，写出了《史诗叠加单元的结构及其功能——以〈罗摩衍那·战斗篇〉（季羡林译本）为中心的虚拟模型》②。

　　针对异常现象，是在分析现象总结规律的基础上提出新的理论方案，还是通过分层、分类来对既有理论进行补充、调整或精细化操作，既取决于既有理论是否尚有阐释空间，也取决于研究者的学术判断和阐释方案。而一旦有了新的理论工具、新的研究视角，原本异常的事件就会变得可以理解、不再异常——这就是所谓"非常事件的正常解析"。比如，对于牛顿力学来说，微观世界中粒子相互作用的关系全都是异常现象，可是，量子力学产生

① 陈启能：《略论微观史学》，《史学理论研究》2002 年第 1 期。
② 施爱东：《史诗叠加单元的结构及其功能——以〈罗摩衍那·战斗篇〉（季羡林译本）为中心的虚拟模型》，《民族文学研究》2003 年第 4 期。

之后，这些异常现象都得到了完美解释，也就是说，量子力学让异常现象得到了正常解析。

理论上说，所有的异常现象（偶然性）都可以找到它的正常解析（必然性），我们之所以觉得异常，是因为只看到了异常的表象，还没有看到它必然的本质。"科学艺术创造的目标是迈向必然性，为什么客观上经常是由偶然性起作用呢？客观事物发展的必然性是通过偶然性来实现的。必然性通过偶然性为自己开辟道路，偶然性是必然性的表现形式，一旦条件具备，偶然的东西必然要转化为必然的东西了。其实，机遇就是蕴含着转化为必然条件的偶然和意外。"①

理论需要不断地响应解释现象的需要，异常现象总是不断地暗示我们旧理论的粗疏缺失，提示我们在前人研究基础上向前一步。"1611年，开普勒出版了一部关于望远镜的著作，但是他的著作受制于他当时不知道光的折射定律，所以只是一个复杂的近似值。1637年，笛卡儿出版了一部关于反射和望远镜的著作，他知道光的折射定律，但是不知道色散理论……所以望远镜的使用在早期并无有效的理论支撑。关于望远镜的理论是随着望远镜的发明而发展的。"② 新的理论会促进新的观察，新的观察会发现新的异常，新的异常会触动更新理论的发明，这是一种螺旋式上

---

① 林公翔：《科学艺术创造心理学》，福建人民出版社，1990年，第304-305页。
② 约翰·A.舒斯特：《科学史与科学哲学导论》，安维复主译，上海科技教育出版社，2013，第273-274页。

升的曲线。理论不断精进的同时，异常现象也会不断出现。科学研究永无止境，学者则如逐日之夸父。

在顾颉刚之前，故事传说是荒诞不经的；在罗香林之前，客家民俗是难以理解的；在罗永麟之前，四大传说的概念是不存在的。客观对象一直就在那里，能不能用理性之光去点亮它，让沉默的信息活起来，让难以理喻的行为变得可以为我们理解和包容，考验的是我们的学术敏感、理论眼光、想象力和思想力。

七、基于良好知识储备的问题意识

许多民俗学者的论文，光从标题就可以看出，只有对象和范畴，没有问题和观点。我们常常说"学术研究要有问题意识"，但我们很少再追问"问题意识从何而来"。

问题的产生源于观察到的现象与我们头脑中既有观念图式的不吻合，以至于我们对于这种现象不能理解、无法解释。这有两种可能：一种是个人原因，因为我们掌握的知识不够。比如说，我刚上大学的 1985 年，广州街头还有帮顾客"打小人"的习俗，当时我特别不能理解这种古怪行为，但在我学习了民俗学、读过《金枝》之后，再遇见类似现象，就没再觉得这是个问题。另一种是学科原因，因为民俗学还没有产生能够解释这类现象的理论，或者说，现有的民俗学研究范式没有把这类现象当作一个问题来对待。

所以说，问题源于对解释现象的需求与知识供给之间的落差，当我们的认知图式不足以帮助我们理解或解释现象的时候，问题就产生了。这就提醒我们，问题的产生同时取决于"解释需求"和"知识供给"两个因素。

（一）解释需求

解释需求可以区分为两种，一种是理解和解释现象的愿望，一种是对既有释读方案的不满足。我们把前一种叫作"求知欲"，后一种叫作"批判精神"。前一种主要在儿童期起作用，后一种主要在研究工作中起作用，这里只讨论后一种。

大多数民俗学博士生开题报告最大的问题是没有问题。他们往往以"社区""专题"来作为论文边界，比如一个村庄的整体性调查、一个民俗事项的历史梳理、一本名著中的民俗描写、一种社会现象等，唯独没有说明想解决一个什么问题。当然，一个民俗学博士生，如果他只想写一篇平庸的、用来向老师汇报的学习成果，的确可以选择一个自己熟悉、方便的田野点，照着师兄师姐的葫芦画个瓢，循规蹈矩地写一篇足以拿到学位的毕业论文，毕竟不可能要求每个人都必须有理论上的发现发明。

但是如果你想在学术领域有所贡献和发明，就必须有质疑、追问和批判的精神，敢于提出一个有意义的问题。科学史一再告诉我们，理论的发明发现是科学革命的结果，批判精神是科学革命的基本素质："没有批判性的革命精神而被强大的传统所束缚，即使出现了意外,也会熟视无睹,坚持成见地继续走自己的路。"①
绝大多数博士生即使努力地掌握了专业知识,也很难有理论上的
突破,一个很重要的原因是批判精神的缺乏,他们过于相信老师、
崇拜权威,不敢质疑,尚处在需要借助各种花哨术语和权威引文
来装点论文的阶段。

　　当一种异常现象摆在我们面前的时候,我们很可能束手无策。
异常现象的解析比常规研究困难得多,因为在我们面前没有现成
的、可以用来直接套用的理论,也没有示范性的写作文本,甚至
连一些用以装点门面的漂亮术语和引证文献都很缺乏。我们自己
提出的问题,需要用自己的知识储备和聪明才智去回答,我们会
遇到很多瓶颈、很多棘手的新问题,甚至可能是一种摸黑前行的
体验。

　　对于那些富于批判精神的创造性人才来说,"明知山有虎,
偏向虎山行"不失为一种学术激励机制。贝弗里奇说:"我们已
经看到,认识到困难或难题的存在,可能就是认识到知识上令人
不满意的现状,它能够激励设想的产生。不具好奇心的人很少受
到这种激励,因为人们通常是通过询问其过程有什么作用,如何
作用,某物体为什么采取现在的形式,如何采取,从而发觉难题
的存在。"②而学术研究的任务,就在于为各自研究领域中的难
题找到一个最合理的解释,通过寻找线索和材料,借助逻辑推论,

―――――――――

① 李鹏飞等:《科学技术哲学概论》,大连理工大学出版社,1994,第196页。
② W. I. B.贝弗里奇:《科学研究的艺术》,陈捷译,北岳文艺出版社,2015,第72页。

充分运用我们的智慧，生产各种新知识。

（二）知识供给

知识供给指的是学者可以调取用以解释各种民俗现象的知识储备，没有知识储备无从联想。一个没见过狮子、豹子和老虎的人，他眼里的猫只是猫，他不可能产生"猫科动物"的联想。那些具有丰富知识储备的人，不仅比只有简单知识储备的人更容易产生有意义的联想，而且更有可能提出真正独到的见解。所谓创造性思想，是基于你知道这种思想在整个知识网络中处于什么位置、具有什么意义。因此，你首先需要了解学术史，知道哪些话题已经被研究过，哪些观点已经被提出，哪些问题已经被解决。

知识积累和学术史梳理，不仅能帮助我们判断什么问题值得研究，也能帮助我们舍弃那些没有讨论价值或没有研究条件的问题。我刚读硕士的时候，曾经很有兴趣地搜集了大量龙凤文化的资料，天真地计划写一部"龙凤考"，可是，资料看得越多越沮丧，因为我发现自己能够想到的观点，别人都已经说过了，只是以前不知道。所以说，"只有知识背景丰富，才能知道什么是意外。意外是以'意内'即人的头脑中的认识为前提的，没有丰富知识准备的人，把一切都当作意外，是根本谈不上捕捉机遇的"[①]。

机遇不是来自守株待兔，而是来自十年磨一剑的准备。近代微生物学奠基人巴斯德有一句名言："在观察的领域里，机遇只

---

① 李鹏飞等：《科学技术哲学概论》，大连理工大学出版社，1994，第196页。

偏爱那些有准备的头脑。"①机遇往往转瞬即逝，错过了就永远错过了，没有拣出来的珍珠无异于鱼目。学术敏感不是天生的，是在现有学术格局中滋长出来的，知识储备越丰富，学术触角也越多。越是初入门径的青年学者，越是迷惘找不到好选题。相反，越是学富五车的成名学者，越是觉得学术选题多得做不完。

每个人的知识储备、学术条件和兴趣点都是不一样的，不同的学者面对同样的事件，提出的问题也都不一样。哪些问题值得追根究底？哪些问题只能悬置勿论？哪些问题有可能找到答案？哪些问题超出学科界限？这些都需要根据自己的条件进行综合判断。踌躇不前固然不可取，急功冒进也可能徒劳无功。

对于一项有意义的科学研究来说，知识储备和批判精神是一个硬币的两面，善于提出问题就是学术批判的开始。科学的民俗研究应该建立在"常规—事件—问题—假设—调研—解析—新模式（新常规）—新事件—新问题……"这样一个螺旋上升的学术轨道上。"科学只能从问题开始。问题会突然发生，当我们的预期落空或我们的理论陷入困难、矛盾之中时，尤其是这样。这些问题可能发生于一种理论内部，也可能发生于两种不同的理论之间，还可能作为理论同观察冲突的结果而发生。而且，只有通过问题我们才会有意识地坚持一种理论。正是问题激励我们去学习，去发展我们的知识，去实验，去观察。"②而不是因为某一民俗事

① W. I. B.贝弗里奇：《科学研究的艺术》，陈捷译，北岳文艺出版社，2015，第184页。
② 卡尔·波普尔：《猜想与反驳》，沈恩明缩编，浙江人民出版社，1989，第83页。

项或某个社区目前尚未受到关注，于是着手调查、精细描述，最后既未提出问题，也未解决问题，只是做一个民俗志式的综合整理。所以波普尔总结说："科学和知识的增长永远始于问题，终于问题——愈来愈深化的问题，愈来愈能启发新问题的问题。"①

学术研究的尊严不在于新增长的知识是否为"真"，而在于研究方法是否合乎时代规范、研究过程是否充分体现了人类思考问题和解决问题的能力、研究成果是否闪烁了人类智慧的光芒。通俗地说，学术研究的成败标准可以表述为：有没有遵照现行的游戏规则，把认识自然、认识社会、解决问题的能力发挥到最好。

八、人情练达的民俗感悟力

生活中每天都在发生各种各样的故事，也许每一则故事、每一种现象都会呈现出一些我们尚未觉察到的意义，但并不是说这些故事和现象都具有充分的学术价值。"任何思想敏锐的人，在研究的过程中都会遇到无数有趣的枝节问题，可以进一步研究下去。对所有这些问题加以研究，在体力上是办不到的。大部分不值得研究下去，少部分会出成效，偶尔会出现一次百年难逢的良机。如何辨别有希望的线索，是研究艺术的精华所在。"②

1834年某天，英国物理学家斯科特·罗素在河边散步的时候，看见一只航行的小船船头卷起一个水包，不断向前滚动，只有波

---

① 卡尔·波普尔：《猜想与反驳》，沈恩明缩编，浙江人民出版社，1989，第84页。
② W. I. B.贝弗里奇：《科学研究的艺术》，陈捷译，北岳文艺出版社，2015，第40页。

峰，没有波谷，觉得非常奇怪，他立即对此展开研究，不久就提出了"孤立波"理论。可是，类似的现象即使出现在我们民俗学者面前，我们也觉察不出异常；即使觉出异常，也不可能有解析的能力。也就是说，科学研究是有目的、有选择的专业行为，并不是我们在生活中遇到的所有异常现象都值得我们去关注、去研究。我们只能在自己的专业领域内，关注业内的、有讨论价值的异常现象。

每一个专业都有自己的专业特质，对从业者的要求都不一样。一个合格的民俗学者，他自己就是深谙人情世故的俗世中人，必须具备人情练达的民俗感悟力。姚明适合打篮球，聂卫平适合下围棋，张剑非常适合做民俗研究，虽然他是个古代文学研究者。那么，相对于其他学科，民俗学专业特质的基本要求是什么呢？人是一切社会关系的总和，民俗事件是各种社会力量合力推动的结果。民俗研究的本质就是特定社会条件下人与人的关系研究，民俗学的本质就是"关系学"，而精通人情世故，则是一个民俗学者能够深入民间、洞悉民俗本质的基本要求。

貌似平平淡淡的生活之中，总是有一些异常的事件。事件背后种种关系的纠缠和变化，就是促成事件发生的原因；众声喧哗的传闻，就是民众对于这些关系的解释和隐喻。一个敏锐的民俗学者，不仅应该具备从日常生活中发现事件的能力，还应具备从事件中挖掘关系的能力、从口头传闻中领悟隐喻的能力、将各种关系贯穿思考的学术想象力，而这些能力，恰恰来自对世道人心细致入微的理解，以及在日常生活中察得见异常、看得懂眼色的民俗感悟力。"几乎所有那些由于机遇而导致创造性发现的人，都深具问题意识。因为对于创造主体来说，头脑中积累着各种材料，经常想着悬而未决的问题，使他们保持着高度警觉，留心意外之事，一旦受到某个意外事件的触发，（他们）就很容易得到启发，产生新的思想。"①

围绕着每一个人都有一张关系网，个人就像一只蜘蛛，处在关系网的中心，网与网交织在一起，当它们处于静止状态的时候，岁月静好，我们看不见力的作用。一旦受到外力的作用（事件发生），比如有一只飞蛾落入网中，平衡被打破了，各方的角力就开始了，网与网互相牵扯、互相作用，最终达到新的平衡，结构或许变了，或许没变。研究者所要做的，就是勾勒其结构，叙述新旧平衡的破与立，解析力的作用，指出关键性的功能要素，从不同的角度去认识人类社会发展的动力和规律。

人情是人性的世俗应用，识人性者未必通人情，通人情者必然识人性。曹雪芹说的"世事洞明皆学问，人情练达即文章"（《红楼梦》第五回），用在民俗学者身上真是再恰当不过了。在所有学问中，民俗学是可以将"做人"和"做学问"的技巧结合得最好的一门学问。练达的人情眼光能够帮助他判断：哪处秘境是他能够到达的？哪处秘境是他暂时无法到达的？他可以从哪里入手？

---

① 林公翔：《科学艺术创造心理学》，福建人民出版社，1990，第 309 页。

应该放弃哪些问题？相反，一个不通人情世故的学者，无论他可以写出多么深奥而漂亮的论文，都只能是闭门造车、纸上谈兵，不可能成长为一名优秀的民俗学者，正如我们很难设想一个陈景润式的优秀数学家能够做好民俗学一样。

九、学术侦探一样的勘案能力

陈尚君教授有一次在中山大学演讲，说他为《全唐诗补编》爬梳文献时，常常觉得自己在"抓特务"，每当发现一条新线索，都会特别兴奋，兴奋之余，不得不仔细考辨一番，既怕遗漏了一个特务，又怕制造了一出冤案。每天都在这样的兴奋与紧张之中，他一点儿也不觉得学术研究是一种苦累，反而乐在其中。

从"破案"这个角度看，学者与侦探没什么本质区别。只不过，侦探面对的是违法犯罪性质的安全事故，而我们面对的是具有一定学术意义的民俗事件；侦探是在案发现场和人群里找证据，而我们是在田野中访谈、在书堆里找线索。

民俗学如何进入案发现场？福田亚细男提出，应该注重对于具体"个人"而不是抽象的"人"的把握，他说："在实际的行为当中，或者说是故事当中也是，行为也好，故事也好，将它们表现出来的是个人。"具体表现就是出现他的名字："一直以来那种面目模糊的、没有具体人名的访谈记录或者观察之类是不行的……具体人名的意思是，必须有个人的存在，研究才会得以丰富。"①

微观史学将这一循着人名寻找故事线索的方法称为"提名法",认为人名是引导研究者走进故事迷宫的"阿里阿德涅线团"。事件民俗学关注民俗事件,提倡从事件当事人出发,利用关联性寻找关系人。每一个关系人都应该被视为主动而活跃的能动者,他是事件中的一个利益诉求者,也是事件发展中的一种制约力量,也许事态发展并没有沿着他努力的方向前进,但是,他一定牵制或平衡了其他力量,成为历史合力中的一分子,也正是在这个意义上发挥了他的整体性功能。事件民俗学应该从关系人动态的功能性行为(功能项)入手进行追踪调查,渐次铺开,而不是从静态的"整体性民俗志"调查入手,进行程式性的介绍。

张剑即是从何汝霖入手,通过何汝霖的日记,带出了夏家铣、带出了何承祜,带出了一大批乡邻乡亲、塾师仆人等,并且将何汝霖的社会关系划为三个圈层加以理解:"仆人与塾师是最近身的一个圈层,居于小家庭之外的亲朋则是次近身的圈层,而自然生态(如水灾)和政治生态(如官场吏治)则构成了何汝霖居住和活动的更远但也更大的圈层,每个圈层都会对处于中心点的何汝霖产生反射影响。"从而"让我们看到官员乡居生活的另外一面,看到一个陌生又熟悉的社会"②。

---

① 福田亚细男、菅丰、塚原伸治:《传承母体论的问题》,彭伟文译,《民间文化论坛》2017年第6期。
② 张剑:《华裳之蛊:晚清高官的日常烦恼》,中华书局,2020,第58-59页。

很多微观史学家在描述自己的工作时都谈到自己像侦探一样的工作方式。"纳塔莉·戴维斯在回顾她从收集资料到写作《马丁·盖尔的归来》一书的经过时，就有过类似的说法，'自始至终，我都像一个侦探一样在工作，确定我的原始资料和它们的构成原则，把从许多地方得来的线索整合在一起，确立一个能对16世纪的证据最合理的、最可能的推测性论点'。"① 微观史学理论家金兹堡将之定名为"推定性范式"，他以艺术品鉴定中的"莫莱里方法"为例，详细论证了该范式的合理性和重要性，并且认为莫莱里辨伪、福尔摩斯探案、弗洛伊德精神分析和微观史学的推定性范式，本质上都是相通的，类似于猎人追踪猎物："在数千年的时间里，人类都曾是猎人。在数不尽的追猎过程中，他学会了如何借助泥地上的足印、折断的树枝、粪便、毛发、缠结的羽毛、残留的气味，重现不见踪影的猎物的形象与动作。他学会了如何嗅闻、记录、解读像是涎沫那样极细微的痕迹，并将它们分门别类。……猎人或许是第一个'说故事的人'，因为只有他能够从猎物所遗留的沉默的痕迹中，解读出一系列连贯的事件。"② 正是从这个意义上说，一个好的学者，就是一个会讲故事的猎人。

2019 年中央扫黑除恶督导组进驻云南期间，昆明市打掉一个以孙小果为首的涉黑团伙。消息公布之后，大家意外地发现，这个

---

① 周兵：《微观史学与新文化史》，《学术研究》2006 年第 6 期。
② 卡罗·金兹堡：《线索：一种推定性范式的根源》，《新史学》第 18 辑，大象出版社，2017，第 13-14 页。

孙小果早在1998年就因为强奸罪被判处死刑,一个死刑犯居然没在狱中,却在社会上横行霸道。"网友们都在问:孙小果家究竟有多大的权力,能办成这么多事情?调查人员起初其实也有同样的疑惑,当一路查下来,发现孙家最大的官员只是继父这个区城管局长,却成功打通了层层关节,堪称拍案惊奇。而且,虽然不少人收受了孙家的钱物,但他们都表示其实主要不是图财,更多的是因为'朋友圈''战友圈'的熟人请托,看的是人情和面子。看似匪夷所思的背后,其实深刻地反映了那个时代社会风气的积弊。"①

在这里,中央电视台的新闻调查只用一句"深刻地反映了那个时代社会风气的积弊"将深层原因轻轻带过,可是作为民俗学者我们应该意识到,这绝不是"那个时代社会风气"这么简单的一个问题,背后有着深层的民俗文化传统:朋友之间"有情有义"的另外一面,可能就是对其他人的"无情无义"。每一个人都无大恶的叠加,可能就是一场滔天大恶。"法不责众"的传统观念与"法网恢恢"的现代观念之间,是否只差一个赌徒心理? 其他诸如父母溺爱、显摆能耐、哥们义气、权力运作、职场潜规则、制度漏洞、关节疏通,等等,无论是从管理学、社会学、心理学还是从民俗学的角度,都能在这起案件中找到深度探究和言说的空间。关键是,我们有没有把它当作一个值得研究的事件,通过这样一个典型案例,勾勒"层累作恶"的结构关系,找出其运作机制,对此类异常

---

① 中央电视台综合频道:《正风反腐就在身边》第2集《守护民生》第36分钟,CCTV节目官网,https://tv.cctv.com/,2021-01-22。

现象做出精细解剖，为更好地治理社会提供民俗学智慧。

十、让民俗学以讲故事的方式讲"故事"

民俗学不断学院化、精致化的后果是：民俗学越来越枯燥，越来越无趣。说得严重一点，高呼向生活世界转向的民俗学，抛弃了实证研究，恰恰远离了生活世界。民俗学是从文学、历史学起家的，立足于文学和历史学的民俗研究才是民俗学的本位。

民俗学向社会学和人类学学习，不应该是邯郸学步，而应该是民俗学为"体"、他学为"用"的关系。任何舍本逐末的学科策略，都是学科自杀的策略。福田亚细男对于日本现代民俗学的批评可为我们提供借鉴："如果要舍弃历史而向新的民俗学转变，也就是说如果要发起革命，那就不必拘泥于'民俗学'，你们完全可以独立创造另一门学问。"[①] 立足学科传统，在传承中创新发展，才是民俗学的未来，而不是改换门庭、过继到别人名下。正是基于以上学科危机，有感于张剑的《华裳之蚤：晚清高官的日常烦恼》，本书具体建议聚焦于三个方面：开放素材边界、关注民俗事件、讲好学术故事。

（一）解放学术研究的取材眼光

民俗生活无限多样，呈现方式更是丰富多彩，民俗学也可因事为制、不拘一格，完全不必拘泥于所谓的二重证据法、三重证

---

① 施爱东：《民俗学的未来与出路》，《民间文化论坛》2019 年第 2 期。

据法、四重证据法。只要是现实中存在的社会文化现象，都可以作为民俗学的研究对象、论证依据。

传统民俗学一直以田野调查、口头访谈作为主要方法，以口述资料、地方史志、族谱碑记、仪式手册等作为研究素材，而张剑的研究实践告诉我们，日记作为一种"无所顾忌"的个人书写，从真实、可靠的角度上说，远比口述史更适用。事实上，德国、日本等国的一些民俗学者，就将日记当作"大家的历史"进行研究。日本学者门田岳久认为："个人的生活体验并不一定完全通过口述展示。比如日记，虽然是一种文字形式的记录，但也可以算是展示作者思想与感受的自媒体。日记中关于日常生活的记录，也可以视为把握当时社会状况的社会史资料。在这个意义上，日记与口述研究同样都是通过个体观察社会的研究工具。"[1]

门田岳久甚至认为，网络社交媒体比如博客、脸书等，也是一种生活日志，但由于这类生活日志并没有被归档保存，经常被用户删除，因此并没有成为民俗学的研究对象。但事实上这样的素材，包括求职信、个人简历、自我介绍等，都可以作为我们的研究对象。他认为："我们通过叙述自我，理解'自己是怎样的人'。我们通过回顾自己的生活史，思考接下来要做什么，并调整自己的位置与生存方式。可以说，自我叙述与自我表象涉及的是一个现代性的问题。因为，现代社会就是一个迫使每个个体明确'自

---

① 门田岳久：《叙述自我——关于民俗学的"自反性"》，中村贵、程亮译，《文化遗产》2017 年第 5 期。

我认同'的社会。"①

民俗学取材路径的不断拓展一再提醒我们，世上没有无用的材料，只有一叶障目的肉眼凡胎，以及面对异常却熟视无睹的庸常眼、庸常心。换一种方法，换一个角度，原本无用的材料，或许就有了金子般的光芒，正如顾颉刚在 1928 年说的："民俗可以成为一种学问，以前的人决不会梦想到。"②

（二）提倡事件民俗学的研究

事项民俗学是抽象了具体个人的，采用族群性、习惯性、长时段等"均质化"概念来描述的民俗学。有日本学者批评说："日本民俗学一直以来面对人进行研究，却'只见俗不见人'。民俗学者在讨论研究对象时，虽然曾经涉及'人'的问题，也有些学者提出'传承主体''Homo Folkloricus'等概念，但他们把'人'视为了'民俗'的载体，似乎没有关注'人'的个体性、日常实践等层面。"③

事件民俗学是对传统事项民俗学抽象性、概括性、类别化、碎片化的纠偏，是事项研究的升级版。事件民俗学倡导通过事件进入民俗、通过当事人的行为进入民俗，让静态的、事项的民俗

---

① 门田岳久:《叙述自我——关于民俗学的"自反性"》，中村贵、程亮译，《文化遗产》2017 年第 5 期。
② 顾颉刚:《〈民俗学会小丛书〉弁言》，收入杨成志、钟敬文译《印欧民间故事型式表》，1928 年 3 月。
③ 中村贵:《面向"人"及其日常生活的学问——现代日本民俗学的新动向》，《文化遗产》2020 年第 3 期。

动起来、活起来。

所有的事件最终都会体现为人与人、人与自然的关系，人与人的博弈决定了民俗事件的最终解决方案。事件中的每一个普通个体都是一个能动者，他的诉求和行为以及他所代表的力量正是民俗学者所应该关注的。他的行为功能，更是我们把握民俗结构的关键所在。事件的展开，能让我们更加亲切地走近民众的生活，也更加清晰地理解民俗的真谛。

从事件出发，有利于民俗学走近读者，为读者展示多样化的人类生活图景，促进读者更好地理解他人的思想和行为，理解文化多样性以及多样性文化对于人类生存、发展的重要意义。

（三）呈现解题步骤，用讲故事的方式解剖事件

学术研究就是一个不断捕捉事件、提出问题、解决问题的过程。一个学者对于事件的陈述与解析是否成功，不仅取决于他占有的资料，还取决于他所使用的理论和方法，以及他的评判眼光、叙述技巧。一个好的学者，不仅要有侦探洞悉世事的机敏，还要有法官明察秋毫的评判能力，以及律师口若悬河的叙事才华。一个学者具备的能力越齐全，他的著作也就越有说服力、越好看。

我们以格尔茨的"斗鸡调查"为例。在巴厘岛的一个偏远村庄，格尔茨夫妇一直苦于无法融入当地社会，但是，在偶然卷入一场斗鸡事件之后，全村人得知他们也像当地人一样狼狈地逃跑和躲避警察，非常兴奋。"在巴厘岛，被取笑就意味着被接受"，格尔

茨夫妇用行动证明了他们与村民是同一类人。这给予格尔茨一种直接理解"农民心智"的内在视角:"它使我很快地注意到一种情感爆发、地位之争和对社会具有核心意义的哲理性戏剧的综合体,其内在本质正是我渴望理解的。"格尔茨借此深入当地社会,发现斗鸡对于巴厘人具有深刻的民俗内涵:"巴厘人从搏斗的公鸡身上不仅看到了他们自身,看到他们的社会秩序、抽象的憎恶、男子气概和恶魔般的力量,他们也看到地位力量的原型。"[①]

格尔茨以讲故事的形式娓娓道来,从雄鸡与男子气概的对应关系、斗鸡规则与博弈、社会关系与赌博赢利、地位赌博与金钱赌博等方面逐一展开,最终归结为"斗鸡尤其是深层的斗鸡根本上是一种地位关系的戏剧化过程"[②],并由此写成了他的文化解释学名篇《深层游戏:关于巴厘岛斗鸡的记述》。

我们设想一下,如果一个民俗学者来写这篇论文,他会怎么写?论文结构很可能是这样的:一是学术史回顾;二是介绍巴厘岛的地理位置及气候特征、人口构成等;三是介绍巴厘岛斗鸡民俗及其游戏规则;四是梳理巴厘岛斗鸡的历史与传说;五是分析斗鸡民俗与男性气质的关系;六是分析斗鸡民俗与社会阶层的关系;七是斗鸡民俗的弊端与斗鸡赌博的危害;八是分析斗鸡民俗与社区文化建设的关系;最后阐述如何正确引导斗鸡民俗以及斗

---

① 克利福德·格尔茨:《文化的解释》,韩莉译,译林出版社,1999,第489页、第520页。

② 克利福德·格尔茨:《文化的解释》,韩莉译,译林出版社,1999,第514页。

鸡民俗在当代社会的文化意义。如此结构的学术八股文，只要资料翔实、观点新颖、论证可靠，当然也能发表，但绝不可能成为文化解释学的代表作品。

求解一个新问题，就像求解一道数学题，是有一定步骤的："为了求得关键性的未知数 a，可能得先解开通向 a 的未知数 b、c、d……只有解开了这些低层级的、简单的关系因子，才能更好地解析那些高层级的、复杂的核心关系。每篇民俗学论文都是一次关于'关系'的解题。"[①] 将这些解题步骤呈现出来，就有了学术探案的趣味。庖丁解牛，与其只是把解好的牛器官摊在桌上供人参观，不如把解牛的步骤演示给人看，让人看得到器官之间是如何构造、如何联络，你是如何下刀、如何分解，解剖是否妥当，有无错失。令人信服的学术研究，就应该把自己的解题思路和解题步骤演示给人看。

最后顺便提一句，经历了 2020 年的新冠疫情，谁都不会否认灾难改变了我们的生活。新冠疫情作为一种不可抗拒的灾害事件，具有客观上的偶然性、主观上的不可预见性。类似的灾害性事件，在人类历史上曾不断出现，将来也一定还会再现，那么，身处灾害性事件中的公众舆论会做出哪些自然反应、滋生哪类灾难谣言、产生怎样的社会问题？作为地方社会的民俗精英，他们又将做出怎样的社会响应、进行怎样的生活调节？这些都是需要我们去观

---

① 施爱东：《民俗学就是关系学》，《民俗研究》2020 年第 6 期。

察、思考和总结的，只有在充分了解和理解的基础上，我们才能更好地应对灾害事件。作为民俗学者，直面灾害现实、挖掘民俗传统，从抗疫的民众反应中找出规律、总结经验，是我们的学术优势所在，也是学术服务社会、促进社会进步的题中应有之义。

第二章

故事学作为
专门之学：

从顾颉刚出发

中国传统学术中没有民间故事的位置。虽然在文人笔记和地方文献、家族文献中零星记载着一些传说和故事，但只是作为奇闻和史料记录在案，从没有人将它们当作学术研究的对象。直到五四运动之后，知识分子对于民间文学的态度才有一个革命性的转变。所以顾颉刚说："民间故事无论哪一件，从来不曾在学术界上整个的露过脸；等到它在天日之下漏出一丝一发的时候，一般学者早已不当它是传说而错认为史实了。我们立志打倒这种学者的假史实，表彰民众的真传说；我们深信在这个目的之下一定可以开出一个新局面。"[①]

　　20世纪20年代，顾颉刚将"历史演进法"引入故事研究，是为中国现代故事学之滥觞。此外，以周作人、钟敬文、赵景深等人为代表的"人类学派"故事学也开始盛行。英国的人类学派故事

---

① 顾颉刚：《顾颉刚民俗论文集》卷二，中华书局，2011，第4页。

理论大约在 20 世纪初传入中国，20 世纪 30—40 年代对中国的民间文化研究产生了深远影响。人类学派认为，神话（故事）是原始社会生活和思想的一种遗留，对于原始人来说是种普遍而正常的思想方式，但社会进化以后，人们逐渐忘却了遗留习俗中的古老思维的原意，只是把它作为一种口传文化或固定仪式保存下来。该学派主张用"遗留物"理论来解释那些奇异故事的产生、演进等问题，反过来，又以这些口传文化来探寻原始人的思维和生活方式。

稍晚还有钟敬文的故事类型研究，他先是与杨成志合作翻译了《印欧民间故事型式表》，后来转向自立门户，"他归纳整理了45 个中国民间故事类型，撰写成《中国民谭型式》（1931 年）。将众多故事辨析异同，定型归类，再作深入解剖，是沿用至今的故事学研究基本方法"①。

20 世纪 50—70 年代，和其他所有民间文化研究一样，"由于发表出版民间故事着眼于将它们作为一种文学读物向大众普及，因而评论研究多以当时有影响的故事集或故事群为对象，阐释其社会价值与文艺价值，尚未将故事学作为具有相对独立性的一门学科作系统而深入的研讨"②。

20 世纪 80 年代以来，中国的故事研究开始复兴，20 世纪 90 年代末期之后更是出现了群雄并起的兴旺局面。关于故事学史

---

① 刘守华：《世纪之交的中国民间故事学》，《华中师范大学学报》2000 年第 1 期。
② 刘守华：《世纪之交的中国民间故事学》，《华中师范大学学报》2000 年第 1 期。

的研究，已有万建中《20世纪中国民间故事研究史》[①]、漆凌云《中国民间故事研究史论1949—2018》[②]做了很好的研究，本书不再赘述，本章旨在简单归纳中国故事学创立者顾颉刚的故事学思想。

一、顾颉刚故事学思想的十个要点

1924年，顾颉刚的《孟姜女故事的转变》甫一问世，就被刘半农誉为"这故事是二千五百年来一个有价值的故事，你那文章是二千五百年来一篇有价值的文章"[③]。1926年，他又做了一篇《孟姜女故事研究》，进一步确立了其故事学研究范式。"我们深信孟姜女的故事研究清楚时，别种故事的研究也都有了凭借……我们只是借了她的故事来打出一条故事研究的大道。"[④]后来，他又以相似的方法写出《嫦娥故事之演化》《羿的故事》《尾生故事》等系列论文，奠定了一套顾颉刚故事学的理论基石。

（一）故事没有固定的体，故事的体就表现在前后左右的种种变化之上[⑤]

故事是会变迁的，从史书到小说已不知改动了多少，从

---

① 万建中：《20世纪中国民间故事研究史》，北京师范大学出版社，2011。
② 漆凌云：《中国民间故事研究史论1949—2018》，中国社会科学出版社，2019。
③ 刘复1925年1月2日致顾颉刚信，《歌谣》周刊第83号，1925年3月22日。
④ 顾颉刚：《孟姜女专号的小结束》，《歌谣》周刊第96号，1925年6月21日。
⑤ 顾颉刚：《顾颉刚民俗论文集》卷二，中华书局，2011，第66页。

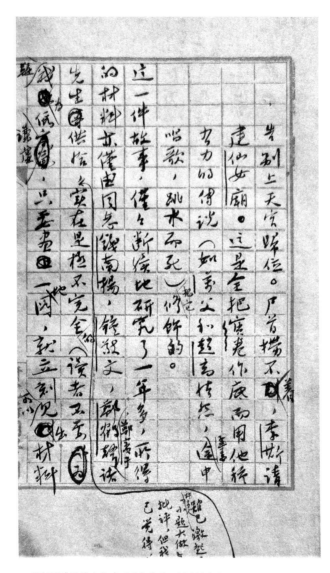

▶ 顾颉刚《孟姜女故事研究》手稿。（1926年）

小说到戏剧又不知改动了多少，甲种戏与乙种戏同样写一件故事，也不知道有多少点不同。[①]

胡适甚至把这种变迁归纳为一种单向的趋势：

由简单变为复杂，由陋野变为雅驯，由地方的（局部的）变为全国的，由神变为人，由神话变为史事，由寓言变为事实。[②]

（二）故事的变迁是有规律可循的

顾颉刚说："我看了两年多的戏，唯一的成绩便是认识了这些故事的性质和格局，知道虽是无稽之谈原也有它的无稽的法则。"[③]他认为这些法则除了情感上的满足、作者的预期之外，还有无意的讹变、形式的限制、点缀的过分、来历的异统等多种可能。

（三）中国的古史（传说）是层累地造成的

这有三个意思。第一，可以说明"时代愈后，传说的古史期愈长。"……周代人心目中最古的人是禹，到孔子时有尧舜，

---

① 顾颉刚：《古史辨》第 1 册，上海古籍出版社，1982，"自序"第 22 页。

② 胡适：《古史讨论的读后感》，收入顾颉刚编《古史辨》第 1 册，上海古籍出版社，1982，第 193 页。

③ 顾颉刚：《古史辨》第 1 册，上海古籍出版社，1982，"自序"第 22 页。

到战国时有黄帝神农,到秦有三皇,到汉以后有盘古等。第二,可以说明"时代愈后,传说中的中心人物愈放愈大。"如舜,在孔子时只是一个"无为而治"的圣君,到《尧典》就成了一个"家齐而后国治"的圣人,到孟子时就成了一个孝子的模范了。第三,我们在这上,即不能知道某一件事的真确的状况,但可以知道某一件事在传说中的最早的状况。我们即不能知道东周时的东周史,也至少能知道战国时的东周史;我们即不能知道夏商时的夏商史,也至少能知道东周时的夏商史。[1]

顾颉刚关于中国古史层累造成的观点,对于故事研究具有同样重要的理论意义。短短的一则杞梁妻吊夫的记载,随着时代的发展,由知礼而善哭,然后崩城、崩山,继而有花园窥浴、寻夫送衣、哭长城等各种情节不断叠加其上;杞梁妻原本连名字都没有,后来却能成为风靡全国的故事主角,形象日益丰满,事迹愈传愈多,成了一个箭垛式的美丽而不幸的下层妇女的典型。这当然是一个相关母题层累聚集、不断嫁接的结果。

(四)变动不居的故事中,也有不变的"中心点"

顾颉刚的学术触角极其灵敏,他在考察"羿的故事"时注意到尽管不同文献对于羿的品性、事迹有着千变万化的说法,但始

---

[1] 顾颉刚:《与钱玄同先生论古史书》,收入顾颉刚编《古史辨》第 1 册,上海古籍出版社,1982,第 60 页。

终有一个中心点——"善射"是不变的,正如孟姜女故事中的"哭倒城墙"是不变的。

一个故事由故事的"内核"与故事的"外层"所构成,故事的"外层"可以发生种种变化,如羿可以是帝俊的下属,也可以是尧的臣子,他可以是为民除害的功臣,也可以是霸占他人妻子的坏人,等等。不过,不管羿的故事的"外层"如何变化,有一点是不会改变的,即羿无论如何是一位"善射"能手,这就是羿的故事传说中的"内核"。[①]

(五)故事中人物的角色是类型化的

从古书中分别好人坏人却和看戏一样的容易,因为它是处处从好坏上着眼描写的。它把世界上的人物统分成几种格式……我们只要用了角色的眼光去看古史中的人物,便可以明白尧舜们和桀纣们所以成了两极端的品性,做出两极端的行为的缘故,也就可以领略他们所受的颂誉和诋毁的积累的层次。[②]

---

① 董上德:《试论顾颉刚先生的"故事流变"研究》,《文学研究》第101辑,日本福冈:九州大学大学院人文科学研究院,2004年3月31日,第54页。
② 顾颉刚:《古史辨》第1册,上海古籍出版社,1982,"自序"第41页。

（六）主流文化的话语霸权对于故事传播具有深刻影响

比如，顾颉刚在研究羿的故事时发现：

> 从先秦到西汉中年所传述的羿的故事可以分作三组：第一组是神话家所传说的，第二组是诗歌家所传说的，第三组是儒墨家所传说的。[1]

可是，西汉末年以来，诗歌家也即楚辞一派的传说获得胜利，羿被固定为夏时"淫游佚畋"的君主了。[2]

> 这就揭示出一个重要的文化现象，即当某一种古代文献（如《楚辞》）被编定且在一定程度上成为"范本"之后，该文献具有一种非比寻常的"文化权力"，在这种"文化权力"的笼罩之下，该文献内含的各种文化因素均具有强势的权威性，羿的传说被"固定"下来，就是一个例子。[3]

---

[1] 顾颉刚：《羿的故事》，收入钱小柏编《顾颉刚民俗学论集》，上海文艺出版社，1998，第 26 页。

[2] 顾颉刚：《羿的故事》，收入钱小柏编《顾颉刚民俗学论集》，上海文艺出版社，1998，第 40 页。

[3] 董上德：《试论顾颉刚先生的"故事流变"研究》，《文学研究》第 101 辑，日本福冈：九州大学大学院人文科学研究院，2004 年 3 月 31 日，第 54 页。

▶《歌谣周刊》1924年11月开始刊出顾颉刚的《孟姜女故事的转变》。

（七）故事传播的中心点会随着文化中心的迁流而迁流

顾颉刚研究发现：春秋战国时期，齐鲁文化最盛，所以孟姜女故事最早由齐都传出；西汉以后，历代宅京长安，故事的中心转移到了西部；北宋建都河南，故事中心移到了中部；江浙是南宋以来文化最盛的地方，所以那地的传说虽后起，但在三百年间竟有支配全国的力量；北京自辽建都以来，成为北方的文化中心，所以它附近的山海关成为孟姜女故事最有势力的根据地。很显然，这是文化的话语霸权在地区差异上的一种表现。

（八）时势和风俗的变化影响着故事的变异

因为各人有解释传说的要求，而各人的思想智识悉受时代和地域的影响，所以故事中就插入了各种的时势和风俗的分子。①

顾颉刚认为，就孟姜女故事的时势发展而言，战国时，齐都中盛行哭调，杞梁妻哭夫就成了一个好题目；西汉时，天人感应之说成为普遍信仰，就有了哭崩城和哭崩山的说法；六朝隋唐间，人民苦于战争徭役，所崩之城换成了长城，杞梁变成逃役而被打杀，又加入了送寒衣的长征母题。从地域风俗的影响来看，陕西有姜嫄的崇拜，所以杞梁妻会变成孟姜女；湖南有舜妃的崇拜，故孟姜女会有望夫台和绣竹；广西有袚除的风俗，故孟姜女会在六月中下莲塘洗澡。诸如此类，每一种变化，都受到了特定时代和地域风俗文化的影响。

（九）民众的情感诉求推动着故事的变化发展

比如，顾颉刚一直认为，下层妇女们对夫妻别离的哀怨与统治者的好大喜功这一对矛盾，是盛行的孟姜女故事的中心矛盾：

> 孟姜女故事的基础是建设于夫妻离别的悲哀上，与祝英台故事的基础建设于男女恋爱的悲哀上有相同的地位。因为民众的感情与想象中有这类故事的需求，所以这类故事得到了凭借的势力而日益发展。②

----

① 顾颉刚：《顾颉刚民俗论文集》卷二，中华书局，2011，第 67 页。
② 顾颉刚：《顾颉刚民俗论文集》卷二，中华书局，2011，第 65-66 页。

孟姜女故事所以突盛于明代，且各地为之立庙，盖即以明成祖的筑长城，使得若干人民夫妻离散，在家之妻忆念边陲之夫，表面上咒骂秦始皇，实际上即怨恨明成祖之一种集体的表现。[1]

（十）情节自我完善的需求推动着故事的丰富和发展

　　比如说孟姜女的婚配，最早只说她因被杞梁窥见了身体，不得不嫁，"后来为了解释她何以给他窥见身体之故，便想出了许多方法，或说她坠扇入池，捋臂拾取，为他所见；或说她入水取扇，

▶ 1928 年 12 月，顾颉刚与中山大学民俗学会同人合影，居中者为顾颉刚。

---

① 顾颉刚：《顾颉刚读书笔记》第 10 卷，联经出版事业公司，1990，第 7619 页。

污了一身的泥,就此洗浴,为他所窥;或说她被狂风吹落池中,为他所救;或说她忆春思嫁,烧香许愿,愿嫁与见她脱衣裳的人;或说她虔心事神,观音托梦,嘱她嫁与见她肌肤的人"①。

可见,故事自身也有其逻辑运作的机制,出于对某一部分细节的自我解释、完善的需求,故事也会得到某种发展。

二、顾颉刚对传统经史眼光的批评

正是基于以上故事理论,顾颉刚对于古代学者的"经史"眼光提出了批评。

由于古代学者总是执着于史官或儒家的眼光,"看故事时没有变化的观念而有'定于一'的观念,所以闹得到处狼狈"②。顾颉刚的理论恰恰相反:故事是变化着的叙事文本,而不是真实历史,它只有各种平行的异文,而没有"定于一"的所谓"真相"。

基于"信史"的观念,研究者的态度就逃不出这样三种:"一是信,一是驳,一是用自己的理性去做解释。"③因为历史总是有且只有一个可以无穷接近的"真相"存在,所以只要认为故事是历史的写照,那么,所谓的故事真相就只能是"定于一"的。于是,研究者在众多故事异文中就只能信其一而排斥其余。

顾颉刚以姜嫄"履帝武"神话为例展开学术辨析:信者如司马

---

① 顾颉刚:《顾颉刚民俗论文集》卷二,中华书局,2011,第 67 页。
② 顾颉刚:《顾颉刚民俗论文集》卷二,中华书局,2011,第 66 页。
③ 顾颉刚:《我的研究古史的计划》,收入顾颉刚编《古史辨》第 1 册,上海古籍出版社,1982,第 214 页。

迁，他老实地在《史记》上写道："姜嫄出野，见巨人迹，心忻然说，欲践之，践之而身动如孕者。"驳者如王充与崔述，他们认为不交而孕是不可能的事，而且以姜嫄帝王家的身份，实在没有适草野的可能。理性解释者如欧阳修，认为这个"帝"就是姜嫄的丈夫高辛氏，他们一起去祀郊禖，姜嫄走在后头，步步踏了他的脚印。也有些近代学者认为，那时还是母系时代，故只知其母不知其父；或者认为姜嫄是自由恋爱，所以不愿说出其夫。他批评说："我对于这三种态度下一个总评，是：信它的是愚，驳它的是废话，解释它的也无非是锻炼（想当然）。"[1]顾颉刚认为他们的错误之处在于："凡此皆不了解神话之本质，一意以人事解释神话者也。"[2]

顾颉刚认为，研究故事还须使用故事的眼光：不立一真，唯穷流变。这种处理方式即使不能尽善尽美，也总能粗粗地从整体上把握到故事的本质。

> 从前人因为没有这种眼光，所以一定要在许多传说之中"别黑白而定一尊"，或者定最早的一个为真，斥种种后起的为伪；或者定最通行的一种为真，斥种种偶见的为伪；或者定人性最充足的一个为真，斥含有神话意味的为伪。这样做去，徒然弄得左右支吾。结果，这个故事割裂了，而所执定的

---

[1] 顾颉刚：《我的研究古史的计划》，收入顾颉刚编《古史辨》第1册，上海古籍出版社，1982，第215页。
[2] 顾颉刚：《嫦娥故事之演化》，收入钱小柏编《顾颉刚民俗学论集》，上海文艺出版社，1998，第24页。

一个却未必是真。①

抱着"定于一"的眼光，不仅无法进入故事本体的世界，而且还可能把反映在故事中神奇有趣的民间文化删除。顾颉刚举孟姜女故事为例说：

清刘开《广列女传》的"杞植妻"条云："杞植之妻孟姜。植婚三日，即被调至长城，久役而死。姜往哭之，城为之崩，遂负骨归葬而死。"我们只要看了这一条，便可知道民间的种种有趣味的传说全给他删去了，剩下来的只有一个无关痛痒的轮廓……所以若把《广列女传》所述的看作孟姜的真事实，把唱本、小说、戏本……中所说的看作怪诞不经之谈，固然

▶ 顾颉刚在禹贡学会办公。（1937 年 3 月）

① 顾颉刚：《答李玄伯先生》，收入顾颉刚编《古史辨》第 1 册，上海古籍出版社，1982，第 273 页。

是去伪存真的一团好意，但在实际上却本末倒置了。①

作为经史学家的郑樵、顾炎武、姚际恒等，早就发现了孟姜女故事的种种变化，但是，他们从故事的演变中只看出了"无稽之谈"；而顾颉刚却从故事的演变中发现了"无稽的法则"，并由此开创出一门全新的学科。由此可见，一旦视角转换，理论的合理性就有可能被颠覆。当我们顺着经史学家"定于一"的眼光看故事时，变动不居的民间故事显得荒诞不经；反过来，当我们依照现代故事学的眼光来看经史学家的研究时，二千年来的良史鸿儒们对于"稗官小说"的误读又显得"本末倒置"了。

三、顾颉刚故事研究的贡献与局限性

顾颉刚虽然是以故事的眼光看故事，但他使用的方法是历史学的。他没有就传说演变和古史演变作明确的区分，大约时人也以两者均为史学之一法，不加区别。这种历史学的研究范式在学界造成了积极的反响，追随者众。容肇祖曾说："由顾先生的历史与民俗的研究，于是近来研究民俗学者引起一种的历史的眼光，知把民俗的研究和历史的研究打成一片，而在我国，可以使尊重历史的记录，而鄙弃民间的口传的人们予以一种大大的影响。我的《占卜的源流》，和钱南扬先生的《祝英台故事集》等，便是其

① 顾颉刚：《孟姜女故事研究》，收入顾颉刚编《顾颉刚民俗论文集》卷二，中华书局，2011，第68-69页。

应声。"①

从故事学发展史的角度看,顾颉刚的主要贡献在三个方面:

一是通过大量文献梳理,科学地证明了故事不断演进、变异的运动特征,从而摆脱了史学对于故事真实性的纠缠与指责,揭开了中国故事学的序幕。

二是为故事的历时研究奠定了一套长盛不衰、沿用至今的研究范式。

三是为故事学的进一步发展奠定了一套基础理论体系。

从学术史的角度看,顾颉刚作为学科开创者,成为永远无法逾越的高峰。但是,从学术发展的角度看,顾颉刚是一定要被超越的。如果我们不能在顾颉刚故事理论的基础上生发新的学术思想,这门学科就注定成为一门寂灭的学科。因此,我们有必要以当下眼光来重新梳理和检讨顾颉刚故事学范式,分析其方法论的成就和局限。

第一,顾颉刚只是针对部分故事进行个案研究,没有对大量的中国故事展开全方位考察,因此,他只能站在一个历史学家的角度,探讨故事变迁与社会变迁、文化变迁、风俗变迁、情感变迁等外部语境之间的相关性,他无法进入一个更广阔的故事世界,看不到故事与故事之间的普遍联系和内在勾连。

顾颉刚研究故事变迁规律是为了借以说明古史的层累造成。

---

① 容肇祖:《我最近对于民俗学要说的话》,《民俗》周刊第 111 期,1933 年 3 月 21 日。

他的孟姜女故事研究已经足以做他古史研究的理论支持。所以，站在史学家的角度，他没有必要在既有故事理论的基础上乘胜追击，深入对于故事本体的精细研究。①

基于不同的学术目的，一个历史学家和一个故事学家对于同一故事的提问方式应该是有所区别的。作为历史学家，他可能只需要关注故事如何演变、为什么演变。但是，作为一个职业的故事学家，他可能还需要把这一故事置放于整个故事网络中加以考察，关注这一故事与整个故事网络有什么相关性以及如何相互作用。

第二，顾颉刚的学术视野过于宏大，这种全方位的视角使得他的故事研究难以成为一种精细作业。顾颉刚的孟姜女故事研究有一个庞大的计划，他能想到的所有与孟姜女故事演变相关的话题，无论是形式的还是内容的，他都想付诸笔下一一缕析。他将临时想到的，列了一个 24 项的问题清单："当去年十一月中动笔的时候，原想做了一万字就完篇的，哪里料得竟有这许多可以研究的题目呢，所以这个问题尽管讨论下去，在《歌谣周刊》上延至五年十年也是无足为奇，只要读者诸君不致厌倦，我决可以始终其事，不会无端把这意志消灭的。"②

作为开拓者，顾颉刚没有可供参照的学术范本和既定视角，

---

① 顾颉刚在《古史辨》第 1 册"自序"中说："我自己知道，我的研究文学的兴味远不及我的研究历史的兴味来得浓厚；我也不能在文学上有所主张，使得歌谣在文学的信封里占得它应有的地位；我只想把歌谣作我的历史的研究的辅助。"
② 顾颉刚：《启事》，《歌谣周刊》第 83 号，1925 年 3 月 22 日。

所以,他只能用全方位的视角来看问题,寻找任何可能的突破点。他将目光投向一片荒野,为这片天地规划了一座城市;接着,一个后继者来到这里,他本该努力去铺设一些道路,但他没有;之后的来者,本该给道路安装各种精确的指示标志,但是没有路……我们看到的是,来了许多学者,大家并肩站在大师的位置上,重新规划着这座城市。于是,我们有了许多规划,却无路可走。

一个宏大视野的学者,如同一个全科医生,他可以面对各种各样的普通病人,但是,他绝不会试图去做一场心脏搭桥手术。如果没有人从事更深、更细、更专项、更精致的研究,我们就只能一直停留在治感冒的水平上。

第三,顾颉刚的故事研究有一预设前提,"一元发生"和"线性生长"。但是站在今天的认识角度往回看,这一前

▶ 山东大学图书馆新发现的顾颉刚朱笔批校本《新学伪经考》。(图/李扬眉,2019 年)

提基本上是不成立的。杞梁妻故事与孟姜女故事之间，除了"寡妇哭夫"有些共同之处，从内容到结构，都已经面目全非了。今天的孟姜女故事已经发展为一个集多种主题和多种故事类型为一体的庞大故事群。

从源流的角度来看，孟姜女故事是许多源头不断交汇而成的。就像一条大河，每条支流都可以看成是它的源头之一，反过来我们也可以说，每条支流都不能被看作唯一的源头。杞梁妻故事可能只是孟姜女故事中渊源较深的一支源头，因为顾颉刚的偶然发现和着力挖掘，我们就把它视作了唯一源头。

从生长的角度来看，民间故事的生长有多向性的特点，即使在同一时间同一地区也会生长出不同的异文，而它的每一则异文都有可能被嫁接新的情节，如同一棵长势旺盛的生命树，总体上呈现为杂乱无序的生长状态。我们从历代文献中所看到的，显然只是民间叙事这棵庞大生命树上的个别枝条，这些枝条可能是生长在不同基干上的互不相连的分支，但是，顾颉刚把这些可能是分属于不同基干的枝条按被记载的先后顺序做了线性排列，于是，给人造成故事是单线生长的错觉。他自己也为这一错觉所迷惑，所以，他看到的不是一棵旺盛的"生命树"，而是一支不断变化其生长方向的"生命枝"。如此皮之不存，他对每一次生长方向的改变所做出的合理化解释，也就成了不附之毛。

第四，顾颉刚为故事研究提供了一套行之有效的操作方法，却没有为与之配套提供便利的操作工具——一套权威、稳定的概念体系。

　　权威的概念（术语）体系是学科最重要的共同知识。共同知识是学术对话的必要元件。一个学科如果没有一批这样的共同知识，任何对话都可以被视作"对牛弹琴"。

　　　　在中国文学传统的理论批评中，术语具有多义性、模糊性、体验性的特点。也就是说，"能指"和"所指"不是一对一的关系，而是一对多、多对多的关系。一个术语在不同场合、不同文艺学门类里可有不同的含义；另外，一个含义可由不同的术语来表达。①

　　在概念、术语建设的问题上，顾颉刚未能表现出他的先进性的一面。针对故事的"演变"问题，他就先后使用过"演化""变化""迁流""变迁""讹变""分歧""改变""发展""转变""转换"等不同的表述，而胡适又把这一过程表述为"演进"。以至于后辈学者常常各执一词，难于统一，只好借用芬兰学者使用的相似概念——"历史地理学派"来对顾颉刚的故事学方法进行言说，这样一来，就大大地淡化甚至抹杀了顾颉刚在故事学思想方法上

---

① 朝戈金：《口传史诗诗学的几个基本概念》，《民族艺术》2004年第4期。

的独特贡献。①

刘魁立在《历史比较研究法和历史类型学研究》一文中说道：

> 我们手中的术语非常有限，而且很含混，意义朦胧，往
> 往潜藏着意想不到的产生歧义和被人曲解的基因。结果便是
> 不同的研究者用同一个术语表示着并非同一的事物。或者用
> 不同的术语谈论着同一个对象。这就造成了相当的混乱，以
> 致在一些情况下，不能进行有效的对话和讨论，影响到这一
> 或那一课题在理论发展上的不断前进。②

长期以来，民俗学界就一直在为争名分、辨名称而笔战不休，关于"民俗学"是什么、"民"是什么、"俗"是什么之类的文章，可谓多如牛毛。没有一个权威、公认的对话平台，学者们的精力都耗散在对同一对象不同表述的辨析之中。

要理解术语在科学研究中的意义，必须有这样一种认识，即每一个术语，都指向一套确定的理论体系。术语是理论的符号表

---

① 顾颉刚的这一局限性还表现在对"民俗学"一词的使用上。20世纪初期，本来"民俗学"就不是一个取得了学界共识的学科概念，学者们曾经提出过五花八门的学科名称，诸如"风俗学""谣俗学""民学""俗学"等，顾颉刚大张旗鼓地建设起"中山大学民俗学会"，好不容易在学界树稳了"民俗学"这一旗帜，没想到他回到北京之后，却又鼓捣出一个"风谣学会"，不久，又相继办起了大同小异的《民风周刊》《民俗周刊》《谣俗周刊》。若非有钟敬文等一批学者坚定不移地死守着"民俗学"这一概念，恐怕今天的学者还得为这个学科到底应该用什么名称而争论不休。
② 刘魁立：《刘魁立民俗学论集》，上海文艺出版社，1998，第112页。

达，是理论的代言标签。只有借助于这些术语，学者们才有可能把冗杂的理论转化为操作系统中的便捷工具，利用这些工具确立一个学科或一个学派的常规研究。

与顾颉刚发明了相近研究方法的芬兰学派——"历史地理学派"，他们不仅把学术精力执着在了故事学本身，而且有意识地发明了一套稳定的操作术语，产生了强大的辐射力量，带动国际故事学界生长出一批颇具理论含量的学术用语。比如：1910年，芬兰学者阿尔奈（Aarne）提出了分析各民族民间故事以及比较研究的重要概念"类型"（type）。1928年，俄国学者普罗普（Propp）提出一个用以抽象分析故事形态结构的新概念"功能"（function）。1932年，美国学者汤普森（Tompson）提出了切分故事情节的最小单位"母题"（motif）。1955年，法国结构主义大师列维－斯特劳斯（Levi-Strauss）提出了神话结构分析的基本概念"神话素"（mytheme）。1962年，美国当代民俗学家阿兰·邓迪斯（Alan. Dundes）进一步将母题分解为抽象和具象两个层面，提出了"母题素"（motifeme）等新概念。[1] 所以这些术语，今天都已成为故事研究的重要理论工具。[2]

---

① 刘魁立：《历史比较研究法和历史类型学研究》，收入顾颉刚编《刘魁立民俗学论集》，上海文艺出版社，1998，第111页。
② 比如，吕微《神话何为》（社会科学文献出版社2001年版）开篇即做了这样的声明："本书以下各章节将涉及一系列民间文学研究中经常使用的概念，其中最重要的概念依次是母题、功能、类型和原型，这些概念都是本书据以展开全部讨论的、最具基础性的分析工具。"

作为中国现代学术史上的一代宗师，顾颉刚的学术成就是多方面的，民俗学只是他众多成就的一个方面。《孟姜女故事研究》的开拓性贡献，为我们奠定了一系列的理论基石；顾颉刚所制造的这一学术高峰，长期以来无出其右者。钟敬文甚至把《孟姜女故事研究》视作民俗学界的《论语》，认为可以一印再印，当作礼物赠送给学科共同体成员："我们这个学科的人都要有。"①

▶ 顾颉刚晚年在北京干西胡同中国科学院宿舍的院子里。（1970 年）

---

① 施爱东：《倡立一门新学科：中国现代民俗学的鼓吹、经营与中落》，中国社会科学出版社，2001，第 393 页。

第三章

迷失的
指路碑：

沉东京传说的历史隐喻

在上海，有许多"沉东京，游上海"或者"沉东京，氽崇明""塌东京，涨崇明"的传说，故事结构和主题大同小异。[①] 其道德试验的情节，往往通过观音菩萨或吕洞宾在"东京城"搞自助买油活动来体现。故事发生地"东京城"是一个非常神秘的地方，没有人知道它在哪里。

有学者做了细致考证，推测"东京城"应该在上海金山地区附近，因为这里曾有一座设立于梁代、沉沦于南宋的"前京县城"，东京很可能是前京的讹名。也就是说，"沉东京"或许是一个历

① 故事梗概：上海东边有一座东京城，城里都是黑心人，老天爷让观音菩萨把这个城给灭了。菩萨不相信一城全是黑心人，就在城里开了个油坊，实行自助式买油，自己倒油自己结账。两天后，油空了，钱柜里却没一个铜板，菩萨大失所望。眼看大限将至，这时来了一个孩子，朝钱柜里放了半斤油钱，把剩下的一点油脚倒了去。小孩回到家，奶奶看瓶里不止半斤油，让孩子回去还掉多倒的油。菩萨知道这是红心人，于是告诉孩子，如果看到城门口的石狮子眼睛出血，就背着奶奶一直往西跑，不要回头。这话被一个屠夫听到了，想捉弄孩子，就把猪血涂在狮眼上。第二天，孩子一看石狮子眼睛出血，赶紧背上奶奶往西跑，只听背后轰轰声鸣，东京城全都沉到海里去了。孩子停留的地方，就是现在的崇明岛。

史上确曾发生过的事件。谭其骧说："前京县的县城，我相信就是在大金山的北麓，后来因为整个海岸线北移了，前京县城就下沉到海里，现在无从发掘。在金祖同调查的时候，还听说当地人把那个城叫京城，京城就是省掉了一个'前'字。大概是在南宋淳熙年间陷在海里面。"①

但是，只要我们走出上海就会发现，这个"东京"恐怕跟上海没什么特别关系，因为"沉东京，浮××"是一个广泛流传于东南沿海尤其是闽南、粤东的通行俗语。浙江流传最广的是"沉东京，涨宁绍""塌东京，涨绍兴"，此外还有"沉东京，涨海游""塌东京，剩桃花""沉东京，浮蒲门"等。福建流传最广的是"沉东京，浮福建"，此外还有"沉东京，浮七洲""沉东京，浮大帽山"等。广东流传最广的是"沉东京，浮南澳"，此外还有"沉东京，浮海丰""沉东京，浮莲花山"等。

每一个地方的学者都相信"东京"就在当地海域上，尤其是闽粤学者，坚定地认为东京就在闽粤交界的海域上："闽粤之交有一些以'东京'命名的海湾与海域。如福建东山铜陵有名为'东京尾'的海湾；东山与南澎列岛之间有名为'东京嘴'的海域；距广东汕头市约60公里有一海域原名'东京礁'，广东潮阳海门有一海域叫'东京铲'。"②

---

① 谭其骧：《在古海盐疆域沿革研讨会上的讲话》，收入《海盐县志》编纂委员会办公室编《〈海盐县志〉编纂综录》，浙江人民出版社，1994，第46页。
② 黄挺、罗英风：《闽南方言熟语"沉东京，浮××"的文化意蕴揣说》，《韩山师专学报》1993年第1期。

一、"沉东京，浮××"传说

在所有"沉东京，浮××"俗语中，流传最广的是"沉东京，浮福建"，相应的民间传说也最丰富、最著名。以福建惠安流传的沉东京传说为例[①]，传统"陆沉传说"的通行母题神龟、石狮、出

▶ 近处的石山叫东山，远处半入海中的小山就是"从大海中浮出的"大岞山。(图/炜，2016年)

[①] 福建惠安的"沉东京，浮福建"故事最著名。故事梗概为：古时候，在崇武东边的古镇上，阿福伯带着孙子相依为命。有一天，阿福伯在市场上见到一只会流泪的大海龟，就将它买下放生了。几个月后，阿福伯梦见一个黑袍黑靴黑头盔的人对他说："本官是龙宫里的龟丞相，蒙你相救，特来告知，这一带很快要沉入海底，时间是城隍庙口的石狮鼻孔出血那日。"从此阿福伯每天叫孙儿前往察看。闲人觉得奇怪，小孩子就把爷爷梦中的话告诉大家。有人想开玩笑，就把猪血抹在石狮的鼻孔下。阿福伯孙儿见了，赶紧回家拉着阿福伯的手往西跑，一路大喊："这里要沉海底了，赶紧跑啊！"可是谁也不相信。祖孙跑出小镇，就听见后面传来轰隆隆声，小镇已经变成大海。两人爬到两个最高的山头中间，海水就在这里停住了。这两个山头就是现在的大岞山。

血等要素全都具备。可是，故事中沉没的只是一个小镇，小镇也不叫东京，浮出来的只是大岞山，也不是福建。故事虽然跟传统的陆沉传说一脉相承，但用来解释"沉东京，浮福建"还是比较牵强。

"沉东京传说"在福建全省流传，尤以泉州一带为盛。其中，晋江深沪中学校长陈培焕采录的一则《沉东京，浮福建》传说由于被收录于《中国民间文学集成·福建卷》，成为近几十年该传说的主流异文。①

闽粤交界地带最流行说法是"沉东京，浮南澳"，但并没有配套老天爷惩罚东京人的陆沉故事，只有一些被他们视为真实历史的传说。

南澳是广东东部海域的海岛县，距离汕头市区海岸线不到十公里。传说南宋末年蒙古军队大举南下，宋军节节败退，从福州

---

① 中国民间文学集成全国编辑委员会、《中国民间文学集成·福建卷》编辑委员会：《中国民间故事集成·福建卷》，中国 ISBN 中心出版，1998，第216-217页。故事梗概为：古时候，很多福建人乱花钱，乱用粮，奢靡无度。玉帝很生气，就派赤须龙下凡，要把福建沉入汪洋大海。赤须龙投胎变成一个臭头孩，每日挑一担陶器到东京城去卖。石狮虎岫寺的老和尚吴云真能知过去晓未来，每次臭头孩挑担路过时，他都热情招呼，留他吃饭、下棋，两人关系很好。有一天，老和尚建议赌博玩，臭头孩没钱，不敢赌，老和尚说："不要紧，你要是输了，只需记个账，欠着就行。"几年后一算，臭头孩已经欠了一个非常大的数目，他急得不知怎么办好，老和尚又说："不要紧，你写个条把福建卖给我就可以了。"臭头孩说："福建又不是我的，怎么可以卖给你？"老和尚："没关系，你照我说的写，账就算还清了。"于是让臭头孩在一块白绢上写下了"全闽皆佛国，福地福人居，卖给吴云真老和尚"的字据。一年后的一天，狂风大作，飞沙走石，臭头孩突然变成一条赤须龙，飞上天空。吴云真和尚立即双手拿着白绢迎上去，大声喊："尊龙听着，你已将福建卖给我了，并且立了字据！"赤须龙一看，只得把头低了下来。老和尚又喊："向东滚去！"赤须龙只好滚向东边，东京就被赤须龙滚陷，沉入大海。

沿海路不断南撤。张世杰、陆秀夫等人保护少帝来到南澳岛，住在澳前村。至今汕头、潮州一带还流传着大量与南宋皇室有关的神奇传说。据当地传说，宋帝昺曾经看中福建东山县的一个小岛，准备将其建造成"东京"，一时间小岛上人来人往，热闹非凡。不料突然发生地震，东京沉入海中，他们只好继续向南，这才来到南澳岛，准备再建一个都城。这就是"沉东京，浮南澳"的来历。

要理解这个传说，先得简单交代一下历史背景。我们从 1276年 2 月元军攻入临安之日说起。南宋年仅五岁的小皇帝赵㬎被俘时，他的两个兄弟赵昰、赵昺跟着杨太后逃了出来，辗转来到温州。二位王子在南宋勤王势力张世杰、陆秀夫、陈宜中等人拥戴下来到福州，赵昰被立为帝，赵昺被封为卫王，组建起了临时小朝廷。半年后，元军兵临福州，张世杰等人只好带着近五十万军民，浩浩荡荡护送赵昰、赵昺乘船南逃，小朝廷从此在福建和广东沿海漂泊两年有余，史称"行朝"。1278 年夏天，九岁的赵昰病逝，六岁的赵昺继位。赵昺即位不到一年，元军追至广东新会，爆发了著名的崖门海战，尚余二十万人的南宋行朝全军覆没，陆秀夫背着赵昺跳海而亡，宣告了南宋王朝的彻底结束。这一天是 1279 年 3 月 19 日。

上述背景的重点是，1276 年底从福州出发时，小朝廷带着近五十万军民，而 1279 年参与崖门海战的军民是二十万。这说明小朝廷在海上游荡两年多，走散了近三十万军民。

▶ 南宋行朝的两位少帝赵昺、赵昰。后者即传说中足迹遍布东南沿海的"宋帝昰"。

　　赵昰就是闽粤老百姓口中广为流传的宋帝传说中的"宋帝昰"，他虽然在位才几个月，被迫跳海的时候还是个七岁的孩子。但是，老百姓将所有属于南宋小朝廷的各种传说都加载在他一个人头上。宋帝昰成为一个任由民间想象打扮的小皇帝，一方面具有说话灵验的"天子口"，一方面又到处流窜，惶惶不可终日。

　　福建《东山县志》（民国稿本）的说法与粤东地区的传说略有不同，他们反倒认为自己的"东京"只是行宫，真正的都城还是南澳岛：

　　　　东京遗堞，在川陵山，其古迹已荡然无存，唯今大路口村有古碑，上书"往东京大路"五字，未剥落可读。据《漳州府志》：“川陵山在五都东海滨，半入海，俗传帝昺南渡，将都南澳，筑此为东京，地遂缺陷为海，今城堞尚存。自山巅下向海，莫穷其际。海中尚有木头、竹丛。潮退风静，都人驾舟取焉。”①

上引《漳州府志》中，最重要的是这句话：“帝昺南渡，将都南澳，筑此为东京。”意思是说，宋帝打算在南澳建都，有意将川陵山建为行宫，并称之为“东京”。

这一说法大概很早就已经在福建一带广为流传，据成书于明代万历年间的《闽书》记载：

> 川陵山，山滨海而半入于海。俗传宋幼主南渡，将都南澳，筑此为东京，地陷为海。今城堞尚存。海中尚有木头、竹丛，海滨人时往取焉。其峰青耸秀丽，号为苏尖，又号苍陵，又号东山。②

也就是说，川陵山（东山）东边的一片海域，就是曾经的“东京”。东山和南澳都在地震带上，两者相距仅 20 海里，历史上确曾有过地震和海啸，要说这地方有地陷传说，倒是一点都不奇怪。

① 李猷明总纂，福建省东山县地方志编纂委员会整理《东山县志》，民国稿本，东山县地方志编纂委员会印制，1987，第 371-372 页。
② 何乔远编撰《闽书》，福建人民出版社，1994，第 715 页。

少帝南逃过程中，这里是必经之路，要说小皇帝来过这里，也没问题。但是要说南宋小朝廷曾打算在这些小山村规划建都，那也未免太低估了小朝廷的眼界。更重要的是，这批人一路仓促南逃，朝不保夕，这一时半会的，哪还有建都的想法？

这些古代的偏远县乡，历史上就从未有皇帝光临过。对于乡下老百姓来说，皇帝本身就是一个极其遥远的传说。他们等了几千年才等到一个逃难的小皇帝打这里路过一下，也许是暂住了几天，也许是停靠补给了一点淡水，也许是某位大臣在周遭匆忙考察了一番。总之，无论是福建东山县还是广东南澳县，都因此留下了许多宋帝昺的传说。一千多年来，这些传说不仅没有衰减，

▶ 广东汕头东里镇樟林古港"感天大帝庙"。由于地面不断翻修加高，而神庙无人敢动，如今小庙深陷水泥路当中，低于路面半米多。（图／施爱东，2022 年）

反而越传越神。

比如在汕头的樟林古港,有座土地庙的社神就叫"感天大帝",传说宋帝昺为了逃避元兵追捕,曾经藏身此庙。宋帝昺前脚刚进庙门,马上就有蜘蛛结网封门,元兵搜至此处,见门上布满蛛网,断定庙中无人,遂转往他处。宋帝昺感念社神护驾有功,赐封其为"感天大帝",这座土地庙从此闻名遐迩。

又如潮州城内有一口"义井",说的是宋帝昺途经潮州时,由于兵荒马乱,城中居民家家关门闭户,宋帝昺找不到吃的喝的,饥饿口渴难耐,见路旁有一水井,却找不到汲水的木桶。正无奈之际,忽见井水上涌,升至井面。宋帝昺痛饮之后,感慨地说了一句:"此井知君臣之义。"从此,人们就将此井称作"义井"。潮州还有一道名菜叫"护国菜",传说宋帝昺逃到潮州一座古庙中,又饥又饿,可是僧人也无米下锅,只好将番薯叶打碎后加薯粉做了一道菜羹,帝昺赐名护国菜。后人将这道菜越做越精,不断加料,但主料始终

▶ 广东潮州名菜"护国菜"。(图/施爱东,2022年)

是番薯叶。事实上，宋帝昺时期，潮州不仅没有义井（义井建于明永乐元年）①，也没有番薯（番薯传入中国时间是明万历二十一年）②。可见，许多著名的宋帝昺传说都是明代兴起的。

闽南、粤东传说中的少帝，一律都叫"宋帝昺"。其实，离开福建时的赵昺才五岁，还没当皇帝，当时的皇帝是他哥哥、时年八岁的赵昰。一同南逃的，还有几十万护驾大军，当然不可能像躲猫猫一样东躲西藏。

二、关于"沉东京"的科学考察

许多地方志都以"俗传宋幼主南渡，将筑××为东京"来指称东京的沉没地点，很多学者也认为这个东京指的是少帝在东南沿海逃亡时的行宫。那么，是否有一座这样的宫城沉没于海中呢？

1986年，广东省地震局徐起浩领衔向国家地震局申报了"闽中、闽南和粤东沿海全新世以来地壳长趋势形变调查及其与地震关系——以民间广泛传说的沉东京为例"研究课题，对"沉东京"传说进行了一次较为全面的考察，写成《关于沉东京传说的史学、社会学和地学的综合考辨》③，其最终成果"沉东京考辨及福建

---

① 潮州市地方志编纂委员会编《潮州市志》下册，广东人民出版社，1995，第1512页。
② 农业出版社编辑部编《金薯传习录种薯谱合刊》，农业出版社，1982，第17-18页。
③ 徐起浩、彭承光、王业新、李运贵、冯炎基：《关于沉东京传说的史学、社会学和地学的综合考辨》，收入柯世伦主编《南澳文史》第4辑，广东省南澳县政协文史委员会编印，2000，内部发行，第95-113页。

深沪湾海底古森林－牡蛎礁遗迹的发现"等，还于 1993 年获得国家地震局科技进步三等奖。① 笔者综述其主要结论为：第一，闽中、闽南和粤东沿海渔民世代曾多次从台湾海峡打捞到人类居住废墟的残余物，沿海渔民往往把这作为沉东京的重要证据。调查发现部分海域确属陆地废墟，该地区属于地震带，历史上曾发生过多次地震。第二，福建东山县川陵山东 12 海里处，传说该地为旧东京城，是沉东京所在地。经潜水员海下实地勘查，证实为水下沙堤及基岩海底地形，系自然形成。第三，福建东山县康美村前港，当地居民反映距岸百米外海底有传说的水下古城墙，附近有一处海湾名叫东京尾。经过多次水下科考，发现"城墙"虽酷似人工建筑，但显微镜下和电镜下均显示为沉溺的海滩岩，并非人工建筑。第四，有渔民反映在汕头海外 314 渔场下新礁海域打捞到砖头、陶片、石狮子，以及"三合土灰段"，渔民将该海域称作"东京礁"。科考队在该海域打捞数块碳酸盐岩，粒度分析为海滩脊风暴潮沉积，镜下和电镜均显示为沉溺的海滩岩，非人工建筑。第五，晋江县（市）深沪湾海底有古森林残迹，被很多人视作"东京"存在的重要证据。考察发现确有大片海底古森林遗迹，经鉴定为福建油杉属植物，同位素年龄测定为 7600 年左右，该现象"是由于早全新世的低海面和后来的地壳下沉综合作用造成的"。

　　上述地区均在历史上有过地震活动，由于长期的地壳运动，

---

① 徐起浩、冯炎基：《福建深沪湾海底古森林及晚更新世牡蛎滩遗迹介绍》，《地震地质》1994 年第 4 期，第 344 页。

部分地区确曾下沉。但这是一个长期过程，事实上谁也无法在有生之年看到一座城市的"陆沉"，所有陆沉传说都是人们根据山上的贝壳或海里发现的陆地物品推测出来的。所以说，无论是从历史记载还是从当代科考来看，都可以判断不存在一个突然沉入海中的所谓行宫，当然也就否定了因为地震而陆沉一座城镇的灾难史。

▶ 辽宁瓦房店市驼山乡自然形成的基岩排石。如果有人在海底发现这样的基岩地貌，难免会以为是陆沉的"城墙"。（图／满香雯岳，2019 年）

2007 年 2 月 6 日，中央电视台《走遍中国》栏目曾播过一期《"东京"沉没之谜》。摄制组来到广东南澳岛，试图破解沉东京之谜。据云澳镇镇长陈培欣介绍，在一些老房子墙上还能找到当年从海里捞上来的东京城墙砖。摄制组找到这些石枕似的城墙砖，取下样品，当即送到汕头市地质大队，经过该队高级工程师文时效的检测和实验，判断这些"城墙砖"系由钙质胶结，为海底自然形成，不可能是陆地上的墙砖。摄制组经过十几天的寻访和论证，当地渔民的所有传说和证据都未能得到实地勘察的证实。

　　徐起浩认为，沉东京传说之所以在闽南和粤东地区广泛流传，而且影响持久，"究其原因是当地群众把几千年来地壳形变遗迹和七百多年前宋王朝覆没于大海的历史事实张冠李戴式地附会在一起了"。他对"沉东京"的推测是："宋王朝最后是在波涛滚滚的大海中沉没的，这是历史上空前的极为悲壮的一幕。作为一个王朝，可以说是在大海中沉没了。但这不是由于地壳运动引起的，而是宋末皇室在元兵的追逼下兵败，陆秀夫负帝投海而亡，从而宣告宋王朝的灭亡，从死者十余万人。其悲壮景象，也给人们对宋王朝最后一个行宫或包含宋王权的最后一个首府产生沉没于海的感觉，这在当时的东南沿海影响一定是很大的。"①

---

① 徐起浩、彭承光、王业新、李运贵、冯炎基：《关于沉东京传说的史学、社会学和地学的综合考辨》，收入柯世伦主编《南澳文史》第 4 辑，广东省南澳县政协文史委员会编印，2000，内部发行，第 104 页。

三、散居在福建和广东的南宋遗民

据说在南宋行朝覆没之后，许多南宋皇室和官兵都改姓易名，隐居闽粤沿海各乡村。仅广东四邑（新会、台山、开平、恩平）一带，就有许多村庄成为赵氏聚居地，甚至分有太宗派与魏王派，如台山斗山镇浮石赵氏、新会古井镇霞路赵氏、新会三江赵氏、珠海斗门昆山赵氏等。

按南宋募兵制度，军队移屯往往携带家眷同行，所以，南宋行朝出发时号称五十万人，其实很大一部分是皇室及官兵家属，还有为他们服务的庞大后勤服务人员。比如尚书左仆射杨维邦在南迁过程中就病死在船上，随行家属中至少有两个儿子，兄弟俩在漳浦古雷山下船，把父亲背到岸上落葬，两兄弟后来就在漳浦定居，繁衍生息。[1]

官兵遗民中，我们试以当时的右丞相陈宜中为例来做个说明。陈宜中位高权重，当然是携带大队家眷的。传说陈宜中在崖山海战之后，先是领着家眷逃往越南，后来移居泰国；又有传说在广东阳江海陵岛发现陈宜中墓；还有传说他带着家人改名换姓隐居在湖北蕲春、江苏太仓、浙江永嘉的。

但最值得我们关注的是在"沉东京"传说最盛的泉州市东山县有一个陈城村，据该村族谱《陈城（顶城、下城）陈氏渊源世系》记载，该村开基祖就是陈宜中，而且清楚地说明是南宋景炎二年

---

① 陈支平：《福建族谱》，福建人民出版社，1996，第 128 页。

（1277年）由浙江温州迁居此地。该村目前还存有陈宜中母亲杨太夫人墓、其子陈元朴墓。[①]

　　陈城村最有可能是陈宜中后人的落籍之地。据《宋史·陈宜中列传》记载，1276年，元军兵临临安，勤王人马在温州集结时，让人急召陈宜中复职。当时陈宜中母亲刚刚去世，正在丁忧，张世杰为了逼迫陈宜中同行举事，采取了一个简单粗暴的措施："异其棺舟中，遂与俱入闽中。益王立，复以为左丞相。"[②]可见陈宜中是被迫带着母亲的棺椁及家人一起随军进入福建的。后来宋军一路南撤，漂泊无定，陈宜中觉得大势已去，中途择一风水宝地安葬母亲是很有可能的。那么，陈宜中会选择将母亲葬在哪里呢？乾隆《铜山志》称："大帽山，在五都百浦村，其山高耸绝伦，宋丞相陆秀夫、陈宜中奉帝昺泊龙舟于此。"[③]而陈城村就在大帽山的西侧山脚，正是一块风水宝地。

　　我们再结合前面提到的明代《漳州府志》中这条信息："川陵山在五都东海滨，半入海，俗传帝昺南渡，将都南澳，筑此为东京，地遂缺陷为海，今城堞尚存。"翻开地图，川陵山和大帽山正好同处于东山县面向台湾海峡的C字形乌礁湾的两个犄角点上。传说中沉没的"东京"就在乌礁湾。这里很早以前就有"沉乌礁，浮大帽"

---

① 参见卯丹《顶城陈氏宗族》，收入余光弘、杨晋涛主编《闽南顶城人的社会与文化》，厦门大学出版社，2012，第58-59页。
② 脱脱、阿鲁图等：《宋史》卷四一八，中华书局，1985，第12532页。
③ 陈振藻：《铜山志》卷一，乾隆十六年（1751年）初稿，乾隆二十五年（1760年）删定，道光十年（1830年）增补，第8页。

的俗语。南宋行朝停靠在这个地方，也许在当地老百姓看来，本身就是一个不祥的兆头吧。我们很难确定到底是从什么时候开始这里开始有了"沉东京，浮南澳"的俗语。当地也有许多人将两种说法加在一起，称为："沉乌礁，浮大帽。沉东京，浮南澳。"

现在，我们再将上面的信息理一理。南宋小朝廷离开福州之后，数十万人，千船南下，从此开始了史无前例的"海上行朝"。他们来到泉州地界之后，由于人员太挤，舟船不足，只好强征当地民船，与泉州地方长官蒲寿庚发生剧烈冲突，蒲寿庚带领地方豪强"怒杀诸宗室及士大夫"[①]，小朝廷不得不再次仓促南下。

下面要说重点，行朝船队来到漳州东山县境，就停在乌礁湾一带，这就是后来传说中的"东京"所在地。这时，许多官员都已经预感到大势已去，纷纷开始安置家属，陈宜中就将母亲匆匆落葬于此，并留下了长子陈元朴。

虽然史书没有更多记载，但我们可以合理推测，一定还有其他官员也对家属做了相应处置，也就是说，当地因此留下了大量南宋遗民。泉州、晋江、潮州等地，到处都有南宋皇族和朝廷官员后代的分流。如嘉庆《澄海县志》称："陆秀夫，字君实，楚州盐城县人，帝昺时为左丞相，与陈宜中议不合，得罪安置潮州，奉母携妻子家于潮之辟望港口，土人名之曰陆厝围。墓在南澳北青径口。"[②] 我们知道陆秀夫在崖山战役失利后，背着宋帝昺一起跳

---

① 脱脱、阿鲁图等：《宋史》卷四七，中华书局，1985，第 942 页。
② 李书吉等：《澄海县志》卷二一，嘉庆二十年（1815 年）刻本，第 12 页。

海殉国，但是对于其家属去向，只能通过各地方志和族谱来了解一鳞半爪。这些记录虽可能有附会之嫌，但至少反映了沿海民众对于大宋王朝的心理认同。

▶ 广东南澳岛青澳村的"宋丞相陆秀夫陵园"牌坊。该墓园系粤东陆氏宗亲1993年捐资近50万元重修之"祖墓"。传说陆秀夫跳海之后，遗体漂回南澳，老百姓将其就地安葬于青澳村。（图／施爱东，2022年8月5日）

我们再以南宋皇族闽冲郡王赵若和为例。宋亡之后，赵若和为避元兵追拿，改姓黄，在泉州市漳浦县择地隐居。直到明洪武十八年（1385年），地方官员在处理其后代黄明官与另一黄姓女子的"同姓通婚案"时，核验族谱才知道黄明官是赵若和的后代，奏报朝廷，准其恢复赵姓。后来，赵氏子孙在扩建赵家堡时，特意增加了不少所谓"仿宋建筑"和"怀宋题刻"，意在缅怀一个逝去的王朝。①

　　与赵家堡相邻的诒安堡，则是传说中赵若和的侍臣黄材的后人所居，赵氏族谱的历史叙述与黄氏族谱的历史叙述高度一致。从赵氏族谱中的《赵氏本末序》来看，甚至还可以跟一百公里外的东山县陈城村陈氏族谱相印证。有些学者曾因赵氏谱序与黄氏谱序所述历史过于雷同，对其所述历史的真实性质疑。②但是，我却从这种雷同中看到了事物的另一面：无论族谱序文所述历史是否真实，其历史叙述的高度一致，恰恰说明这些历史叙述是上述赵氏、黄氏、陈氏之间相互协商的结果。

　　历史叙述的协商，必然意味着背后的另一种事实：宋亡之后散居在闽粤的南宋遗民，部分家族一定有过秘密串联，相互有密切联系，他们都以南宋皇室或忠臣之后自居，高度认同南宋政权，很可能还有一些纪念活动。

　　事实上，以南宋遗民作为起义身份的反抗运动，在福建、广东沿海一带至少持续了数十年。仅《新会县志》就记载了该县的多起反抗事件："新会民目击崖门之役，故义愤所激，兵起无宁岁。"③比如至元二十一年（1284年）："南海民欧南喜自称'宋将军'，与新会民黎德聚众十数万，杀居民，陷城邑……岭海骚动。

---

① 王文径：《漳州涉台文物》，厦门大学出版社，2011，第243–244页。
② 潘猛补：《陈宜中魂归何处再考辨——兼论宋闽冲郡王赵若和真伪》，《温州职业技术学院学报》2016年第2期。
③ 贾雒英修，薛起蛟等纂《新会县志》卷三，康熙二十九年（1690年）刻本，第9页。

诏遣张玉将兵万人，会江西行省讨之，官军与战，屡为所败。"[①]

四、"中秋月饼传说"与"沉东京传说"的互文性

在东南沿海盛传这样一则关于中秋月饼的传说：据说在元朝末年，汉人打算起来反抗蒙古人的统治，却苦于无从传递消息。后来刘伯温想出一条计策，到处散布流言，说是将有冬瘟流行，除非家家户户都在中秋节买月饼吃才能免灾。人们把月饼买回家，发现里面藏着纸条，上面写着："中秋夜，杀鞑子，迎义军！"于是众人纷纷起义反抗统治者。中秋节吃月饼的习俗就是这么留下来的。

这个传说在潮州和泉州一带说得更离奇：传说元朝统治者规定，每户人家都要住一个蒙古兵，受汉人供养，监视汉人行动，并且只允许三家共用一把菜刀。老百姓生活很不方便，心里恨极了，便趁着中秋节吃月饼的机会，把相约举事的纸条放在月饼馅里。潮泉方言"芋头"与"胡头"谐音，且芋头形似人头，因此每至中秋，都要以芋头来祭奠祖先，历代相传，至今犹存。

笔者过去一直将这则故事当作节日传说来研究，而且一直不明白一个问题：元朝的统治疆域那么大，为什么只有东南沿海流传这则传说？芋头到处都有，广府地区的"芋头"和"胡头"也是谐音，为什么只在闽南和粤东把"芋头"当作"胡头"的象征？在思考"沉东京，浮××"传说的时候，我突然意识到，沉东京传说

---

① 阮元修，陈昌济等纂《广东通志》卷一八六，同治三年（1864年）刻本，商务印书馆，1934年影印本，第3407页。

与中秋月饼传说的流传地居然是完全重合的,而且,"东京大路碑"也只在从泉州到潮州的闽方言区。

通过上节梳理我们看到,其实早在崖门战役之前,南宋行朝的官宦家属就已经大量散入东南沿海各乡村,隐姓埋名定居下来。"南宋败亡对漳浦的影响不是战祸,而是一些遗臣及残兵败将居

▶ 广东汕头市澄海区云路头村"烧番塔"民俗。传说烧塔源于元末,汉人为了反抗元朝残暴统治,于中秋夜举火为号,聚众起义。也有与月饼传说相结合的,刘伯温令人在月饼里藏字条,约定八月十五举火为号,后人相沿成俗,每年中秋烧塔纪念。(图/王裕生,2015 年 9 月 27 日)

留漳浦，这些人后来给漳浦传下为数众多的人口。"①南宋灭亡之后，这些遗民一直在用一些隐晦的方式祭祀和纪念着沉没的南宋王朝。为了记住自己下船的地点，他们制作了"东京大路碑"，这些路碑所指，并不是传说中通往陆沉地点的石板路，而是他们脱离行朝、背井离乡的下船（离京）之地。

崖门海战的悲壮，以及元朝统治的暴政，加重了南宋遗民对于前朝的怀念，他们以各种或隐或显的方式纪念大宋王朝、纪念宋帝昺。康熙《新会县志》卷三详细描述了南宋行朝在大海中的沉没，尤其是陆秀夫背负宋帝昺跳海殉国的壮烈场景，然后说到当地民众的感受："宋亡后越数百年，每遇烈风暴雨，渔人常见玉玺浮沉海面，或见波光焰焰烛天，仿佛若有城阙，师众意为忠魂所结，呜呼异哉。"②

五、"东京"是大宋王朝的代名词

赵匡胤陈桥兵变之后，将开封定为东京。自此三百多年间，东京一直被视作大宋王朝的唯一都城。南宋政权退迁杭州之后，并没有赋予杭州以"京都"的名号，而是一直将其谦称为"行在"，意思是帝王巡幸的临时驻地，不是正式国都。

陆游在《老学庵笔记》中说："建炎初，大驾驻跸南京、扬

---

① 李林昌：《漳浦地方史漫谈》，中国人民政治协商会议福建省漳浦县委员会文史工作组编《漳浦文史资料》新第 4 辑，1984，内部发行，第 81 页。
② 贾雒英修，薛起蛟等纂《新会县志》卷三，康熙二十九年（1690 年）刻本，第 7 页。

州，而东京置留守司。则百司庶府为二：其一曰'在京某司'，其一曰'行在某司'……已而大驾幸建康，六宫留临安，则建康为行在，临安为行宫。今东京阻隔，而临安官司犹曰'行在某司'，示不忘恢复也。"[①] 我们用大白话将陆游的意思大致复述一下就是：第一，南宋以来，无论宋高宗将实际的行政中心定在南京（商丘），或者扬州、杭州，都会在职官表中设置"东京留守司"，朝中各职能部门的官员全都有"东京某司"和"行在某司"两种职位。第二，后来高宗将行政中心迁往建康（今南京），又将建康称作"行在"，将杭州称作"行宫"，总是用一套班子，两块牌子。第三，其实东京早就回不去了，但是朝中各职能部门一直称作"行在某司"，就是为了表示高宗从来没有忘记要回到东京，重振河山。

虽然杭州是南宋实际上的都城，但是整个南宋一百五十多年间，从来没有把杭州称作京都，无论官方还是民间著述，都只称行在、行宫、行都、行在所。所以说，终宋一代，无论北宋还是南宋，也无论是官方还是民间，一直都将东京视为唯一的首都，换句话说，东京就是大宋王朝的代名词。所以说，"东京"并不是实指的地名，而是一个象征性的概念，用以指代大宋王朝。

---

① 陆游：《老学庵笔记》卷四，中华书局，1979，第43-44页。

六、"东京大路"是魂归故里的指路碑

在福建和粤东沿海,不仅到处都有"沉东京"传说,而且很多地方都有"东京大路"或者"东京大道",据说那就是过去通往陆沉的"东京城"的大路。据福建文史工作者的考证和统计,各地可以指认的"东京大路"至少有三十余处。

传说中的"东京大路"都有石碑,大概有三分之一在晋江,许多人声称亲眼见过这些路牌,以及石砌的大道。当然,这些大道全都通向大海,或者已经沉入大海。"有老渔民说,昔逢月之初三、十八夜潮落风静时,在深沪后山宫尾,隐约可见一条大石路从古渡口伸向海的深处,直通至那个沉落在海底的东京。有时还仿佛能听到从遥远的海底传来鸡鸣犬吠、人声笑语,似乎海底的东京尚未寂灭。"[1]

所有传说中的"东京大路碑"都是立于近海地带,指向海洋方向,而且多数传说提及当地原有一条通向海洋深处的石砌大道。无论是 20 世纪 60 年代的考察,还是最近十几年的考察,从浙江沿福建到广东,到处都有人言之凿凿地告诉考察者,自己曾亲眼见过"东京大路碑",时间、地点、碑文、字体都非常确切,甚至带着考察者前往寻觅。可惜的是,真正的考察工作中从没找到一块这样的石碑。

1986 年之后数年间,徐起浩多次前往闽中、闽南、粤东追索

---

[1] 李灿煌:《泉南掌故札记》,国际文化出版公司,1998,第 170 页。

传说中的"东京大路",想看看那些传说中通向海底的石铺大路是什么样子,到底是不是人工的,可惜就算是在大退潮期也没看见。徐起浩认为,传说中的"东京大路"是不存在的,但是"东京大路碑"是曾经存在的,他的理由是:"闽中、闽南和粤东的一些人,既然相信茫茫海域中有沉没的东京,自然也就联想到与这些沉东京所在地相邻的陆上大路,自然就是当年的'往东京大道'了,于是'东京大路'名称也随着这种联想而产生……往东京大路碑,并不是实际上的指路碑,很可能是明朝及以后宋皇室(包括部分将士和随员)的后代为在海中最后覆没的宋王朝及其祖先忠魂设立的纪念碑。"①

徐起浩的推测对了一半:这些碑肯定跟南宋遗民有关,但不是"纪念碑",而是"指路碑",是为死去的遗民亡魂指引回家方向的指路碑。华侨大学陈允敦教授从 20 世纪 60 年代开始就在闽南沿海寻找"东京大路碑",其中有一条得自惠安县小岞镇的信息非常关键:"传说在海堨曾有东京大路碑,乡中在清理墓葬时,曾掘得一骸缸,盖内有'东京西门外人氏'的墨书。"②另外他还记录了另一些现象,许多"东京大路碑"都立在一些宫、观、亭附

---

① 徐起浩、彭承光、王业新、李运贵、冯炎基:《关于沉东京传说的史学、社会学和地学的综合考辨》,收入柯世伦主编《南澳文史》第 4 辑,广东省南澳县政协文史委员会编印,2000,内部发行,第 108-109 页。

② 陈允敦:《"沉东京,浮福建"考辨》,收入泉州市泉州历史研究会、政协泉州市文史资料研究委员会、泉州市文物管理委员会编印《泉州文史》第 4 辑,1980,内部发行,第 38 页。

近，有时和石经幢立在一起，这更加强化了我对"东京大路碑"是南宋遗民亡魂指路碑的判断。

在泉州市，位于云麓坑东山坡就有一条"东京大路"，路边有座"三翁宫"，宫内有碑记："宋末有三老臣，以追寻皇帝到此，因扈从不及，且闻宋帝已投海殉国，遂各以头触石而死。里人念其忠烈而葬之，并为立庙塑像奉祀。"[1] 乾隆《晋江县志》中也有"宋末时有三老随少帝至此，少帝遇害，俱触石而死，里人拾其遗骸收葬之"[2] 的相关记载。该宫原有柱联，联云"主溺崖山千古恨，魂依云麓四方知"[3]。由此可见，"东京大路"必与亡魂安息相关。

汉族民间信仰中有所谓"冥籍"，也即世人在阴间的籍贯户口，而且统一由籍贯所在地的城隍爷管理。俞樾《茶香室丛钞》就说："唐时城隍之神已主冥籍，如今世所传矣。"[4] 古人相信，人死之后灵魂必须先回到祖籍地注册登记，才能进入下一轮投胎转世，所以，人若客死他乡，必须首先找到回乡之路，才能魂归故里。

客死他乡的移民，一定要在"冥途路引"（相当于亡魂在冥府的护照、通行证）中填好亡人姓名、生辰八字，以及具体的家乡地址，有些路引还会附上一份家乡地图，让死者凭着路引和地图

---

[1] 中国海外交通史研究会、福建省泉州海外交通史博物馆合编《泉州海外交通史料汇编》，1983，内部发行，第 77 页。

[2] 方鼎修，朱升元纂《晋江县志》卷一五，乾隆三十年（1765 年）刊本，第 17 页。

[3] 郑镛：《闽南民间诸神探寻》，河南人民出版社，2009，第 202 页。

[4] 俞樾：《茶香室丛钞》卷一六，中华书局，1995，第 351 页。

找到回乡之路。比如,湖北麻城的移民到了迁入地,举办丧葬仪式时,就要请道士唱醮,在冥途路引上加盖一枚"麻邑四乡坛域图"章(该图章现已成为麻城市的标志性文化遗产),"此印是麻城古代丧葬仪式上道士唱醮时必用的一种印章,功用是为逝者指明返乡的道路"①。亡魂一旦失去路引,找不着回家的方向,就会变成孤魂野鬼,不得转世投胎。

在福建和粤东地区,当地人冥籍和故土观念尤其强烈,认为人死之后一定要魂归故里,生人户籍可以移到世界各地,但冥籍迁不走。所以,东南亚一带的闽粤华人,死后都要请道士做法事,使其能魂归故土。同样生活在这片土地上的南宋遗民,一样也渴望死后回到他们魂牵梦萦的大宋王朝、东京故土。所以说,"东京大路碑"所指的就是他们下船的地方,告诉他们从哪里来,回哪里去。

根据调查者的统计,"东京大路碑"分布最密集的地区是晋江市,那么我们几乎可以断定,晋江的南宋遗民也是最多的。这跟蒲寿庚叛乱关系密切。行朝大军离开福州之后,第一站就来到泉州,由于未能处理好跟泉州地方官员蒲寿庚的关系,导致内乱,"蒲寿庚怒杀诸宗室及士大夫与淮兵之在泉者",大军只好仓促离港,许多上岸官兵和家属都来不及回到船上,其中就包括了宋帝昺的舅舅杨亮节,他带着三个儿子未能赶上船队,只好沿海追

---

① 陈世松等:《大移民:"湖广填四川"故乡记忆》,四川人民出版社,2015,第56页。

赶。也幸亏未能赶上，他们没有死在崖山，从而能够隐居终老于
漳浦一带，繁衍生息。[①] 从地图上我们就可以看到，泉州和晋江
是连为一体的，因泉州之乱走散的南宋遗民，许多都在当地及周
边落户定居，晋江接纳了其中的大多数。

七、南澳"浮"的是气势而不是地势

有学者根据畲族古歌《高皇歌》中反复出现的"南京""南京
大路"等表述，推测闽粤广泛传说的"东京"和"东京大路"也是
畲族的表述方式。另外，从语源学的角度看，苗瑶语系中的"京"
本身就有"路"的意思，"沉东京"就是"从东而来的路已经沉
没"的意思。所以说，这句俗语反映的是原始人类的一段迁移史。[②]
那么，这个"从东而来"到底东到什么地方呢？有人认为东京指
的就是台湾的赤嵌城。清代顺治十八年（1661 年），郑成功收复
台湾，以赤嵌城为东都明京，设承天府和天兴、万年二县，因此，
沉东京的东京应该就是台湾"东都明京"的简称。[③]

如果单看部分材料，这些猜测似乎也有点道理，但是，我们
只要用一条材料就可以推翻这种猜测。我们前面已经指出，早在

---

① 李林昌：《漳浦地方史漫谈》，收入中国人民政治协商会议福建省漳浦县委员会
文史工作组编《漳浦文史资料》新第 4 辑，1984，内部发行，第 82 页。
② 黄挺、罗英风：《闽南方言熟语"沉东京，浮××"的文化意蕴揣说》，《韩山师专学报》
1993 年第 1 期。
③ 黄锦树：《"沉东京，浮南澳"一解》，收入柯世伦主编《南澳文史》第 4 辑，广东
省南澳县政协文史委员会编印，2000，内部发行，第 125–126 页。

▶ 2015年建成通车的南澳大桥，全长 11 公里，成为连接汕头市澄海区与南澳岛的跨海通道，南澳岛从此进入了一个现代化的建设时期。（图／施爱东，2022 年 8 月 5 日）

明代的《闽书》中就已经说明："俗传宋幼主南渡，将都南澳，筑此为东京，地陷为海。"《闽书》中的这条记载，是目前可知"沉东京"一说的最早记载。《闽书》作者何乔远（1558—1632），福建晋江人，万历进士，该书初稿成于万历四十四年（1616 年）。由此可知，"沉东京"的说法最迟在明代万历年间就已经在泉州一带广为流传。何乔远学问虽好，但也没好到能够预测到郑成功将在台湾建一个"东都明京"。所以说，俗语中的东京，绝不可能是台湾的东都明京。

也有人认为："南澳岛原为一座海底山，由于喜山运动使海水幅度下落而突了出来，称为浮南澳。北部湾地域因处于断裂线上，几万年前便开始沉溺。其上原为越南东京，也谓东京湾。现已连同琼州海峡都陷落而成海湾，这就叫沉东京。"[1] 这就遥想得更无边际了，几万年的运动过程，上千里的距离，现代科学或许

---

① 陈君积：《沉东京，浮南澳》，《韩山师范学院学报》1990 年第 2 期。

能够测得出来，古代老百姓谁看得见？谁总结得出来？

人们讨论"沉东京，浮××"的时候，一般都是从通行的字面意思来理解"沉"和"浮"的意思。但在闽南语系中，"浮"是一个多义词，不仅有从水中浮出的意思，还有出现、凸显、崛起、高人一等、地位提升等多种含义。比如广东普宁有浮屿村、潮州有浮岗村，都不在海中，只是因为村前有凸起的山丘而已。

闽南和粤东一带，"沉××，浮××"不仅用于表达自然地貌的变化，往往也用以表达一种"此消彼长"的对应关系。比如"沉官井，浮福州"讲的是官井洋和福州小盆地的地貌形成，但是，"沉七州，浮莆田""沉东安，浮莆田"的意思却不一样。

"沉七州，浮莆田"也是一个古老的俗语，说的是莆田市的地位变化。莆田在立县前后，这块土地曾先后隶属于扬州、江州、福州、泉州，而福州、泉州又曾经被称作闽州、丰州、武荣州等，算起来莆田曾先后隶属过"七州"。北宋太平兴国年间，莆田成为兴化军治所，区域地位迅速提升，成为与福州、建州、泉州等平级的行政区域，所以莆田人非常自豪地称自己为"沉七州，浮莆田"，意思是摆脱了七州的管辖，莆田地位得到了大大的提升。

"沉东安，浮莆田"的来历就更古老了。东安是三国时期吴国设立的古县名，治所也在莆田境内，但是这个县名仅存了 22 年，晋灭东吴之后就取消了。从地理位置上说，东安就是后来的莆田，莆田就是原来的东安，这里的"沉"并不是陆沉、消亡的意思，而是没落、取消的意思。

所以说，"沉东京，浮南澳"并不是有一个叫作东京的临时都城沉入了海底，南澳从海平面下升上来了，而是说："大宋王朝虽然沉没了，南澳却因此出名了。"

过去的南澳，在历史上从来未曾露过一个小脸，自从南宋两位少帝驻跸之后，理论上它也成为大宋王朝的"行在""行朝"，哪怕只是一个月，甚至几天。

宋亡之后，南澳岛留下了许多宋帝昺的遗迹，最著名的是太子楼和宋井，如今已经成为南澳岛上最著名的旅游景点。据说，文物部门在清理宋井的时候，发现了许多宋代瓷器碎片和宋代铜钱，说明这一带很可能就是南宋少帝曾经居住和活动过的地方。

据说小朝廷流亡南澳时，曾经为少帝修过一座行宫。同治《广东通志》称："宋太子楼，在饶平县东南澳山云盖寺海崖，叠石为楼，相传宋幼帝驻跸所筑。"[1] 太子楼东南面还有三口井，据说供皇室饮用的叫"龙井"，供文武百官饮用的叫"虎井"，供军马饮用的叫"马井"。传说宋帝昺离岛时，还把部分金银财宝藏在太子楼的石室内，准备日后回来取用，可惜再也没能回来。太子楼遗址的石壁上刻着 35 个文字，据说如果有人能破译这些文字，石壁就会自动开启。整个粤东沿海，每个县都声称宋帝昺到过当地，到处都是宋帝昺的传说。

广东饶平出过一个叫张达的都统，他的勤王故事一直让潮州

---

[1] 阮元修，陈昌济等纂《广东通志》卷二二二，同治三年（1864年）刻本，商务印书馆，1934，影印本，第 3917 页。

人引以自豪。乾隆《潮州府志》称："张达，饶平渐山人。景炎元年（1276 年）十一月，端宗舟居泉州。蒲寿庚叛，迁入海，驻跸红螺山（今属南澳）。达官都统，与郡马陈植、都部头马骥输粟饷军。祥兴二年（1279 年），帝昺迁舟甲子门，达帅义勇扈从，殉难崖山。妻陈璧娘送至钱澳洲畔，有诗词甚悲，后人名其地曰辞郎洲。"[1] 饶平、澄海、南澳、新会等诸县志均记录了张达的英勇事迹。张达的故事后来越传越奇，其夫人陈璧娘逐渐成为故事主人公。著名潮剧《辞郎洲》将她塑造成一位深明大义、能文能武的奇女子，把丈夫和弟弟都送上了疆场，在他们战死之后，亲自领兵赶往崖山，最终无力回天，在崖山海滨自刎殉国。

　　少帝驻跸南澳，不仅让南澳在潮州有了耀眼的光芒，甚至让南澳进入了中国大历史，南澳人对于这一点是极其在意的。民国《南澳县志》对于乾隆时期南澳同知张学举（江苏如皋人）在编纂旧《南澳志》时，将少帝离开南澳之后的浅湾之战中"帝至井澳"的"井澳"断在香山（今中山市）境内，表达了强烈的不满，连用多个感叹号对张学举这个外地人进行了大力驳斥，据理力争"井澳"就是南澳。

　　考宋史："景炎二年（1277 年）九月戊申，张世杰归浅湾，元将刘深以舟师攻帝昰于浅湾，帝走秀山。十二月丙申，帝

---

[1]　周硕勋纂修《潮州府志》卷二八，乾隆年间旧志，光绪十九年（1893 年）刻本，第 64 页。

至井澳。丁丑，刘深追帝至七州洋。"按：浅湾即钱湾，在隆澳。曰钱湾，声之讹也。井子澳在隆澳之东，有井水，味极清美，故名井子澳。……七州洋即七星洲，在云澳之南大海中，与三澎相望。然则井澳之为南澳，井子澳即井澳，断然无疑者！张学举以城北有古井，故名井澳，未考隆澳有井子澳耳！ [①]

这意思无非是想说明："少帝来过我们南澳两次！"其实，无论井澳是否南澳，皇帝来过就行，有一次就足够"浮南澳"了。

▶ 广东深圳南山区宋少帝陵。传说帝昺跳海之后，遗体漂流至深圳赤湾，有飞鸟遮蔽其上，附近寺僧见其身着黄袍龙衣，知是少帝。当日天后宫一根栋梁突然掉落，庙祝掷珓问卜，知是天后赠棺木予少帝，当地百姓遂将少帝礼葬于天后庙西面小南山下。（图／牛奶海，2019年）

① 章潜龙修，杨世泽纂《南澳县志》，民国三十六年（1947年）稿本，"事纪"第2-3页。

八、俗语与传说的融合与变异

厘清了"沉东京，浮南澳"是什么意思，也就基本厘清了所有"沉东京，浮××"的象征性意义。福建成为南宋少帝登基之地、朝廷所在之地，虽然时间只有半年多，但在这个古代偏远省份，也是破天荒的一件大事，所以说，"沉东京，浮福建"表达的也是"大宋王朝虽然沉没了，却让福建成为全国瞩目之地"的意思。

这也就可以解释为什么沉一个东京，浮了这么多个地方。在闽南和粤东，所有被"浮"的地方，恰恰都是少帝曾经驻跸的地方。

不过，"沉东京，浮××"的俗语始终只局限在以闽南方言（广东称"潮泉方言"）为中心的沿海地区。最东最北到莆田，这里流传俗语"沉东京，浮福建"；最南最西到汕尾，这里流传俗语"沉东京，浮莲花山"。

最有意思的是，"沉东京，浮福建"在莆田和泉州广为流传，却并没有在福州流传，因为福州属于闽东方言区。往西，"沉东京"止于海陆丰的"浮莲花山"，再往西就是粤方言区，再没有该俗语流传。从此我们也可以看出，方言对于俗语、歌谣具有巨大制约作用。

关于方言和俗语的关联，我们再举一个特别的例子。同为福建沿海的宁德市，因为没有皇帝来过，也不是闽南方言区，并没有"沉东京"的俗语流传，可就在宁德北边的浙江苍南县马站镇，却流传着"沉东京，浮蒲门"的俗语。乍一听似乎很奇怪，细一考察却又不奇怪，因为马站镇是个闽南语的"方言岛"，镇上人家许多都是明清时期的闽南移民。

那么，我们现在要解释的是，浙江和上海也不属于闽南方言区，为什么这里又出现了这么多"沉东京传说"呢？

我们先看看吴越地区的"沉东京传说"主要流传于哪些地区："沉东京，游上海""沉东京，氽崇明""塌东京，涨崇明"流传于上海；"沉东京，涨宁绍""坍东京，涨满山"流传于宁波；"塌东京，涨绍兴"流传于绍兴；"塌东京，剩桃花"流传于舟山市；"沉东京，涨海游"流传于三门县。

在地图上把这些地点标出来，就会发现他们全都集中在以杭州湾为中点，北至崇明区，南到三门县，南北直线约300千米的近海区，主要是长江口和杭州湾两个地区。这个地区自古以来就是"陆沉传说"的中心地！

浙江与福建比邻，共享着便利的海路交通，密切的文化交流是无须赘言的。浙江本来就流传着大量的陆沉传说，只是各地传说中的陆沉地点没有统一，各说各的。当来自闽南的"沉东京"俗语传入该地区之后，"东京"这个通俗好记又有辨识度的陆沉地很快就替代了过去林林总总的其他陆沉地。什么历阳、由拳、长水、古巢，谁能分得清楚呢？现在好了，东京，大家都知道，一听就明白。

如果你跟宁波人讲个故事，说西边有个西京城沉入了水底，恐怕很难令人相信；但你要说东边有个东京城沉入了海底，那根本就用不着解释，东边全是汪洋大海，随便指块海域说那就是曾经的东京城，别人也没法反驳你，一旦那地方打捞起一块砖、一只碗，马上就会传成东京城的砖、东京人的碗。所以说，东京作为一个通用名称，可以用来指认东南沿海任意一个陆沉的海域。

也就是说，浙江和上海的"沉东京传说"是传统"陆沉传说"融入了闽南"沉东京"俗语之后的新传说异文。

浙江自古以来都是江南的经济和文化中心，商贸活动频繁，人口流动大，文化时尚的更新速度也快。闽南、粤东这些偏远地区的文化语境，以及基于该语境的"沉浮"观念是浙江民众所难以体会的，"沉东京"俗语中的象征性意味，到了浙江就已失去意义。"这些隐喻一旦被忘记，或者后来词汇赖以派生的词根原意变得模糊不清，甚至完全改变了，那么这些词当中自然会有许多失去其诗情画意及其根本的原意。它们变成了仅在家庭会话中延续传承的名称；或许，祖父和父亲还能够理解，但对儿子来说就变得陌生了，到孙子辈时就只是误解了。这种误解是各种途径造成的。"[1]

浙江人乐于吸纳的，只是"东京"这么个通俗的陆沉地名而已。正因如此，流传在浙江和上海的"沉东京传说"中，"沉"字往往被替换为"坍""塌"，而"浮"字则被替换为"游""余""涨""剩"。闽南方言中的"沉"和"浮"都是多义词，可以有不同的表意功能，被替换之后，"坍东京""塌东京"的含义就相对简单多了，原有

---

① 麦克斯·缪勒：《比较神话学》，金泽译，上海文艺出版社，1989，第 76 页。

的象征意义以及旧语境中微妙的民众心理已经荡然无存。

传统的陆沉故事中，本来就只有"沉"而没有"浮"的情节。而闽南俗语中的"沉乌礁，浮大帽"也好，"沉东京，浮南澳"也好，早期都只是俗语，没有配套的故事情节。

追溯"沉东京传说"的来龙去脉，很容易让我们想到西方神话学的语言学派。该学派主要观点是：神话是因语源迷误而产生的。其代表人物麦克斯·缪勒认为：由于语言存在一词多义、一义多词、诗性隐喻等特点，随着时代变迁，这些词义逐渐发生混乱，遭到后人误解，于是，神话就产生了。换言之，神话的产生是因为语言发生了障碍。缪勒提出了一个著名命题：神话是语言疾病的结果，正如珍珠是蚌有病的结果。"如果我们剥去语言在其必然的变化过程中给传说罩上的、令人对传说产生误解的外壳，那么许多现在看来是荒诞无稽的传说，将会重新获得它朴实无华、合乎情理和美丽动人的内容。"[①] 为此，他提出了区分民俗中固有成分、新生成分、外来成分等一些基本原则。这些原则的适用性，在上述讨论中已经得到体现。

可是，自从传播学派兴起之后，语言学派日渐式微，然后，人类学派兴起，传播学派又迅速衰落，正所谓学术后浪推前浪，前浪死在沙滩上。所以说，语言学派是一种比过时更过时的学术流派，现在已经很少有人用这种方法来解决民间文学的问题了。但

---

① 麦克斯·缪勒：《宗教学导论》，陈观胜、李培茱译，上海人民出版社，2010，第30页。

▶ 英国语言学家麦克斯·缪勒（1823—1900）。（图／刘易斯·卡罗尔，1857年5月）

是就"沉东京传说"来说，要想解开其中的谜团，恐怕没有哪种方法比语言学派更适用。虽说一代有一代之学术，但在人文社科领域，老树发新芽也不是什么奇怪的事，只要逻辑可靠，能自圆其说，就有存在的合理性。

按照缪勒的理论，随着时代变迁，当后人无法理解又试图解释"沉东京，浮福建"俗语的时候，各种富于神奇情节的传说就产生了。我们回到本章开头的两则传说，第一个阿福伯的传说显然是通行的"陆沉传说"，属于输入型的（基于传播的），而第二个臭头孩传说才是属于本土的解释性传说。

但无论是外来传说还是本土传说，实际上都只解释了"沉东京"，并没有解释"浮××"。同样，由于上海和浙江的"沉东京传说"也是基于传统陆沉传说的微调，所以也只有"沉东京"情节而没有"浮××"情节。这样一来，传说就未能与俗语达到完全吻合，故事存在"缺失"。为了补足缺失，当代故事中逐渐衍生出一些新的"浮出陆地"类型的故事，比如流传于浙江三门的《沉

东京，涨海游》①，以及流传于上海的《上海金山的来历》②，但
由于情节老套，想象力不足，流传并不很广。

九、"沉东京传说"的来龙与去脉

我们现在梳理一下"沉东京传说"的发生、发展、变异全
过程。

第一，杭州湾和长江入海口自古以来就流传着大量的陆沉传
说。明代以后，以"道德审判"为主题的陆沉传说，尤其是观音娘
娘变成老太太卖油的传说成为主流异文，这个问题我们在本章开
头已经讨论过。

---

① 猫头洋有一个叫东京的村庄，一个小后生很能捕鱼。有一次，小后生打到一条很
大的鳗鱼，鳗鱼同他说："我是龙王的三儿子，请把我放回海里，我带你到龙宫，你
要什么我父亲都会给你的。不过你不能要我父亲桌上的一只盘。"于是，小后生跟着
鳗鱼来到龙宫。龙王问他要什么宝贝，他说："我只要你桌上这只盘。"龙王只好给他。
小后生得到这只盘后，家境变得好了起来。村里财主觉得很奇怪，夜里去偷看，只见
小后生把一只盘放到桌上念道："盘啊盘，快快来只牛。"于是从盘里跳出一只小水
牛，落地变成大水牛。财主看呆了，就叫人去抢盘。小后生拿了盘拔腿就逃，逃到海边，
眼看坏人就要追上，小后生赶紧将盘甩向海里，刚好甩到海游这个地方。盘一落水，
就变成一块陆地，把小后生吸了过去。这天夜里，东京沉到海里去了。（章思友主编《山
海大话——三门旅游民间故事选》，浙江人民出版社，2011，第168-169页）
② 从前，金山地方没有山，只有一个村庄。有一年发大水，把田间房舍全冲垮了。人
们都抛下草房逃命去了，只有笑面虎舍不得一屋子家产，没跑。大水冲来，笑面虎抓
起两只金元宝爬到屋后树上。时间长了，饿得不行。树的另一端有个农民，正在吃馒
头。笑面虎哀求说："我用金元宝跟你换只馒头好吗？"农民说："金元宝啃不动，
你留着慢慢啃吧！"吃完跳入水中游走了。笑面虎握着两只金元宝，感到越来越重，
再也支持不住，"扑通"一声掉进水中。接着，海面上露出两座山头，人们便叫它们
大金山和小金山。（罗杨总主编《中国民间故事丛书·上海·杨浦卷》，知识产权出
版社，2016，第88-89页）

第二，闽南漳浦、东山湾附近，自古就有陆域地壳形变的问题，"居住在该地区的古人，也感受到了海岸变迁与沧海桑田的变化"[①]，东山县很早就有"沉乌礁，浮大帽"的俗语。但是，这里只有俗语，并没有相应的传说。

第三，南宋小朝廷南下行经闽南、粤东沿海，对东南沿海地区的社会、历史、文化造成了巨大影响，成为这些地区的千年谈资。宋帝昺曾经驻跸的地方，从此进入历史，成为人们关注的焦点地区，留下了无数神奇传说。大宋王朝灭亡了，但是，被宋帝昺临幸过的海岛和山村却因此出名了。闽南沿海民众在"沉××，浮××"俗语的基础上，生成了新的象征性俗语"沉东京，浮××"。"沉东京"指的是大宋王朝的沉沦，而被"浮"的地方，则是传说中宋帝昺曾经临幸的地方。

第四，1276年底南宋小朝廷离开福州南下的时候，号称"时军十七万人，民兵三十万人，淮兵万人"。所谓"民兵"，基本上都是皇室和官员、将士的家属。到了1279年崖山海战阶段，尚余"官民兵二十余万"。也就是说，有近三十万人在这两年中因各种原因逐渐脱离了大部队，分散隐居各地，其中很多人就隐居在闽南及粤东沿海一带，宋亡之后成为南宋遗民。

第五，古人相信，人死之后必须魂归故里才能进入转世循环，否则将会成为孤魂野鬼。在这些南宋遗民看来，"东京"就是一

---

① 林军：《海岸线变迁环境地质问题研究——以福建南部沿海地区为例》，《地质灾害与环境保护》2006年第1期，第31页。

个象征性的精神故乡。"东京大路碑"就是闽南一带南宋遗民丧葬仪式中的亡魂指路碑，告诉他们从哪里来，回哪里去。

第六，由于"语源迷误"的结果，俗语的象征意义不被后人理解，于是有了各种竞猜式的解释。象征性的意义被理解成地理上的"沉"和"浮"，人们生产出新的传说试图对俗语加以解释，其中"臭头孩传说"就是最有影响的本土解释性传说。

第七，杭州湾和长江入海口的道德审判型陆沉传说，在吸收了闽南俗语"沉东京，浮××"之后，变异出了新的"沉东京，涨××"传说。不过，新传说的故事情节并没有什么变化，只是将那些生僻的陆沉地名统一成了通俗易记的"东京城"。这些新传说回流到闽南和粤东地区，就成为闽粤"沉东京传说"的输入性异文。

早期的"沉东京，浮××"俗语中，并没有道德审判的因素，

▶ 供奉在南澳岛真君庙保生大帝像前的"太子爷"。闽粤台一带盛行太子爷信仰，有说太子爷即哪吒三太子，也有说是宋末少帝，其功能主要是保生育，保儿童健康。这里的两尊太子爷塑像是不同供养人分别供奉在庙里的。(图/施爱东，2022年8月5日)

可是，因为从浙江回流的"沉东京传说"裹挟了后期"陆沉传说"中的道德审判主题，"东京"也就逐渐被污名化了。闽粤后起的"沉东京传说"中，东京已经完全脱离了原有的象征性意义，被指实为一个特定的陆沉地点。

第八，各种传说异文虽然解释了"沉东京"的原因和结果，但都没有"涨××"的情节。传说和俗语在结构上依然未能达到完美吻合。三门县等地对于"涨××"的补充性传说，在时间上是最晚最近的，这些异文在情节结构和趣味性上都还不够成熟，流传也不广。

附识

本章内容以单篇论文的形式在《华中师范大学学报》（2023年第2期）发表之后，赵世瑜教授给我发来一条微信：

> 拜读了《沉东京》大作，颇有启发。关于"沉东京"的考索，愚见颇同；唯"浮某处"的说法，另有所思。那些地名十分具体，应是本地人的发明，似乎是当地地位上升的隐喻。想到兄作指出其大都出现于明代，假如是在明中叶以降，似乎正是东南沿海这几个地方由海岛开发为陆地、海外贸易大兴并开始出现一些士大夫的地方。这些地方多流传与宋帝昺有关的故事及家族传说，其实未必一定真与帝昺有关，而是借此为本地从海滨斥卤赋予王朝正统性的发明。与珠三角之苏妃南雄珠玑巷传说、江南之"扈跸南迁"传说有异曲同工之趣。

读后随感，聊备一哂。

这段话很有启发意义。我在沉东京传说的研究中一直有一种隐约的判断：这个传说是明代兴起的。但我一直找不到这个传说在明代兴起，或者说在明代得到广泛传播的触发机制。"海岛开发"和"海外贸易"，这正是我作为传说研究者的知识盲点，或许也正是我苦苦寻找而不得的触发机制。但要补足这一方面的知识，找到传说与历史相互印证的文献素材，恐怕还需要较长时间的精细考索，而此时本书即将付梓，只能望洋兴叹，以此"附识"留待日后努力。

此外，本章只论述了"东京"与"大宋王朝"的关系，关于"陆沉"与"王朝沦陷"的关系并没有展开论述，以下资料或许可以用来补足这一方面的说明。

古代文献中"陆沉"是个常用的多义词，既可以用来表示大地沉陷，也可以用来指代官宦降职、士人隐居，乃至儒生的愚昧、迂腐、道德沦丧，等等，这些我们且不管它。将"陆沉"用于政权、王朝的更替，表达"神州陆沉"的无奈与惆怅，始见于《世说新语》："桓公入洛，过淮、泗，践北境，与诸僚属登平乘楼，眺瞩中原，慨然曰：'遂使神州陆沉，百年丘墟，王夷甫诸人不得不任其责！'"后世文献多以此为典。

"神州陆沉"的井喷式出现，正是始于南宋。北宋灭亡之后，康王赵构于1127年在应天登基，随后落脚临安，建立南宋政权。

此后，南宋文人多以"神州陆沉"指代北宋沦亡，如叶梦得（1077—1148）《立秋二首》："天险漫能凭故国，陆沉端复恨神州。将军竞绾封侯印，谁为吾君更解忧。"晁公溯（1138年进士）《李仁甫和予如字韵诗再用韵寄之》："神州久陆沈，遂作蛇豕墟。诸公颇愤激，日上平边书。"朱熹（1130—1200）《感事书怀十六韵》："胡虏何年盛，神州遂陆沈。"许及之（1141—1209）《题曹娥庙》："当日曹娥念父心，千年江水有哀音。可怜七尺奇男子，忍使神州半陆沈。"韩淲（1159—1224）《感兴十首》："赤县神州久陆沉，宣和遗恨莫追寻。"

其中，最著名的还是文天祥在崖山海战宋亡之后，被元军押解北上途中所写的《发高邮》，其中提道："吾道久矣东，陆沈古神州。我今载南冠，何异有北投。"

南宋人感叹北宋的灭亡为"神州陆沉"，同样，明代人又感叹南宋的灭亡为"神州陆沉"。我们可以随手再举几例。明代广东诗人陈献章（1428—1500）《游崖山次李九渊韵》："千秋崖石角，泛艇一来临。不待祥兴后，神州已陆沉。"李东阳（1447—1516）《晋之东》："宋家二帝俱入金，神州陆沉古犹今。"文徵明（1470—1559）《崖山大忠祠》："百年仁义空渐尽，此日神州遂陆沉。峻节奇功磨不得，崖山突兀自千寻。"

上面这么多明确所指的"陆沉"诗例已经足以说明"沉东京"所指即为"大宋王朝的覆没"，因此也就没必要再展开论说了。

第四章

八臂哪吒城：

北京建城传说的千年演进

关于明成祖朱棣的二位军师刘伯温与姚广孝进行设计竞赛，各自依着哪吒的模样，背对背画出了北京城的传说①，现在已经成为北京市的标志性民间传说。文史专家邓云乡说："明清以来民间传说把它演义成为十分离奇的故事，不但在北京民间流传，

――――――――――――

① 故事梗概为：明朝永乐帝朱棣想在幽州地界建一座京城，工部大臣奏称："苦海幽州原是孽龙的地盘，这孽龙十分厉害。请先让军师们把孽龙制住，才能建城。"于是永乐帝就派大军师刘伯温和二军师姚广孝同去。二人来到幽州，琢磨着怎么建才能阻止孽龙捣乱。二人都想争头功，刘伯温提议说："你住西面，我住东面，十天后碰头，各自拿出规划图来。"于是二人分别住下，每天察看地形。奇怪的是，二人每天都听见一个小孩的声音："照着我画，不就成了吗？"他们所到之处，总有一个穿红袄的小孩在眼前。到第五天，二人又都见到小孩，穿着荷叶边的披肩，肩膀两边镶着红绸边，风一吹，披风还卷起一角。这下，二人心中都明白了：这是八臂哪吒。刘伯温心想：八臂哪吒叫我画的图，一定是降服孽龙的城图！而姚广孝也是这么想的，但二人谁也没说。第十天，二人各自拿出图纸，竟然一模一样，都是"八臂哪吒城"，而且都在城墙西北向缺一个角，因为哪吒的披风那时候正好被风吹起。二人哈哈大笑，拿着图纸向永乐帝报告。永乐帝下令照此建城，正阳门是哪吒的头，崇文门、东便门、朝阳门、东直门是哪吒的左四臂，宣武门、西便门、阜成门、西直门是哪吒的右四臂，北边的安定门、德胜门是哪吒的两只脚，被风吹起的那个角，就在积水潭。姚广孝没能夺得头功，就出家当和尚去了。

而且辗转到外国，在法籍传教士的著作里，也说得有来有去。"①
可是，这个传说在文献中第一次出现的时间是1957年，并不古老。
现在的问题是，它到底是不是一个"明清以来"广泛流传的民间
传说？

刘伯温去世的时候，朱棣刚刚15岁，离他夺取皇位还差28
年，刘伯温从未辅佐过朱棣。这则关公战秦琼的传说是何时、何
因、如何兴起的？历史学家陈学霖从1965年开始关注该传说，于
1994年写成《刘伯温与哪吒城——北京建城的传说》②，其结论
是：传说大约形成于清末这一敏感时期，而且与秘密会社"反清
复明"的概念产生和舆论宣传有关。而本书则通过对传说异文及
其出现时间的分析，认为八臂哪吒城传说的产生不会早于20世
纪40年代，也不是口口相传、广为人知的民间传说，而是由北京
说唱艺人创作，金受申（1906—1968）整理出版，主要经由文人
和学者的书面传播而扩散的现代传说。

一、哪吒城之说始于元代

北京城的前身元大都始建于至元四年（1267年），城址的勘
定、宫城的规划主要出自刘秉忠（1216—1274）③。把北京比喻
为"哪吒城"，元末已有流播。元末明初杨维桢《大明铙歌鼓吹曲

---

① 邓云乡：《春雨青灯漫录》，新华出版社，1998，第136页。
② 陈学霖：《刘伯温与哪吒城——北京建城的传说》，生活·读书·新知三联书店，2008，"自序"。该书繁体字版本于1996年由三民书局出版。
③ 北京大学历史系《北京史》编写组：《北京史》，北京出版社，1985，第99页。

十三篇》直称幽蓟为哪吒城："嗟政不纲可奈何？自底灭亡可奈何？国运倾，六师驻，那吒城。"[1]元末另一诗人张昱在《辇下曲》中也说："大都周遭十一门，草苫土筑那吒城。谶言若以砖石裹，长似天王衣甲兵。"[2]明代笔记《农田余话》说得更明白："燕城，系刘太保定制，凡十一门，作那吒神三头六臂两足。世祖庚申即位，到国亡于戊申己酉之间，经一百一十年也。"[3]幽蓟、大都、燕城都是北京的历史地名，奇怪的是哪吒城一说主要出现在元末明初，随后就近乎消失，罕见被人提及。

▶ 元大都的护城河，以及土城墙遗址。（图／施爱东，2023 年 3 月）

① 杨维桢：《杨维桢诗集》，邹志方点校，浙江古籍出版社，1994，第 454 页。

② 柯九思等：《辽金元宫词》，北京古籍出版社，1988，第 14 页。

③ 长谷真逸：《农田余话》卷上，收入《山房随笔（及其他八种）》，中华书局，1991，第 6 页。

三头六臂或八臂本是释家用来比喻佛之威严与神通，并非哪吒特有，比如千眼千臂观世音，又如修罗道者"并出三头，重安八臂，跨山蹋海，把日擎云"①。哪吒本是密宗护法神，佛教典籍中着墨不多，仅有名号传世。宋代以来的禅宗开始提及哪吒的三头六臂形象，如《五灯会元》卷一一："三头六臂擎天地，愤怒那吒扑帝钟。"②《碧岩录》第87则："忽若忿怒那吒，现三头六臂；忽若日面月面，放普摄慈光。"③几乎同时，八臂说也开始流传，如《五灯会元》卷一四："三尺杖子搅黄河，八臂那吒冷眼窥。"卷一八："八臂那吒撞出来，稽首赞叹道难及。"卷二○："赤脚波斯入大唐，八臂那吒行正令。"④宋慧开《无门关》："若是个汉，不顾危亡，单刀直入，八臂哪吒拦他不住。"⑤南宋以降，哪吒地位逐渐提升，进入道教神灵谱系，受到民间信仰的崇奉。⑥

所谓"三头六臂二足"，无疑是为了对应"京师十一门"之数。刘秉忠基本是按《周礼·考工记》的要求来设计元大都的，但又没有完全遵照其原则。侯仁之说："《考工记》描述'王城'是'方九里，旁三门'，而大都城并非正方形，而是长方形，四面城墙既

---

① 释道世：《法苑珠林校注》，周叔迦、苏晋仁校注，中华书局，2003，第165页。
② 普济：《五灯会元》中册，中华书局，1984，第686页。
③ 纯一法师总编《碧岩录》，华夏出版社，2009，第499页。
④ 普济：《五灯会元》下册，中华书局，1984，第893、1172、1372页。
⑤ 李淼：《中国禅宗大全》，长春出版社，1991，第488页。
⑥ 郑阿财：《佛教经典中的哪吒形象》，收入台湾中山大学、新营太子宫管理委员会编《第一届哪吒学术研讨会论文集》，新文丰出版公司，2003，第547-548页。

▶ 树立在北京元大都遗址公园的元大都城图，清楚地标出了南三门、北二门，东西各三门。（图／施爱东，2023 年 3 月）

不等长，北面城墙上又只有两门而非三门，这就是一种创新。"①

创新依据是什么呢？元代黄文仲《大都赋》称："辟门十一，四达憧憧。盖体元而立象，允合乎五六天地之中。"②意思是说十一是天五地六相合之意。南则五门，取象阳数，北则六门，取象阴数，

---

① 侯仁之：《试论元大都城的规划设计》，收入郑欣淼、朱诚如主编《中国紫禁城学会论文集》第 5 辑上，紫禁城出版社，2007，第 103 页。

② 黄文仲撰《大都赋》，张宁标点，收入北京市社会科学研究所《史苑》编辑部编《史苑》第 2 辑，文化艺术出版社，1983，第 239 页。

为象天法地之数。当然，这是精英文化的观念，而民间传统素来好做附会玄想，更愿意将其想象成三头六臂的哪吒。

不过，刘秉忠的知识结构也值得我们注意。他入过全真道，后又出家为僧，法名子聪，精通天文、地理、易经、律历和三式、六壬、奇门遁甲等卜算之术①。北方禅宗临济宗领袖海云应召去见忽必烈时，听说子聪和尚博学多才，遂邀其同往。子聪很快得到忽必烈的重用，遂改名秉忠。像刘秉忠这种儒释道三家通吃的政治家，在城建规划上来点故弄玄虚的奇谈怪论是一点也不奇怪的，谁也不能排除刘秉忠的工作团队在设计元大都的时候，有意利用释道两家的神学舆论，将大都十一门附会为哪吒的三头六臂二足。

▶ 明代《三才图会》中的刘秉忠画像

---

① 曹子西：《北京历史人物传（上）》，北京燕山出版社，2014，第 247 页。

二、毁弃城门，唤醒哪吒

哪吒城的说法明初之后急剧式微，沉寂近乎 500 年，究其原因，当与明朝改建北京城有关。朱棣将北京城门由十一门改成了九门，东西各减一门。当城门只剩了九座的时候，无论怎么数，再也拼不出三头六臂二足的样子。传说十一门与现实九门严重冲突，传说的核心依据遭到现实的强势反驳，传说也就没法传承了。

清末民初，北京城墙开始一段段遭到损毁，先是八国联军攻占北京导致几座城楼被焚，接着是北洋军阀修筑铁路拆掉部分瓮城和箭楼。1952 年开始，北京城墙被陆续拆除。随着城门意义的不断弱化，人们对于内城九门、外城七门的概念开始变得模糊。当金受申讲到"正阳门东边的崇文门、东便门，东面城门的朝阳门、东直门，是哪吒这半边身子的四臂；正阳门西边的宣武门、西便门，西面城门的阜成门、西直门，是哪吒那半边身子的四臂"[1]的时候，已经到了 1957 年，不仅城墙基本被拆光，新北京居民也多是外省人口，许多读者已经意识不到其中不妥之处。没有北京生活经验的香港学者陈学霖也没意识到这一点，他还依此画了一张"哪吒身躯与北京内城相应会意图"[2]以佐证金受申的说法。

现在的北京居民可能不大理解，但是生活在明清两代的北京

---

[1] 金受申：《北京的传说》第 1 集，通俗文艺出版社，1957，第 7 页。
[2] 陈学霖：《刘伯温与哪吒城——北京建城的传说》，生活·读书·新知三联书店，2008，书前彩页第 36 页。

▶ 1921 年的崇文门门楼。（图 / 喜仁龙《北京的城墙和城门》）

老百姓肯定非常清楚,东便门和西便门根本就不在内城,而是外城东西两端的小偏门,建筑时间比内城九门晚了一百多年,规模也很小,甚至有人戏称这是拉粪便进出的"便门"。东西便门无论是从修筑时间,还是从作用、规模、建制各方面来说,无一可与都城九门相提并论,不可能被当作哪吒双臂。

▶ 相对于高大巍峨的都城九门,东便门显得极其矮小、简陋。(图/喜仁龙《北京的城墙和城门》)

所以说,只有当城门逐渐失去作用、淡出人们日常生活的时候,对于哪吒城的想象才会重新回归民众的口头传统。《故都风物》作者陈鸿年说他读初中的时候(大约20世纪20年代):"有位先生讲地理,不知怎么扯到北平城了!他说:'当年刘伯温建造北京城，是按着哪吒三太子的像儿造的'，哪儿是他的什么部位，哪儿又是他哪块儿，说得有鼻子有眼儿的。记得最清楚的，他说天坛、先农坛是哪吒两个鬓髻，地坛是足蹬的风火轮，下水道是他肚子里的肠子。前门是哪吒嗓子眼儿，彼时是北平有电车不久，前门左右掏两个豁子，我这位老师，且喟然而长叹曰：'往后哪儿好得了啊？正嗓子眼儿的地方，叫人掏两个大窟窿！'"[1]我们从"前门是嗓子眼""地坛是足蹬的风火轮"就可看出，这绝不是"八臂哪吒"的形体，否则前门不会是嗓子眼，更不可能把风火轮安在哪吒的肚脐上，由此足见当时八臂哪吒城传说尚未出现。正是因为国运日下，毁城墙、切龙脉，引发民众恐慌，以及对于北京城命运的担忧，这才重新唤醒了哪吒城的旧概念。

1935 年《新天津》曾连载杨寿麟的"故都风物"专栏，其中有《哪吒城之八种宝物》："偶听父老闲谈云，北京之城，形似哪吒，因名之为哪吒城。每个城门之中间，有一中心台，昔建此台之用意者，因每一城与一城之间，相隔约三里，路途遥远，如遇作战时，将卒可顺此中心台之上下道登城应战，取其便利故也。凡内城之中心台外，镶嵌一约二尺之白石，石上刻有轮、伞、盖、花罐鱼等八种物件，分配内城各中心台上。所谓哪吒城（即北京城）之八宝者，即此物也。平日闲人不准任意上城，恐有危险，故余未尝得以饱眼也。"[2] 从这些零星的记载可知，北京城形似哪吒的说

---

[1] 陈鸿年：《故都风物》，北京出版社，2017，第 164 页。
[2] 杨寿麟：《哪吒城之八种宝物》，《新天津》1935 年 3 月 19 日，第 12 版。

法并不是一个公共知识，建城传说更是罕见，或者说，连这些著名的"北京通"都没听说过。

那么，刘伯温到底是怎么建哪吒城的？据陈学霖考证，目前可知最早的文献是英国人华纳（Werner）的《北京城建造的传说》（1924年），说的是朱元璋第四子朱棣英姿伟岸，受到皇后妒忌，只好离开南京前往燕地，有一位叫刘伯温的道士临别前送他一个锦囊，叮嘱他遭遇危难时拆开，依计而行即可。到达燕地之后，朱棣发现这里一片荒芜，不禁怆然，拆开锦囊，发现上面写着需要在燕地建一座"哪吒城"，而且指示他如何获得建城资金，纸背则是城市蓝图。[①]这个故事说明哪吒城的说法已经与刘伯温搭上关系。

瑞典学者喜仁龙1920—1921年旅居中国，对北京城墙展开专门调查，于1924年出版《北京的城墙和城门》。他在"北京内城墙垣"一章说道："对于北京的平面布局、四个城区和各个城门，中国人都赋予了丰富的象征意义。"说到这里，你以为他要点到哪吒了，可他却说："他们声称，把城市规划为正方形并按东、西、南、北确定方位，不仅是由于实际的需要，这种安排是以天宇中各星宿的位置为依据的，因为不服从天道，就无法建成一座坚固的城市。"然后，他又在"北京内城城门"一章说："北京这座城市将五十万以上生命用围墙圈了起来，如果我们把它比作一个

---

① 陈学霖：《刘伯温与哪吒城——北京建城的传说》，生活·读书·新知三联书店，2008，第83-84页。

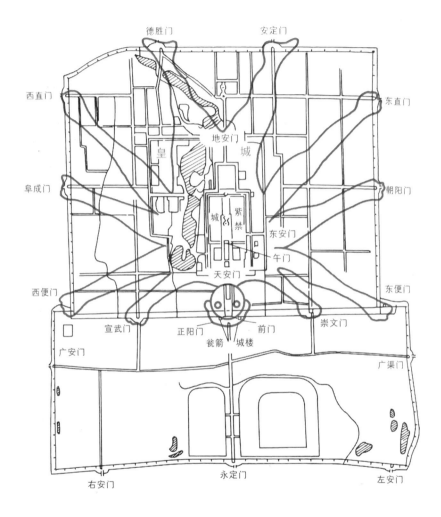

德胜门　安定门
西直门　东直门
地安门
皇　城
阜成门　朝阳门
城　紫禁
东安门
午门
天安门
西便门　东便门
宣武门　正阳门　前门　崇文门
广安门　瓮箭　城楼
广渠门
右安门　永定门　左安门

▶ 陈学霖依据金受申《北京的传说》所绘制的"哪吒身躯与北京内城相应会意图"。（图／陈学霖，见《刘伯温与哪吒城——北京建城的传说》）

巨人的身躯，城门就好像巨人的嘴，其呼吸和说话皆经由此道。全城的生活脉搏都集中在城门处，凡出入城市的生灵万物，都必须经过这些狭窄通道。"① 这里已经将北京城比作"巨人"了，却依然没有提及哪吒。至此只能有一种解释，作为北京城墙文化的专门调查者，喜仁龙根本没听过哪吒城传说。

另一佐证事件是，日本学者仁井田陞（1904—1966）于1941—1944 年在北京的手工业行会调查。1944 年 10 月，他两次到绛行祖师庙"哪吒庙"抄写碑文（最早的《绛行恭迎圣会碑记》刻于乾隆四十年即 1775 年），以及访问行业会长和相关人士。此外，担任翻译的辅仁大学日语教授奥野信太郎（1899—1968）是最早研究《封神演义》的日本学者之一，1931 年开始就长住北京，对北京风物传说非常留意，他在《古燕日涉》一文中也记述了这次哪吒庙的考察。但在所有这些材料中，均未提及与刘伯温建城相关的口头传说。哪吒庙的庙祝告诉日本学者，绛行每年在庙里举行两次祭典，农历三月十五是哪吒诞，行会的所有成员都会参加祭典。1946 年的《一四七画报》也有文章谈及哪吒庙，谓"其寓意所本，亦不过《封神演义》而已"②。

北平是文人荟萃之地，民国文献浩如烟海，这里芝麻大的事都会被记载和谈论，却找不到一则八臂哪吒城的传说，甚至相关

---

① 奥斯伍尔德·喜仁龙：《北京的城墙和城门》，许永全译，北京燕山出版社，1985，第 42 页、第 114 页。

② 痴呆：《哪吒庙》，《一四七画报》1946 年 3 卷 8 期，第 11 页。

的蛛丝马迹都很难找到。可见哪吒城的概念虽然隐约登场，但还远未形成共识，八臂哪吒城传说更是尚未出炉。

三、刘伯温修下北京城

关于"刘伯温修下北京城"的说法，倒是广泛地流传于华北、东北，以及华东、西北的部分地区，比如1957年沈阳文联编印的《鼓词汇集》就有《十三道大辙》："正月里来正月正，刘伯温修下北京城。能掐会算苗光义，未卜先知李淳风。诸葛亮草船去借箭，斩将封神姜太公。"①

这些唱词的流行年代至少可以追溯到清末民初。日本学者泽田瑞穗20世纪三四十年代常住北京，收集了海量的俗曲唱本，如现藏早稻田大学的"风陵文库"，其中涉及"刘伯温制造北京城"的唱本非常多，如宝文堂的大鼓书新词《十三月古人名》卷首："正月里来五谷丰登，斩将封神姜太公，洒金桥算命的苗光义，刘伯温制造北京城。"卷末称："我唱本是十三月，这本是六十五个古人，名十三道大折。"② 据此可以判断《十三月古人名》也就是东北流传的大鼓书《十三道大辙》。清末剧作家成兆才（1874—1929）的《花为媒》就曾将这首大鼓曲揉进戏中，怀春少女五可在戏中唱道："正月里开迎春春光初正，刘伯温修下北京城。能掐会算苗光义，

---

① 沈阳市文学艺术工作者联合会编《鼓词汇集》第6辑，沈阳市文学艺术工作者联合会，1957，第273页。

② 宝文堂：《十三月古人名》，日本早稻田大学图书馆藏，编号：风陵文库／文库19／F400／Z367。

未卜先知徐茂公。"①

此外，北京学古堂的《绣花灯》中也有相似唱词："正月里来正月正，柏二姐房中叫声春……先绣前朝众先生，刘伯温制造修下北京城。"②《绣花灯》在"风陵文库"存有四种，木刻版书和铅印本各二，唱词基本相同。清末民初，北京打磨厂街有宝文堂、学古堂、文成堂、泰山堂等7家专门出版俗曲唱本的书坊，全都有这类刻本。

《绣花灯》流传于整个北方地区，如山西《绣花灯》："花灯上绣众位先生，刘伯温在早修过北京，能掐会算苗广义，徐茂公有神通。"③陕北《绣花灯》："能掐会算的苗广义，刘伯温修下北京城。斩将封神姜太公，那孔明草船借箭祭过东风。"④吉林《绣花灯》："一绣花灯众位先生，刘伯温修下北京城。能掐会算苗广义，徐茂公，有神通。"⑤山西、内蒙古一带的民间小戏二人台，北方秧歌竹板落子，全都一样。在河北邢台、辽宁本溪等地，这首曲子也叫《表花名》《十二月》，曲子巧妙地将十二月的花名与古人名融合在一起。

"刘伯温修下北京城"在劳动号子中也有体现。如山东运河号

---

① 萍寄庐编辑《评戏考（第1集）》，文汇图书局，1936，第11页。

② 学古堂：《绣花灯》，日本早稻田大学图书馆藏，编号：风陵文库 / 文库19 / F400 / M101。

③《中国民间文学集成》全国编辑委员会：《中国歌谣集成·山西卷》，中国ISBN中心，2009，第678页。

④ 高万飞辑录《陕北传统民歌》，苏州大学出版社，2014，第189页。

⑤《中国民间文学集成》全国编辑委员会：《中国歌谣集成·吉林卷》，中国ISBN中心，2005，第502页。

子："正月里，正月正，刘伯温修补北京城，能掐会算苗广义，未卜先知李淳风。"[1] 天津打夯号子："正月里来正月正，刘伯温修下北京城，能掐那会算诸葛亮，斩将那封神姜太公。"[2] 此外，天津的《风柳子》《莲花落》《十二月花歌》诸曲种也有类似唱词[3]。有学

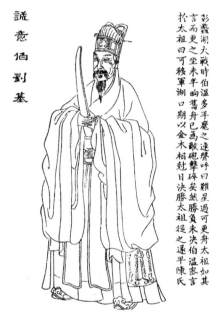

▶ 清代《晚笑堂画传》中的刘基像。

---

① 王映雪主编《民间文学》，山东友谊出版社，2009，第 565 页。
② 《中国民间文学集成》全国编辑委员会：《中国民间歌曲集成·天津卷》，中国 ISBN 中心，2004，第 117 页。
③ 《中国民间文学集成》全国编辑委员会：《中国歌谣集成·天津卷》，中国 ISBN 中心，2008，第 642–643 页。

者评论说："'正月里来正月正，刘伯温修下北京城，能掐会算苗广义，未卜先知徐茂公。斩将封神姜子牙，孟姜女寻夫她哭倒长城。'这在知识分子看来是没有韵律的瞎编、瞎聊、瞎磕，恰恰得到农民的无比欢迎。许多农民不识字，不读书不看报，也不熟悉历史。看戏记得快、记得牢。有人一说谁有预见性，他一下子就能对出'能掐会算苗广义，未卜先知徐茂公'。有人问道，谁修的北京城？那我知道，'正月里来正月里正，刘伯温修下北京城'。这些数白嘴的戏词，使没上过学的农民增长了见识，得到了历史知识。"①

北方地区早在清代就已经流行刘伯温修下北京城的传说。陈学霖认为："从明末清初开始，刘伯温已俨成传奇的历史人物。到了清末民初，由于秘密会社鼓吹反清复明，崇祀他为翊助革命之护国军师，刘伯温的传说故事，也就愈变荒诞，成为民间信仰中最玄秘的民族英雄。"②比如，在咸丰、同治年间所传抄的天地会文献中，刘伯温就被奉为襄助排满的神机军师，留下锦囊妙计，预言反清复明一定成功；托名刘伯温的《烧饼歌》更是明确预言了清朝的灭亡、国运的更新，甚至邹容《革命军》也引用其"手执钢刀九十九，杀尽胡人方肯休"等谶语，预言革命的成功。原本流行于江南地区的刘伯温传说，明末清初一路北上，其中既有《英烈传》的传播影响，也有反清复明秘密会社的宣传之功。

---

① 马士伟：《落花人独立》，中国文联出版社，2014，第 92-93 页。
② 陈学霖：《刘伯温与哪吒城——北京建城的传说》，生活·读书·新知三联书店，2008，第 94 页。

因为有了刘伯温修下北京城的传说，北京城内一切建筑都有可能被附会到刘伯温名下，而一旦这些建筑遭遇变故或面临危机，那些湮没已久的传说就会重新浮现。比如，1935年计议拆除西直门箭楼的时候，刘伯温就又一次站出来，暂时逆转了箭楼被拆的命运："本市某当局，鉴于平西为北平名胜集中地带，每日前往游览中外人士，不绝于途，故交通极为重要，因之有拆除西直门箭楼之计议。连日工务局派工前往测量，但西直门外路南有楼房七所，系刘伯温完成北京城后按照天文星象所兴建者，名曰七星楼，其部位一为北斗。经工务局呈府请示，是否一并拆除，市府为保留古物起见，已决定不动。"[1]

这则新闻很有趣，因为要保护七星楼，顺带保护了西直门箭楼。七星楼是刘伯温建的，难道哪吒城就不是刘伯温建的吗？我们接着追问，刘伯温修下北京城，跟哪吒和姚广孝有关系吗？答案是：至少在1935年，还没发生关系！我们不仅搜检"风陵文库"找不到一本与哪吒城、姚广孝有关的唱本；即便搜遍目前开放的各种民国书刊数据库，也找不到与此相关的任何信息。

事实上，关于刘伯温建造北京城的民间传说，各地异文并不相同。如抚顺的《刘伯温修下北京城》说：过去的北京是一片汪洋大海，刚好刘伯温来到这里，一看是块福地，是个建都的好地方。但是都城不能建在水上，于是刘伯温找到了水源，发现是个大泉

---

① 佚名：《保存七星楼——因系明代刘伯温所建》，《京报》1935年3月8日，第7版。

▶ 台北故宫博物院收藏的永乐皇帝朱棣画像。

眼，堵不住。刘伯温就去向财神爷借来聚宝盆，把泉眼压上，再修通河道把水给排干了，然后在这建起了北京城。①

　　天津的《永乐爷定都北京》则说：永乐帝平定北方之后，打算寻个好地建都城。他和刘伯温二人微服出行，有一天在路上见到有人家出殡，刘伯温掐指一算，不对，今天本是黑道日，不宜出殡，

① 抚顺市望花区民间文学集成领导小组编印《中国民间文学集成·辽宁卷·抚顺望花区资料本》，1987，内部资料，第142页。

　故事背后的故事　中国民俗文化通识九课

怪而上前询问为何如此择日，主家说，是潭柘寺的方丈给他择的日子。于是君臣二人找到潭柘寺，发现和尚们早已列队等候他们。二人见到方丈就问，为何选择黑道日让主家出殡。方丈说："因为天子驾到，黑道日自然也就变成了黄道日。"君臣二人大吃一惊，只好向方丈请教选址之事。方丈说："由此往东四十里，名曰北平，本是元朝皇城，乃天赐之地。"于是永乐帝就在这里建了北京城。[①]

就算在北京当地的建城传说中，八臂哪吒城的说法在 20 世纪上半叶也难觅踪影。北京的一则"刘伯温建北京城"就说，燕王要在北方建都城，找来刘伯温，刘伯温让徐达向北射一支箭，说："箭落在哪儿，就在哪儿修建京城。"徐达从南京一箭射到了北京的南苑。南苑的八家小财主吓坏了，拾起箭又把它射到了如今后门桥的地方。刘伯温带人追到南苑，要财主们把箭交出来，财主们说只要不把城建在南苑，他们愿意出钱建城。可是刚建完西直门楼，就把财主们的钱花光了。于是刘伯温又找来沈万三，没钱就打。沈万三被打得死去活来，只好瞎指，结果他每指一处，就能挖到大缸大缸的银子。后来北京城建好了，城里却被挖出许多大坑，这就是今天的什刹海、北海、中南海。[②]

---

① 《中国民间文学集成》全国编辑委员会：《中国民间故事集成·天津卷》，中国 ISBN 中心，2004，第 163-164 页。据说潭柘寺与姚广孝关系非常密切，一说姚广孝在此出家，一说姚广孝在此终老。至于故事中的老方丈是否与建城传说中的姚广孝有关联，则是另一个话题，此处不再展开。

② 中国民间文艺研究会北京分会编《北京风物传说》，中国民间文艺出版社，1983，第 1-7 页。

四、金受申传颂八臂哪吒城

1957 年，在没有任何异文的前提下，一则成熟的八臂哪吒城传说由金受申整理问世[①]，不过，像陈学霖这样关注该传说的学者并不多。1978 年之后，民俗学重焕活力，民间文艺工作者推出了大量民间文学作品集，诸如 1982 年的《中国地方风物传说选》、1983 年的《北京风物传说故事选》等书，不仅收录了金受申的这则传说，而且将其排在首要位置，使这则传说大放异彩。陈学霖的研究更是将传说的文化意义阐释得淋漓尽致。进入 21 世纪之后，借助非物质文化遗产的春风，该传说遍地开花，日渐奠定其经典地位。

▶ 金受申（1906—1968），满族，北京曲艺史家、民间文艺家、民俗学家。

---

① 金受申：《北京的传说》，北京出版社，2018，第 1-8 页。

金受申是著名的北京曲艺史家,对评书艺术颇有研究,32 岁（1938 年）开始为《立言画刊》执笔"北京通"专栏,1953 年经老舍介绍,调入北京市文联编辑《说说唱唱》（主要刊载说唱文艺）。金受申的身份有助于我们联想到,该传说很可能来自曲艺人的说说唱唱,而不是民间文学的口口相传。刘锡诚就曾指出,"金受申这个传说……不是从北京市民的口中搜集采录来的"[1]。

金受申《北京的传说》一书中,"八臂哪吒城"与"高亮赶水""三青走到卢沟桥""北新桥""黑龙潭""蜈蚣井"等几则传说,明显是一串环环相扣的故事系列。"八臂哪吒城"结尾处说:"刘伯温这么一修造北京城不要紧,没想到惹得孽龙烦恼起来,这才又引起'高亮赶水'一大串故事来。"[2]"高亮赶水"结尾处又说:"甜水呢？甜水叫龙子给带到玉泉山海眼里去啦。龙公呢？'北新桥'故事里再讲。"而在"黑龙潭"的开头则说:"咱们不是说过'高亮赶水'的故事吗？……现在说的这个故事,就是打这里说起的……"[3]这种埋下伏笔不在本单元解决,要求且听下回分解的结构方式,显然不是民间故事的典型形态。

"高亮赶水"讲的是哪吒城修建过程中,龙王报复刘伯温,用水篓将水源运走,企图使北京水源枯竭,高亮主动请缨,奋力追赶,最终扎破水篓,追回水源,自己却被大水卷走而牺牲的故事。

---

[1] 刘锡诚：《北京传说与京派文化》,《文化学刊》,2011 年 01 期。
[2] 金受申：《北京的传说》,北京出版社,2018,第 8 页。
[3] 金受申：《北京的传说》,北京出版社,2018,第 21 页、第 91 页。

这则传说的来历比较清楚，最早出自北京天桥艺人的撂地演出，是为数不多流传至今的鼓曲唱段[1]。铁片乐亭大鼓艺人王佩臣（1901—1964）的拿手"蔓子活"中就有《高亮赶水》[2]，北京琴书创始人关学曾（1922—2006）在20世纪50年代末还曾改编《高亮赶水》唱段[3]，同一时期，戏曲家翁偶虹（1908—1994）也编过《高亮赶水》[4]。尽管曲艺形态不一，但基本情节却是一致的。《高亮赶水》唱本之所以在20世纪50年代硕果仅存，不断被改编，得益于故事表现了劳动人民不怕牺牲、勇斗恶龙的大无畏精神，符合当时的文化主流[5]。

通读金受申《北京的传说》，我们发现几乎所有的北京建城传说都可归入两个故事系列，一是刘伯温、姚广孝与北京自然条件的斗法系列，一是鲁班先师对工匠的点化系列。由此可以推断，两个传说系列的主要来源是北京曲艺人的商业说唱。当然，不排除部分说唱是对民间口头传统的创造性改编。

我们还可以借助一些间接资料，证明说唱艺人在八臂哪吒城的概念传播中起到了积极的推广作用。比如，老一辈相声演员一

① 《中国曲艺志》全国编辑委员会：《中国曲艺志·北京卷》，中国ISBN中心，1999，第245页。
② 《中国曲艺志》全国编辑委员会：《中国曲艺志·北京卷》，中国ISBN中心，1999，第704页。
③ 崔维克：《北京琴书》，北京美术摄影出版社，2015，第185页。
④ 翁偶虹：《高亮赶水》，北京宝文堂书店，1959。
⑤ 关于20世纪50年代民间文学改编问题，可参考萨支山的《〈阿诗玛〉的改编策略与民间文本的多元传承》，《民间文化论坛》2018年第6期。

说到故事热闹处，往往会冲出一段贯口，带出八臂哪吒城的概念："不到一个时辰，就惊动了整个北京城，什么四门三桥五牌楼、八臂哪吒城的人都来看热闹，也不管是什么五行八作、士农工商、回汉两教、诸子墨家、三百六十行、街市上走的人……大伙儿都围过来了。"① 岳永逸也告诉笔者，他在做北京天桥一带的曲艺民俗调查时，有些老艺人就曾提及早期演出曲目中有过《八臂哪吒城》。即使在新兴的网络评书或相声表演中，还有好些与八臂哪吒城传说相关的音频与视频。②

五、曲艺说唱向民间传说的转化

在口口相传的散文叙事作品中，那些冷僻知识很容易被有相似功能的共同知识所取代，尤其是人名和地名，这是口头传统很突出的一条传播规律。明清以后，元大都的设计者刘秉忠已经慢慢淡出了普通老百姓的历史记忆，逐渐成为冷知识。与此相反，刘伯温却日渐被神化，不断升温为新的热门知识。由于二人的功能、功业十分相似，都是开国君主帝王师、能掐会算、熟稔奇门异术，关键是都姓刘，明《英烈传》甚至直接说刘伯温就是刘秉忠的孙子。在民众口头传统中，故事主人公的冷热替换是十分常见的现象。

---

① 刘宝瑞经典单口相声《斗法》，"爱奇艺－搞笑"，https://www.iqiyi.com，2017-03-20/2019-02-28。

② 比如：博雅小学堂：《"徐德亮京城小历史"开播 | 北京是个八臂哪吒城》，搜狐－教育，https://www.sohu.com，2016-07-15/2019-02-28。金霏、陈曦相声：《我爱北京·八臂哪吒城》，腾讯视频，https://v.qq.com，2017-09-25/2019-02-28。

▶ 明代画匠绘制的姚广孝坐像。但在20世纪40年代之前的北京建城传说中，并没有出现姚广孝的身影。

　　作为冷知识的刘秉忠淡出了，可是，同样作为冷知识的姚广孝为啥没有淡出呢？姚广孝虽然在通俗小说和说唱文学中偶或登场，但在民间故事中极少出现，甚至他自己家乡的《中国民间故事集成·江苏卷》都没有收录任何关于他的传说。姚广孝为什么会在传说中占据如此重要的位置呢？不仅如此，传说的情节还十分稳固，异文之间差异很小，这些特征都是有悖于民间口头文学传播规律的。

　　我们再看哪吒形象。《西游记》中的哪吒是"三头六臂，恶狠狠，手持着六般兵器"。《封神演义》中的哪吒是"八臂已成神妙术，三头莫作等闲看"，无论是六臂还是八臂，三头都是固定配置。就算按元大都十一门计算，十一门减去三头，再减二足，哪吒理应只剩六臂，而不是八臂。如果按明清北京城的九门计算，至多也就是一头六臂二足，六臂哪吒城勉强说得通，但八臂哪吒城是无

▶ 明代刻本《三教源流搜神大全》哪吒太子像。

论用哪种组合方式都说不通的，这是一个很容易发现的漏洞。

如果八臂哪吒城传说真是从北京民众的生活经验中自然生长出来的，故事就一定能够在口口相传的民间传承中补足缺失，获得自我优化①，八臂哪吒城就一定会被纠正为六臂哪吒城。正如前引明代《农田余话》早就指明了"燕城，系刘太保定制，凡十一门，作那吒神三头六臂两足"。另外，英国人阿灵敦（Arlington）《寻找旧北京》（1935年）也提到"北京城的型制是要象征哪吒的三头六臂两足"②。但在目前可见的各种哪吒城传说中，哪吒俱为八臂形状，从未出现过六臂哪吒的异文，这种错误形态的高度稳定也是有悖于口头传统的。

综合上述各种有悖于口头传统的特征，结合传说首发者金受申的特殊身份及其知识结构，这些非常现象一再提示我们，元代虽然已有哪吒城的概念，但是并没有配套的故事情节，所谓八臂哪吒城的传说是由北京说唱艺人创作并传播的。

说唱艺人是职业故事家，相当于故事界的"意见领袖"，既要传唱故事，也要发明故事。旧北京的天桥说唱艺人多数靠故事说唱谋生，演出质量既有赖于艺人的表演技艺，也有赖于故事的新鲜热辣。如果故事传唱达到一定时长，逐渐为公众熟知，也就意味着该故事不再具有商业价值。这时，说唱艺人就得及时放弃旧

---

① 施爱东：《故事的无序生长及其最优策略——以梁祝故事结尾的生长方式为例》，《民俗研究》2005年第3期。
② 陈学霖：《刘伯温与哪吒城——北京建城的传说》，生活·读书·新知三联书店，2008，第86页。

故事，发明新故事，如此不断刷新。因此，从艺人利益的角度出发，他们不愿意故事太快为公众所熟知，这样有利于延长新故事的"有效传唱期"。

说唱艺人的故事一方面要新奇，另一方面还得跟同行的同类故事保持大体一致，否则很容易受到听众质疑，引发同行之间的相互倾轧。所以说，同时代艺人说唱水平之高下，主要体现在个人演出技艺，而不是故事差异（个人创作的、非共享故事除外）。同一门派的共享故事尤其稳定，因为门派既要对外展示其原创性和独特性，又要对内强化其权威性和统一性，最大限度地固定市场份额。因此，由说唱艺人创作的故事往往会有一些明显特点，比如，受众范围比较稳定、异文之间差异小、逻辑漏洞被忽视、冷知识能够得到稳定传播等。我们将这些特点对照于八臂哪吒城传说，基本上全都吻合。

目前可知的八臂哪吒城传说的源头，几乎全指向金受申。著名的北京史研究专家赵洛在《赵洛讲北京》中提及城门传说时，通篇只引了"金受申说北京城图是刘伯温和姚广孝画的"[1]，可是金受申却强调："北京人都知道、都传说：'刘伯温、姚广孝脊梁对脊梁画了北京城。'"[2] 这里所谓的"都知道"，应该是指他自己生活的曲艺圈周边。著名评书艺人连阔如有一绰号"八臂哪吒"，1939 年的一篇业内软文介绍说："（我们）仿效《水浒传》

---

① 赵洛：《赵洛讲北京》，北京出版社，2005，第 15 页。
② 金受申：《北京的传说》，北京出版社，2018，第 4 页。

'点将录'的先例，给他加上一个绰号，唤作八臂哪吒。"[1] 全文丝毫没有涉及"北京人都知道"的八臂哪吒城传说，很可能该传说在 1939 年尚未出现。由该传说在 20 世纪 50 年代尚无其他异文的情况来看，传说在当时应该尚处于"有效传唱期"。由此推测，陈学霖将八臂哪吒城传说的生成时间定位于"清末民初"，还是过于信而好古，八臂哪吒城传说的创作时间不会早于 20 世纪 40年代。

综上所述，如果我们将陈学霖尚未涉及的曲艺说唱及"中国民间文学三套集成"纳入考察范围，对不同异文进行时间排列和文本细读，就可以具体划出该传说的不同发展阶段：一是元末已有北京城是哪吒城的说法，但是只有比附，没有相应传说；二是明初之后，哪吒城的说法中断了近 500 年；三是清代已有刘伯温建北京城传说，主要流行于华北、东北、西北地区；四是清末民初城墙渐次遭毁，哪吒城概念被重新唤醒，开始与刘伯温挂钩；五是成熟的八臂哪吒城传说出自曲艺说唱，创作时间较晚，1957 年经由金受申整理而扩散。

---

[1] 播音圈：《八臂哪吒连阔如》，收入郑远编《立言画刊》1939 年第 66 期，第 34 页。

第五章

传说进京：

文人交游与刘三姐的文化转译

据学者们不完全统计，刘三姐传说遍布南方 8 个省区 60 多个县，覆盖近 10 个民族，其统一的身份是"歌仙"。在 1960 年黄婉秋主演的电影《刘三姐》风行之前，各地方文献和文人笔记一般称其为"刘三妹"。据此，本章讨论概以刘三妹指称刘三姐。

　　各地刘三妹传说大同小异，一般的说法是：当地有一名叫刘三妹的姑娘，特别会唱歌，有一位白鹤乡的善歌少年慕名前来对歌，两人先在村里搭台唱了三天三夜，不分胜负，于是将歌台移至山上，又唱了七天七夜，最后两人都化为石头。只是不知道为什么，善歌少年默默无闻，善歌三妹却从此名扬天下。

　　关于刘三妹的身世，有两种截然不同的观点。持"神话传说历史化"观点的学者以钟敬文为代表，他早在 20 世纪 20 年代就表达了这样的意思："刘三姐传说之产生，乃后人根据当地流行之唱歌风俗，加以想象（如化石情节），所造成者。"① 也就是说，各地都有唱歌的习俗，人们为了解释这些习俗，虚拟了一位"始造歌者"。

两粤文化学者则多持"历史人物传说化"的观点。广西学者偏爱引用王士禛的《池北偶谈》，广东学者偏爱引用屈大均的《广东新语》，一般都认为刘三妹是唐中宗年间的一位善歌女子，介于真实历史人物与不断被神化的歌仙之间。

一、刘三妹生年是谁提出来的

刘三妹到底是哪里人？不同地区的学者争执不休。但是，对于她的出生时间，大家的意见倒是比较一致，一般认为她生于唐中宗"神龙元年"或"神龙中"。唐中宗的神龙年号只用了三年，也就是说，刘三妹大概出生于公元705年或706年，这个时间点得到许多学者的认可。

问题是，这个时间点是怎么来的？所有学者的论据都会指向康熙年间几条口径非常接近的材料。

一是影响最大的，当首推清初文坛领袖王士禛的《池北偶谈》："相传唐神龙中，有刘三妹者，居贵县之水南村，善歌，与邕州白鹤秀才登西山高台，为三日歌……竟七日夜，两人皆化为

---

① 钟敬文：《刘三姐传说试论》，收入中国少数民族文学学会编《少数民族文学论集》，中国民间文艺出版社，1983，第176页。

▶ 王士禛（1634—1711），山东新城人，清初诗人，文坛领袖。

石，在七星岩上。"①

二是清初"岭南三大家"之首屈大均的《广东新语》："新兴女子有刘三妹者，相传为始造歌之人。生唐中宗年间。年十二，淹通经史，善为歌……尝与白鹤乡一少年登山而歌……七日夜歌声不绝，俱化为石，土人因祀之于阳春锦石岩。"②

三是收录在《古今图书集成》中、署名张尔翙的《刘三妹歌仙

① 王士禛：《池北偶谈》卷一六《粤风续九》，靳斯仁点校，中华书局，1982，第382页。
② 屈大均：《广东新语注》卷八《刘三妹》，李育中、邓光礼、林维纯、熊福林、陈伟俊注，广东人民出版社，1991，第235页。

▶ 屈大均（1630—1696），广东番禺人，
清初学者，岭南三大家之首。

传》："少女三妹，生于唐中宗之神龙元年（705 年），甫七岁，即好笔墨，慵事针指，聪明敏达，时人呼为女神童，年十二，能通经传，而善讴歌……忽朗陵白鹤乡一少年秀才张姓讳伟望者，闻歌仙之名而慕焉……二人径登山顶，偶坐而歌，若出金石，声闻于天。至七日，望之则见其形而不闻其声矣！乡人曰：'二人竞歌已久，可请下山。'乃遣数童登山以请，而童子讶然报曰：'奇哉奇哉，二人石化矣！'"[1]

　　四是吴淇《粤风续九》收录署名孙芳桂的《歌仙刘三妹传》："少女三妹，生于唐中宗神龙五年己酉。甫七岁，即好笔墨，聪明敏捷，时呼为女神童。年十二，通经史，善为歌，父老奇之，试之顷刻立就……有邕州白鹤乡少年张伟望者（造门会歌）……至七日，

----

① 周作秋等：《中国当代文学研究资料：〈刘三姐〉专集》，广西师范学院中文系编印，1979，第 194-196 页。

望之俨然，弗闻歌声。众命二童子上省，还报曰：‘两人化石矣！’”①

有清一代记录刘三妹行迹的文章非常多，但基本都是从上述四份笔记录出、改写、增益而成。所以，无论后出的材料有多少，我们都不必管，只需要对这四份材料进行辨析就可以了。陈垣先生一再强调"读史必须观其语之所自出"②，现在我们就来看看这四份材料的史源到底出自何处。

首先我们可以排除王士禛的《池北偶谈》。虽然王士禛名气最大，文章传播面也最广，但王士禛自己在书中明确说明了信息来源："同年睢阳吴冉渠（吴淇），为浔州推官，采录其歌，为《粤风续九》。"③

其次要排除屈大均的《广东新语》。屈大均编纂此书时，吴淇《粤风续九》与王士禛《池北偶谈》均已问世。《广东新语》多处化用《粤风续九》，其中《粤歌》关于瑶歌的部分，作者直接提到了化用的源头。

赵龙文云：瑶俗最尚歌，男女杂遝，一唱百和。其歌与民歌皆七言而不用韵，或三句，或十余句，专以比兴为重，而布

---

① 孙芳桂：《歌仙刘三妹传》，收入吴淇《粤风续九》卷一，《四库全书存目丛书补编》第 79 册，齐鲁书社，2000 影印本，第 380-381 页。
② 刘乃和编校《中国现代学术经典 陈垣卷》，河北教育出版社，1996，第 564 页。
③ 王士禛：《池北偶谈》卷一六《粤风续九》，靳斯仁点校，中华书局，1982，第 383 页。

格命意，有迥出于民歌之外者。^①

这段文字提到的"赵龙文云"，其出处就在《粤风续九》卷二，赵龙文的《瑶歌序》：

> 其风俗最尚踏歌，浓妆绮服，越阡度陌，男女杂沓。深林丛竹间，一唱百和，云为之不流，名曰"会阆"。自墙（穑）事毕，至明春之花朝，皆会阆之期也。余节亦间举，唯元宵与中秋夕为盛。歌与民歌俱七言，颇相类。其不同者，民歌有韵，瑶歌不用韵。民歌体绝句，瑶歌或三句，或至十余句。民歌意多双关，瑶歌专重比兴，其布格命意，有迥出于民歌之外者，虽文人捉笔，不能过也。^②

现在就剩下孙芳桂的《歌仙刘三妹传》和张尔翮的《刘三妹歌仙传》了。两者提供的信息和文字极其相似，都用不着"查重软件"，肉眼一扫就可以直接断定两者之间具有"抄袭"关系。问题是，谁抄谁的？

孙芳桂的文章开门见山地介绍了刘三妹的身世，没有说到文章的史料来源。而张尔翮却在文中非常明确地交代了他的史料

---

① 屈大均：《广东新语注》卷一二《诗语·粤歌》，李育中、邓光礼、林维纯、熊福林、陈伟俊注，广东人民出版社，1991，第321页。

② 赵龙文：《瑶歌序》，收入吴淇《粤风续九》卷二，《四库全书存目丛书补编》第79册，齐鲁书社，2000年影印本，第392页。

来源。

张尔翮文章开头说："癸卯清明日，因访友于西山杨氏，路经山谷。"[1] 时间是癸卯年（1663年），地点是贵县西山。他来到仙女寨，听到山里有人唱歌，歌声婉转动听。到了朋友家，见到朋友年过八旬的叔祖，"童颜鹤发，仿佛仙状"，就向老头打听这些人唱的是什么歌，老头告诉他说："此地古有歌仙，故乡中所生男妇多善歌。"[2] 张尔翮请述其详，老头就跟他吹了那么一大通。

文章末尾还提供了一个非常重要的信息："兹吾郡司理吴公采风至此，访歌仙之迹，命翮为传以纪之。嗟呼！仙迹不磨，恍美

▶ 贵港西山村的唱歌山，右侧孤耸大石为秀才石，高处昂首挺胸的尖石即刘三妹石。
（图/竹影无痕，2017年9月20日）

---

[1] 周作秋等：《中国当代文学研究资料：〈刘三姐〉专集》，广西师范学院中文系编印，1979，第194页。

[2] 周作秋等：《中国当代文学研究资料：〈刘三姐〉专集》，广西师范学院中文系编印，1979，第194页。

人之宛在;歌声尚沸,怀西归之好音。"这段话被许多学者当作无用信息:"张尔翮《刘三妹歌仙传》开头、结尾都是寻访套话,在此不录,中间主体部分则详细记载了刘三妹的身世及其与秀才对歌场景。"[①]一些史料汇编甚至把这些段落直接给删了。

这个"吾郡司理吴公"是谁呢?就是吴淇!

司理,是司理参军的简称,宋代以军人为判官,掌狱讼。明代以后,这项工作由推官负责,所以,明代和清初的推官别称司理,大概相当于现在的地级市法院院长。司理吴公就是推官吴公。我们再看看吴淇什么时候"为浔州推官",从吴淇的墓志铭可以知道他"戊戌(1658 年)……成进士甲次,例得京职,会改新制,授推官,得广西浔州"[②]。吴淇的离浔时间则可以根据下一任职务的时间上限来界定。据康熙《镇江府志》:"吴淇,字伯其,睢州人,壬辰进士。康熙四年(1665 年)由广西浔州府推官升任。"[③]可见吴淇任职浔州推官的时间是在 1659—1665 年,而《刘三妹歌仙传》的写作时间是 1663 年。由上可知,文中"吾郡司理吴公"只能是吴淇。

那么,《歌仙刘三妹传》的作者孙芳桂又是谁呢?《浔州府志》

① 黎学锐:《歌谣刘三姐》,广西人民出版社,2011,第 35 页。
② 汤斌:《江南镇江府海防同知冉渠吴公墓志铭》,收入王兴亚编《清代河南碑刻资料》,商务印书馆,2016,第 195 页。
③ 康熙《镇江府志》卷二四《参佐》,收入《江苏历代方志全书·镇江府部》第 6 册,凤凰出版社,2017,第 322 页。

记载孙芳桂是清代第二任同知，吴淇是第二任推官。[1]可见孙芳桂是浔州府二把手，吴淇的顶头上司。孙芳桂，河北万全卫人，顺治七年（1650年）拔贡，康熙四年（1665年）调任彰德知府。两人在浔时间基本重合。

▶ 桂林的刘三姐对歌台，据说这里是电影《刘三姐》中刘三姐与三个秀才对歌的拍摄地，现在已经成为著名旅游景点。（图/礼明，2011年）

现在我们可以做个大致推测。张尔翮是一位当地文人，很可能是贵县县吏。他将自己西山访友听来的刘三妹传说讲给前来采风的浔州推官吴淇听。吴淇听后非常感兴趣，让他把这次调查所得写出来。于是张尔翮写了一篇《刘三妹歌仙传》交给吴淇。吴淇回到浔州府，打算将各地采风所得编一本《粤风续九》，他找到领

---

① 孙世昌修，光昭纂《浔州府志》卷二四《职官表三》，道光六年（1826年）刻本，第1页。

导孙芳桂，希望领导能写篇序言什么的。可是领导不懂当地歌俗，于是吴淇将这篇《刘三妹歌仙传》提供给领导参考，结果领导就在这篇文章基础上，改出一篇《歌仙刘三妹传》交给吴淇。吴淇将领导的文章排在《粤风续九》的头版头条发表了。作为地方文人的张尔翩敝帚自珍，一定是将这篇文章重新收录在某个地方文人的雅集中，后来被《古今图书集成》的编辑者所采录，得以保存。

至于《歌仙刘三妹传》到底是孙芳桂自己写的，还是吴淇代拟之后以孙芳桂的名义发表的，我猜测是孙芳桂自己写的。理由是，文章多处出现逻辑不洽的错误，一是"贵州西山水南村"，这里的贵州即贵县，浔州府下辖县，清代贵县有水南里西山乡[1]，水南里大于西山乡，"水南"不应该写在"西山"后面。二是"三妹生于唐中宗神龙五年己酉"，神龙五年是一个历史上不存在的年份，神龙年号总共只用了三年。

我们试想一下，如果文章是吴淇改写后送给上司的人情稿，他不会如此马虎潦草，给领导难堪。反过来看，正因为文章是领导亲自改写的，所以虽然有些小瑕疵，但是吴淇碍于情面，不仅原文照录，而且还将它列为《粤风续九》的头版头条。

以上两个漏洞，王士祯《池北偶谈》转引的时候，全都改掉了。"贵州西山水南村"改成了"贵县之水南村"，"唐中宗神龙五年"改成了"唐神龙中"。屈大均是广东人，他当然不愿意把刘三妹划

---

① 梁元真：《贵港市建制沿革及乡镇简介》，收入中国人民政治协商会议贵港市委员会文史资料研究委员会编《贵港市文史资料》第17辑，1991，内部发行，第33页。

给广西，所以，"贵州西山水南村"就被彻底删掉了，"唐中宗神龙五年"改成了"唐中宗年间"。

通过以上梳理我们知道，自清初以来，被无数学者拿来当成经典文献、言之凿凿反复引用的"刘三妹生于唐中宗神龙年间"的史料源头，全都来自《刘三妹歌仙传》，间接地来源于贵县仙女寨一位八十八岁的山村老头。

▶ 这里就是孙芳桂所说的"贵州西山水南村"。此图为贵港市覃塘区石卡镇七星山一带的地貌航拍。（图／竹影无痕，2017 年 9 月 20 日）

二、《刘三妹歌仙传》作者不是张尔翮

问题追索到这里，大致线索已经清楚了，但因为《刘三妹歌仙传》是刘三妹研究史上最重要的一篇文章，我们还想继续追踪一下作者张尔翮到底是什么人。

过去的刘三妹研究只关注史料本身，极少关注史料背后的编纂者。即使关注，也只关注《粤风续九》《广东新语》和《粤风》

的作者。只有游国恩曾经核查过孙芳桂的身份，发现"《刘三妹歌仙传》是他和吴淇同官浔州时写的"①，对于张尔翮的身份，似乎从未有人核查过。

因为《刘三妹歌仙传》讲的是贵县故事，文末又有"兹吾郡司理吴公采风至此，访歌仙之迹，命翮为传以纪之"，所以，我们理所当然得从《贵县志》开始查起。可惜不仅新旧《贵县志》中找不到张尔翮的影子，连贵港市的方志工作者都对他一无所知。如《贵港市志》称："张尔翮（行历未详，可能为浔属吏）撰《刘三妹歌仙传》。"②

既然《贵县志》没有张尔翮的信息，我只能抱着一线希望再查府志，结果在同治《浔州府志》中赫然发现张尔翮居然是清代浔州府第四任知府，下注："富平人，贡生。"③

光是"知府"这个身份，就足以推翻我们上一节的推测。从张尔翮与吴淇的关系来看，张尔翮是知府，一把手，吴淇是推官，下级官员，张尔翮怎么会说出"吾郡司理吴公采风至此，访歌仙之迹，命翮为传以纪之"这种有违官场伦理的话呢？

事出反常，一定有问题。于是我在各个方志资料库中反复搜寻张尔翮的资料，发现他早在顺治二年（1645年）就已出仕，陕

① 游国恩著，游宝谅编《游国恩文史丛谈》，商务印书馆，2016，第77页。
② 罗甫琼主编，贵港市志编纂委员会编《贵港市志》，广西人民出版社，1993，第1254页。
③ 魏笃修，王俊臣纂《浔州府志》卷一三《秩官表》，同治十三年（1874年）刻本，第3页。

西富平人，贡生，先后在河南祥符和安徽虹县（今泗县）、芜湖等地辗转任职。前面的任职情况跟我们的话题没关系，且不去管他，关键是看他什么时候到的浔州。

张尔翮前一站任职是在赣州。康熙《赣州府志》记载他是清代第四任知府："张尔翮，字鹏飞，山西人，贡生，顺治十六年（1659年）任。"[①] 此处山西当为陕西之误。他的继任孔兴训是康熙三年（1664年）到任的。[②] 也就是说，张尔翮应该是康熙三年交棒给孔兴训，然后转任浔州的。

可是，《刘三妹歌仙传》说得清清楚楚，作者是在"癸卯清明日"访友于西山杨氏，癸卯年是康熙二年（1663年）。赣州距离浔州一千五百里路，如果张尔翮康熙三年（1664年）才离开赣州，他就不可能在康熙二年（1663年）到贵县西山去访友。那么，有没有另外一种可能，孔兴训尚未到任，张尔翮就提前一年多离开了赣州呢？

张尔翮既然是浔州知府，就一定会在浔州留下很多印迹。翻阅历代《浔州府志》发现，张尔翮到任浔州之后，曾经主持重修过《浔州府志》，刊刻时间是康熙七年（1668年），可惜该志早已失传。但是，张尔翮为该志所写的《浔州府志略叙》，还保存在续修的《浔

---

① 黄汝铨修，张尚瑗纂《赣州府志》卷二〇《郡长二表》，康熙五十二年（1713年）刻本，第31页。

② 朱宷等修，林有席纂《赣州府志》卷一九《府秩官表》，乾隆四十七年（1782年）刻本，第49页。又见魏瀛修，鲁琪光等纂《赣州府志》卷三四《府秩官表》，同治十二年（1873年）刻本，第50页。

州府志・艺文志》中，其中有一段是这么说的："予由虔（赣州简称虔）改守是邦，下车之日，即欲谋诸父老校厥郡籍，而文献凋零，无复存者，盖由兵燹之煨烬故也。越二载，而桂邑令尹孙丕承乃始遍采博搜，汇辑是编，题曰《浔州府志略》。予得而付诸梨枣。"[①]

其中特别提到"越二载"，难道他是康熙五年（1666年）才到浔州？可惜《浔州府志》未记官员到任时间。不过，《古今图书集成》收录有张尔翮的一篇游记《九日会登思陵山记》，其中提道："余自丙午秋莅临兹土，目击狼瑶杂处，猿狐夜啼，悲凉之感，固在所不免，兼以水土异，宜日事药饵，虽有名山在望，亦觉兴致索然。"[②]

▶ 桂平市西山风景区，紧挨着桂平市区。（图／礼明，2010年）

① 魏笃修，王俊臣纂《浔州府志》卷三二《艺文》，同治十三年（1874年）刻本，第37页。
② 张尔翮：《九日会登思陵山记》，收录于《古今图书集成·方舆汇编·职方典》第一四〇卷《浔州府部艺文二》，中华书局、巴蜀书社，1985年影印本，第17册，第20868页。

这里提到的信息非常明确，他的确是丙午年（康熙五年，1666年）才到浔州就任的。

这篇文章还有一个信息非常重要：张尔翮的身体很差，需要"日事药饵"，连"城西五里"的思陵山（现桂平市西山风景区）他都不愿意去，他怎么会跑到一百三十里外的贵县，再走四十里山路到仙女寨去看望一个朋友？再说了，张尔翮一介病躯，身体这么差，还是个对多民族杂处怀有抵触情绪的陕西人，连当地土话都听不懂，"其时（贵县）风气未开，风俗未变，所载九怀、五山等处民风未免强悍"①，他哪来一个"西山杨氏"的朋友？哪敢孤身前往偏远山区民族杂居地？哪有欣喜的心态听一个山村老头胡说八道？

关于吴淇"命翮为传以纪之"的官场伦理问题，我们再做一个解释性的假设：有没有可能是因为吴淇来浔早，资历深，张尔翮为了尊重吴淇，所以采用了自谦的写法？我们前面考证过，吴淇于康熙四年（1665年）离开浔州转任镇江，而张尔翮康熙五年（1666年）才到浔州，两人刚好完美错开，根本就没有时间交集，或许一辈子都没有打过一次照面。

综上所述，无论从哪个角度看，张尔翮都不可能是《刘三妹歌仙传》的作者。

---

① 陈相因、秦邕江：《广西方志佚书考录》，广西人民出版社，1990，第210-211页。

三、《刘三妹歌仙传》出自《贵县志》

可是，数以百计的刘三妹研究者为什么都将《刘三妹歌仙传》的作者写成张尔翮呢？我们还得回到它的原始出处《古今图书集成·浔州府部艺文二》去找答案。该部收录的《刘三妹歌仙传》还有另外一个标题即《西山仙女寨》。作者署名是"前人"[①]，而它的前面一篇，正是张尔翮的《九日会登思陵山记》。更有利的证据是，《刘三妹歌仙传》最后一段有"吾郡司理吴公……命翮为传以纪之"。单看这条材料，将《刘三妹歌仙传》作者断为张尔翮并没有问题。

《刘三妹歌仙传》这篇文章的前前后后都未注明出处。但幸运的是，《古今图书集成》共有两处保存了这篇文章。另一处保存在《闺媛典·闺奇部外编一》[②]，既未标文章名，也未题作者名，但在文首注明了出处是《贵县志》。另一个关键信息是，《刘三妹歌仙传》中"吾郡司理吴公……命翮为传以纪之"这句话，在《闺奇部外编一》收录的文章中却没有"翮"字！[③] 这就说明，《古今图书集成》不同卷部的编辑人员在采录同一篇文章时，做了不一样的处理，两篇中

---

① 前人：《刘三妹歌仙传（西山仙女寨）》，收录于《古今图书集成·方舆汇编·职方典》第一四〇卷《浔州府部艺文二》，中华书局、巴蜀社社，1985年影印本，第17册，第20868-20869页。

② 《闺媛典》是关于古代女性的文献，《闺奇部》选录特立独行的女性的故事，《闺奇部外编》主要收录一些荒唐难信的故事。

③ 参见《古今图书集成·明伦汇编·闺媛典》第三四六卷《闺奇部外编一》，中华书局、巴蜀书社，1985年影印本，第41册，第50955页。

至少有一篇是被编辑人员动过手脚的，要么是《浔州府部艺文二》加了一个"翻"字，要么是《闺奇部外编一》减了一个"翻"字。

有了出处就有了线索。因为《古今图书集成》在康熙四十五年（1706年）就已基本编定，所以文章的出处只能是康熙年间的《贵县志》。

康熙年间的《贵县志》非常简单，只有一修，一卷，可惜早已散佚。光绪《贵县志·凡例》称："旧志修于康熙年间内翰李公彬之手，耆老相传云：'成书仓促，采访参遗。'"又说："原书无序文、凡例、目录、图说，而且沿革、秩官、选举均无表。"[1] 从现存的各种评述来看，康熙《贵县志》就是两位地方文人李彬、曾光国的个人著作。如果是个人著述，书中艺文不标作者名完全可以理解。下一个问题是，这篇文章到底是李彬的，还是曾光国的？

李彬（1633—1722）是广西历史文化名人，字伊丽，号厚斋、愚石子，康熙九年（1670年）进士，授内阁中书，吴三桂曾聘其出仕，拒不就职，有《愚石居集》存世。[2] 李彬祖籍山东，诗书传家，其先世因与方孝孺诗文往来而被遣戍，落籍贵县。《嘉庆重修一统志》称："李彬，贵县人，康熙进士，土寇杨奇清乱，彬活千余人，却吴逆币，性嗜学，著有《愚石居集》。"[3] 可见其在当地的社会影响力。

---

① 陈相因、秦邕江：《广西方志佚书考录》，广西人民出版社，1990，第210页。
② 王德明：《广西古代文学思想史》，广西师范大学出版社，2017，第54页。
③ 穆彰阿、潘锡恩等纂修《嘉庆重修一统志》卷四七〇《浔州府》，收入《四部丛刊续编·大清一统志》第27册，上海书店，1984年影印本，第17页。

曾光国，"字义斋，又号山水郎，郭南里人。质直好义，耽吟咏。康熙间贡成均，与进士李彬称莫逆交，凡遇一丘一壑，或纪以诗，或题字镌石，虽不工，亦韵事也"①。曾光国特别爱好游山玩水，贵港市的许多名胜古迹都留有他的墨宝，比如南山寺石刻存有"登临即仙""天花满座"等多处曾光国题词，以及《南山八景诗》等；大圩镇龙岩山，南岩洞洞口有曾光国题刻"东方巨观"，东岩石壁则有曾光国题诗："秋霜才数日，策杖上天宫；石古生飞虎，岩虚隐卧龙。瘦花依径老，醉叶扫阶红；笑引同游去，云淡没履踪。"② 现在贵港市文物部门还存有曾光国墓志碑。③

► 曾光国捐建的"登龙桥"，其实是一条石板路，原来路在湖畔，现在已经被湖水淹没。（图 / 佚名，约 2000 年）

① 欧仰义等修，梁崇鼎等纂《贵县志》卷一六《人物·列传》，1935，第 446 页。
② 覃炳南：《龙岩胜景》，收入《贵县文史资料》第 4 辑，中国人民政治协商会议贵县委员会文史资料研究委员会编，1986，内部资料，第 73-74 页。
③ 贵港市地方志编纂委员会：《贵港市志》，广西人民出版社，1993，第 1115 页。

曾光国风流倜傥，家财殷实，在当地留下了很多捐建记录，比如："康熙二年（1663 年），贡生曾光国捐资设大南门外义渡，成为两岸民众过江的首选渡口，也是外埠人员沿水路抵贵登陆的码头渡口。曾光国在江边礁石崖壁上题额'过渡莫争船'五个大字（今存）。"[①] 又比如，现在贵港市通往南山的犸骝塘石桥，也是曾光国与李彬一起组织修建的。[②] 以其行事风格，《贵县志》应系曾光国出资制作。

李彬与曾光国虽是好朋友，但文章风格很不一样。李彬的文字沉郁冷静，精雕细琢；曾光国的文字跳脱有趣，通俗直白。相比之下，《刘三妹歌仙传》的文字风格明显与曾光国更接近，因此，我暂时锁定曾光国，以"曾光国"为进阶搜索各类文献。

我一边看材料，一边想：要是能够找到一条材料，说明曾光国有一个杨姓朋友，跟西山和刘三妹都有点关系，这桩学案就算有着落了。我把与之相关的"贵县""覃塘区""石卡镇""西山村""七星山""仙女寨""杨姓"甚至"西山方竹"这些关键词全都植入大脑，不停地在文献中搜索。这时候，读书就像打麻将一样，一手好牌单等一张幺鸡，你会紧张地盯着牌局，急切地盼望那张幺鸡的出现。当然，一般情况下是直到终局也等不到的。

---

① 杨旭乐：《城防关卡古郡遗痕——贵港城门史话》，收入中共贵港市港北区委员会、贵港市港北区人民政府编《古郡港北》，广西人民出版社，2016，第 51 页。
② 李渭泉：《清代高士李彬》，收入《贵港市文史资料》第 18 辑，中国人民政治协商会议贵港市委员会文史资料研究委员会编，1992，内部资料，第 31 页。

四、《刘三妹歌仙传》作者是曾光国

有了预设的目标，回头再重读各类文献的时候，阅读的眼光就不一样了。原来看吴淇《粤风续九》的时候，从来没觉得书中的文章排序有什么讲究，也不觉得那些陌生的名字有什么特别之处，作者叫作张三或者李四都无所谓，这些名字没有什么特别重要的意义。可是，当我知道了孙芳桂是吴淇顶头上司的时候，对于为什么要把孙芳桂的《歌仙刘三妹传》置于全书首篇，也就有了完全不一样的认识。

同样，当我满脑子想着"曾光国"的时候，重新翻开《粤风续九》，一下就发现排在全书第二篇的《始造歌者刘三妹遗迹》，其作者就是"怀城曾光国"（怀城是贵县古称）。这篇文章正是我踏破铁鞋无觅处的那张"幺鸡"！鉴于此文的曝光率比较低，许多读者可能还不熟悉，兹将全文转录如下。

> 始造歌者刘三妹遗迹
>
> 怀城曾光国述
>
> 南徐罗汉章阅
>
> 刘三妹，不知何时何许人，相传为始造歌者。生而聪慧，解音律，游戏得道。尝往来两粤间。两粤蹊峒，种类最繁，所过之处，咸谙其语。遇某种人即依某种声音作歌，与之唱和。某种人永奉为式焉。同时又有白鹤秀才者，亦善歌，相遇于邑之

西山，相与登山而歌。粤西之民与裔，不远数百里，皆裹粮从之。歌处名七星岩，后有如人两石，涌出岩巅，宛相对立。一男形，曰"秀才石"；一女形，曰"妇人石"。妇人石云即刘之化身也。每风月夜，隐隐闻歌唱之声。自此，居人善歌者益多，或至废业。堪舆家谓于地弗利，椎破其口，遂止。邑之南山有洞，亦刘唱歌处，其岩亦以白鹤名。土人祀刘于洞中，凡作歌者，不论民与狼、僮、瑶、山子等类，歌成，必先供一本，祝者藏之。有求歌者，就而录焉，不得携出，渐积遂至数箧，兵后荡然矣。南山之南，又五里许，亦有洞，曰"刘三妹洞"，呼之辄应云。

曾生曰：刘三妹之名，邑志不载，而石人之说，因详也。予尝从邑侯杨公闽人，讳必祯，字谈公游西山，杨公以佚事讯予，予举以对。杨公遂口占一绝云："风流逸响未曾阑，仿佛清歌出碧峦。可惜歌声今已绝，月明空照两峰寒。"其感人亦深矣哉。

这篇文章最奇妙的地方在于：曾光国不仅回答了"西山杨氏"是谁，为何前往西山旅游，而且表明了自己对于刘三妹的认识与那个八旬老头并不一样；但是，两篇文章又有一个奇特的共同点，《刘三妹歌仙传》说刘三妹"慵事针指"，《始造歌者刘三妹遗迹》则称"居人善歌者益多，或至废业"，意思都是唱歌耽误了正经事。这个观点是其他类似文献中未曾提及的，亦可作为两篇文章同一作者的小旁证。

▶ 贵港市南山石刻，曾光国墨宝"天花满座"。（图/杨旭乐，2018年）

五、县官与乡绅的三月三采风交游

有了"杨氏"的确切名字，我们可以再查查这位"邑侯杨公"。杨必祯，福建晋江人，顺治五年（1648年）副贡，时任贵县知县，后转任华亭知县。《贵县志》《晋江县志》和《华亭县志》均见载录。民国《贵县志》称："杨必正（祯），福建晋江人，顺治十四年（1657年）以拔贡知贵县。振兴文教，申报荒芜，省刑缓征，庶政具举，守土尽职。"[1] 另外，《华亭县志》称："杨必祯，福建晋江人，前浔州贵县知县，顺治十七年（1660年）补任（华亭知县）。"[2]

---

[1] 欧仰义等修，梁崇鼎等纂《贵县志》卷一五《宦绩》，1935，第414页。

[2] 冯鼎高、李廷敬修，王显曾等纂《华亭县志》卷八《职官》，乾隆五十六年（1791年）刻本，第3页。

可见杨必祯在贵县的时间是顺治十四年（1657年）至顺治十七年（1660年），但曾光国写作《刘三妹歌仙传》的时间却是康熙二年（1663年）。这也就意味着，文中的主体部分，也即被孙芳桂当成经典转录的这个部分，八旬老头那一大堆关于刘三妹身世的叙述，其实并不是当时的田野记录，而是曾光国应吴淇邀约而做的追录，其中已经加入了许多曾光国自己的想象和润色，复述准确度是比较低的。

另外，文中的"西山杨氏"，不知道是山里的朋友也姓杨呢，还是故意将"西山"和"杨氏"两个关键词做了一个追念性组合？最可能的情形是，曾光国因为跟吴淇吹牛的时候把几年前的游历说成了当年（癸卯年）见闻，所以，他就不能在文章中明白地说出杨必祯的身份，只好囫囵说个"西山杨氏"。这种模糊处理，吴淇不会怀疑，知根知底的朋友李彬等人也不会取笑他。

接下来我们要解决的一个问题是：曾光国和杨必祯到底哪年去的西山？根据《刘三妹歌仙传》，曾光国一行造访西山是在清明节，"遥见人影三五成群，互歌相答，唯闻呵呵声，而不知其所歌何调"。此情此景，不免让人联想到，这是"三月三歌会"。

曾光国的西山朋友，为什么要选择这个时间点邀请县太爷来访？很可能就是为了让他领略三月三歌会。许晓明博士对壮族三月三的调查表明，广西壮族及其他许多民族，都有三月三对歌和祭祀刘三妹的习俗："从古籍资料记载和本志田野调查成果来看，壮族三月三有对歌活动，但是祭祀和扫墓才是其活动的主要内容，对歌一般是在祭祀之后才开始进行。"①

在广西，许多传说都提到刘三妹正是在三月三升仙的："她告诉家人，说已得道成仙，要与家人道别，以后每年的上巳节一定回来，如果平时有所请求，可向她以前坐过的大石呼唤，她会有求必应的，从此就不知她去了哪里。"②此后每年三月三就成为大家唱歌敬神的日子。广西的三月三节俗中，唱歌、敬神、祭祖是三位一体的。曾光国特别强调"清明日访友"，正是因为他对仙女寨村民唱歌、敬神、祭祖三位一体的印象极其深刻。

有了这个背景知识，我们再查一查万年历，看看康熙二年（1663 年）之前哪一年的清明节跟三月三是重叠的，这一年很可能就是曾光国西山访友的年份。癸卯年（1663 年）的清明节是农历二月廿七日，显然不符合我们预设的条件。而此前十年中，只有顺治十五年（1658 年）清明节紧挨着三月三，当年清明节是三月初二。贵县县城距离西山仙女寨四十里乡路，不大可能一天往返，如果他们清明节这天来到西山，在当地住一晚，那么，第二天就是三月三。对于杨必祯来说，这是他任职贵县的第二年，正是其"庶政具举，守土尽职"的阶段，与曾光国等地方乡绅的关系也已渐入佳境，造访仙女寨恰逢其时。

还有一点可以补充的，曾光国与李彬两人"称莫逆交"，贵县的多处公共设施都是曾光国主捐倡修，李彬题记。直到康熙

---

① 许晓明待刊书稿《壮族三月三》第一章"综述"，2019 年 12 月定稿。
② 苍梧县志编纂委员会编《苍梧县志》，广西人民出版社，1997，第 903 页。

► 曾光国所记录的西山仙女寨，就在现在的贵港市覃塘区。当地每到三月三还有拜刘三妹和秀才郎的习俗。（图/邓福生，2018年）

三十七年（1698年）捐建登龙桥时，两人仍在延续该合作模式，可见两人年纪相仿，俱得高寿。其合编的《贵县志》不仅让两人多篇诗文得以存世，同时也让他们的好朋友、知县杨必祯在贵县期间的十余篇诗文得以收入《古今图书集成》而存世，其中《西山》即为游仙女寨诗。曾光国的诗文风格，模仿杨必祯的痕迹是非常明显的，说明两人关系密切。民国《贵县志》称杨"去后四年，士民追怀其德，建去思碑于署前"[1]，十有八九这个去思碑也是曾光国建的，不过这已经是题外话了。

---

[1] 欧仰义等修，梁崇鼎等纂《贵县志》卷一五《宦绩》，1935，第414页。

六、《刘三妹歌仙传》原题《西山仙女寨》

由民国《贵县志》称曾光国"凡遇一丘一壑，或纪以诗，或题字镌石，虽不工，亦韵事也"可知，曾光国的文字水平尚未达到"工"的地步。那么，《古今图书集成》所录《刘三妹歌仙传》的两篇异文，很可能有一篇是"虽不工"的原文，另一篇则是润色加"工"后的异文。

对两篇异文逐字比对，可以发现全文改动共29处。为节省篇幅，下表仅抽取最前五处和最后五处，相信读者对于孰工孰不工即可一目了然。

《古今图书集成》收录《刘三妹歌仙传》异文对照表节选

序号	异文一《闺奇部外编》	异文二《浔州府部艺文》
1	刘三妹者	世传仙女刘三妹者
2	余不知其由来	余不知其所由来
3	唯见春色撩人，紫绿万状	唯见春色撩人，红绿万状
4	须臾入坳，即仙女寨	须臾入寨，即仙女寨
5	忽闻层峦之上，有声呜呜然，若断若续	忽闻层峦之上，有声呜然，若继若续
25	余喟然叹曰：异乎，叟之所言也，其真耶，其非真耶	余喟然叹曰：异乎，如叟之所言也，曰其真耶，其非真耶
26	谓其真也，而书志不足征信	谓其真也，而书志灰烬不足征信
27	予于斯益信	余于斯益信

序号	异文一《闺奇部外编》	异文二《浔州府部艺文》
28	命为传以纪之	命翮为传以纪之
29		嗟呼！仙迹不磨，恍美人之宛在；歌声尚沸，怀西归之好音，陟彼崔嵬，标其概矣。挹兹突兀，掇其芳哉。一时而千古，千古而一时。贵虽僻壤，其盘礴郁积，得此而物色之，用记笔端，以垂不朽云尔

上表第 29 处在异文一被删除，这是因为该议论不符合《古今图书集成》对"外编"的定位。"外编"主要用来"收录该事该物的荒唐难信、寄寓譬托之辞，臆造之说"①，而第 29 处的议论却是基于"信实"的态度，因此编者将这段"以垂不朽云尔"的话直接给删了。这是编辑体例决定了的，很好理解。

经由异文比对，明显可以看出异文二比异文一更"工"一些。比如第 5 处，"有声乌然，若继若续"，在语感上就比"有声呜呜然，若断若续"更工整爽口。又比如第 27 处"予于斯益信"句，文章通篇以"余"作为第一人称，可是异文一在此处突然改"余"为"予"，当是"不工"的表现之一，足可见作者驾驭篇章的能力还是略逊一筹。根据"后出转精"的原则，我们判定异文一为原始文本，异文二是修订本。

手中拥有这篇文章的只有两个人，吴淇和曾光国本人。吴淇手上那篇已经被孙芳桂洗稿用掉了，这篇文章除了李彬和曾光国

---

① 郑麦：《〈永乐大典〉与〈古今图书集成〉》，《历史教学问题》1982 年第 1 期。

自编的《贵县志》，不大可能还有其他出处。我们只能进一步推测，《古今图书集成》两次收录此文，均源于《贵县志》。这样，我们就得看一下，《古今图书集成·浔州府部艺文》为什么要对原文做这么多修改？

《古今图书集成》启动于康熙四十年（1701年），康熙四十五年（1706年）即已编成初稿，但是迟迟没有付印，直到雍正六年（1728年）才印制完成，历时27年。之所以拖这么长时间，主要是因为主编陈梦雷"招摇无忌"。雍正认为他的编校工作干得不用心，中途决定换将，他在集成卷首序言中说："（集成）卷帙浩富，任事之臣，弗克祗承，既多讹谬，每有阙遗，经历岁时，久而未就……特命尚书蒋廷锡等董司其事，督率在馆诸臣，重加编校。"[1] 对于如何编校，雍正也有具体指示："着九卿公举一二学问渊通之人，令其编辑竣事，稿内有讹错未当者，即加润色增删，仰皇考稽古博览至意。"[2]

蒋廷锡领旨之后，召集人马着手"润色增删"，据说当时参与"重加编校"的工作人员有80人之多。这些人领了皇帝旨意，无论如何也得干点活才能交差，于是修修补补，将我们看到的异文一润色成了异文二，甚至将标题也改了。

《西山仙女寨》应该是此文原题，但是，这样的标题看起来更

① 《古今图书集成》卷首《御制古今图书集成序》，见《古今图书集成·目录》，中华书局、巴蜀书社，1985年影印本，第1册，第2页。
② 《清实录·世宗宪皇帝实录》卷二，康熙六十一年（1722年）十二月癸亥，中华书局，1985年影印本，第55页。

像"山川典"或"山川考"类目中的标题。为了使文章更符合"艺文"特点,编校人员一方面将标题改成了《刘三妹仙女传》,一方面又保留原题即《西山仙女寨》;为了呼应新标题,他们还将文章开篇第一句"刘三妹者"改成"世传仙女刘三妹者",以突出"仙女传"的主旨。

七、曾光国系列母题的经典化

现在,我们借助场景想象,还原一下这篇经典文献的成稿与传播节点。

一是顺治十五年(1658年)清明节,贵县才子曾光国陪着知县杨必祯等人,到西山去现场体验三月三歌会及祭祀活动。

二是在朋友家里,朋友的八旬叔祖给他们讲了一大堆关于歌仙刘三妹的身世故事。客人们都很有兴趣,知县杨必祯还即兴赋诗一首。

三是后来杨必祯调任华亭知县。1663年,浔州推官吴淇来到贵县采风,会见当地文人才子。曾光国把他的西山游历讲给吴淇听。为了使讲述更贴近、更生动,曾光国把五年前的所见所闻说成了当年清明节的采风活动。

四是吴淇非常有兴趣,请他把这些东西写出来。

五是曾光国向吴淇提交了两篇文章:一篇是关于刘三妹信仰的综述《始造歌者刘三妹遗迹》,体现了他本人对于刘三妹歌仙信仰的总体认识;另一篇是关于刘三妹传说的调查《西山仙女寨》,

主要体现了西山村民对于刘三妹的认识。

六是吴淇回到浔州，向领导孙芳桂汇报工作，陈述自己想编一部《粤风续九》的想法，同时向领导约一篇稿子。领导外行，有点为难，吴淇就拿出曾光国的调查报告，说："我这里有一些材料，要不您参考参考，在这个基础上整点啥？"孙芳桂于是将《西山仙女寨》掐头去尾，把山村老头的故事内容改装了一下，后面再添上一大段自己对于"今粤人会歌"的理解，整出一篇《歌仙刘三妹传》交给吴淇。其中很有趣的一点是，他说梁山伯与祝英台的故事跟刘三妹的故事是一样的，祝英台摆下歌台，千百人无人能敌，只有梁山伯能对，"两人夹江互相和，不寝不食，以至于久而化为蝴蝶"①。

七是吴淇将领导的文章置顶首发，把曾光国的综述排在第二篇。吴淇为了照顾各路关系，在编排上花了很多心思，尽可能把对这项工作略有贡献、略有帮助的同人全都排进书里，吴淇本来计划当年就把书印出来，但因升任镇江府海防同知，到镇江后才付诸实行。

八是《粤风续九》刊印之后，吴淇广泛寄赠同好，请求大家评论和转发。"《粤风续九》在问世之初，主要依靠文人之间的相互传诵、转抄等形式流传。"②

① 孙芳桂：《歌仙刘三妹传》，收入吴淇《粤风续九》卷一，《四库全书存目丛书补编》第 79 册，齐鲁书社，2000 年影印本，第 381 页。
② 王长香：《〈粤风续九〉研究》，扬州大学硕士学位论文，中国古典文献学专业，2011，第 27 页。

九是借助吴淇的《粤风续九》及其推广，孙芳桂《歌仙刘三妹传》以及曾光国《始造歌者刘三妹遗迹》中间的内容，经由王士禛《池北偶谈》的推介，以及屈大均《广东新语》的改写，遂大行于天下，成为今天刘三妹研究最早、最权威的经典文献。

十是曾光国对于外界的"'粤风'热"是不大清楚的。过了几年，他和李彬合作，编纂一部《贵县志》，顺便把自己的诗文，包括《西山仙女寨》，以及朋友的诗文，还有许多当地文人颂扬他乐捐善行的文章，都编了进去。

十一是始于康熙四十年（1701年）的"古今图书汇编工程"吸纳了李彬、曾光国《贵县志》中的许多篇章，这也使李彬和曾光国成为《古今图书集成》中曝光率最高的贵县人，杨必祯的诗文也因此被收录十余篇。其中曾光国的《西山仙女寨》被分别收录于《浔州府部·艺文志》和《闺奇部外编》。

十二是雍正下令撤换《古今图书集成》主编陈梦雷，命蒋廷锡召集人马对集成初稿进行"润色增删"。在这个润色增删的过程中，"职方典"的编校人员将《西山仙女寨》改成了《刘三妹歌仙传》，并将之误录在浔州知府张尔翮名下。

由于《古今图书集成》一般人无从得见，这篇文章罕为人知。民国《贵县志》卷二略微提及《古今图书集成》中有这么一篇文章，陈志良《广西特种部族歌谣集》曾部分录出。1978年始，中国社会科学院文学研究所与山东大学、复旦大学等20所高等院校中文系协作，编辑了一套"中国当代文学研究资料"丛书，作为教学、

▶ 桂林阳朔千古情景区的刘三姐四面雕像。（图／礼明，2018 年）

科研的通用参考书。广西师范学院中文系负责选编《〈刘三姐〉专集》，收录了署名张尔翮的《刘三妹歌仙传》，并且在文末注明"录自《古今图书集成·方舆汇编职方典》第一四四〇卷《浔州府部艺文二之五》"，此文自此大行于天下。

清代以来的刘三妹研究，以及民国以后的歌谣研究，对于刘三妹身世的介绍，全都直接或间接地脱胎于孙芳桂的《歌仙刘三妹传》以及曾光国的《始造歌者刘三妹遗迹》。以屈大均《广东新语》为例，其《女语·刘三妹》只是将上述两篇文章缩写为一篇，再将地名广东化而已。民国以后的学者虽然大多数人并没有直接读到这两篇文章，但也从王士禛和屈大均等人的著作中间接承袭了这两篇文章的主要观点。

我们知道，孙芳桂《歌仙刘三妹传》是直接脱胎于《西山仙女寨》的，所以说，现在学者谈论刘三妹，无论是取材于吴淇、孙芳桂、张尔翮，还是取材于王士禛、屈大均，论其史源，本质上都是来源于曾光国。可以说，目前所有"刘三妹传说历史化"的观点，基本都出自曾光国，曾光国才是刘三妹传说研究的"祖师爷"。

曾光国的两篇文章，贡献了刘三妹传说中的一系列经典母题。出自《西山仙女寨》的母题如：歌仙、女神童、唐中宗年间、神龙中、七岁好笔墨、十二岁通经史、和歌者终日填门、白鹤少年、张伟望、筑台而歌、观者如堵、三天三夜、登山而歌、七天七夜、十七岁坐化、俱化为石、至今风清之夜犹闻歌声。出自《始造歌者刘三妹遗迹》的母题如：始造歌者、往来两粤间、咸谙各地方言、依何种声音作何种歌、刘三妹洞、白鹤洞、信众祀刘三妹于洞中、歌成必先供一本、祝者藏之、兵后遭毁、呼之辄应、风水先生琢石去嘴。一经梳理我们就会发现，清代以来的刘三妹研究，基本上没有超出曾光国提供的这个母题系列。[①]

经由我们对刘三妹故事的搜集、整理和对传播史的梳理，可以看到，从地方到中央，存在着如"西山叟－曾光国""曾光国－李彬－杨必祯""曾光国－吴淇－孙芳桂""吴淇－王士禛－屈大均"等不同层级的文化圈。精英文化与民间文化正是因为这种文化圈层的交叉重合，达成了有效的双向流动。另外，地方性知识借助图书流播，实现了跨圈层、跨时空的文化流动。来自偏远地区的个人著述，经由国家图书集成的刊刻和保存，将地方文化纳入民族国家的大文化体系。

清初的贵县虽然还是经济文化相对闭塞的地区，但正是因为有一批类似于李彬、曾光国这样的地方文化英雄游走于精英文化与民间文化之间，实现了有效的文化转译。曾光国家境富裕，乐善好施，亲山乐水，交游广阔，尤好诗文与书法，在民族地区无疑充当了一个优秀文化转译者的角色。他的游历、书法、诗文，将精英文化普及到偏远的民族地区，同时，又将源自民间的俚语、歌谣、传说，转译成流畅的文人话语，通过文人交游，以及《贵县志》等

---

① 本章初稿完成之后，在完善曾光国信息时，发现已经有区茵、龚侁的《贵县名士曾光国所"述"的"刘三妹"故事——评两则新发现的清初"刘三姐"传说资料》(《玉林师范学院学报》2012年第3期)注意到了曾光国在刘三妹研究史上的部分贡献，尤其是对"西山歌仙石"一则材料有精当分析。

文集的传播，为精英文化注入了清新的源头活水。

　　曾光国的文化交游跨越了多个不同层级的文化圈，正是通过这种文化圈层的多重跨越，实现了精英文化与民间文化的双向流动。曾光国的名字或许会被历史淹没，但他所记录和塑造的歌仙刘三妹形象，已经作为一个永恒的民族记忆，深深地刻印于中华民族的优秀文化史中。

第六章

刘三姐就是刘三婆：

女性称谓的人神转换

"刘三姐传说，为我国南部著名民间传说之一。其流传地区遍及广西、广东、湖南、云南、贵州等省，但主要为两广，特别是广西。"① 刘三姐传说的研究，在民间文学学术史上也属于起步较早、影响较大的一类。自清初以来，大凡关注过两广歌谣和传说的著名文人，都注意到了歌仙刘三姐的传说。

　　进入民国之后，除了有学者关注和搜集刘三姐的相关传说、戏剧家编演《刘三妹》歌剧②，还有人撰文向北方读者介绍刘三姐："假如你是两广的人，或者你到过广西广东，那么，你大概会熟悉刘三妹这个名字。据说，她是民间顶会唱歌的女歌手，她有随想随唱、出口成章的天才，而且一开口就是几天几夜不停地唱。"③

---

① 钟敬文：《刘三姐传说试论》，收入中国少数民族文学学会编《少数民族文学论集》，中国民间文艺出版社，1983，第 158 页。

② 欧阳予倩：《刘三妹》，收入汪偶然编《当代文粹》，世界书局，1931，"第二幕"，第 291—308 页。

③ 楚人：《传说中的女歌人刘三妹的故事》，《大公报》1948 年 8 月 17 日，第 8 版。

中华人民共和国成立以后，关于刘三姐传说的资料搜集和研究，以及以刘三姐为原型的戏剧创作更是空前繁荣，相关著述汗牛充栋，但是依然还有许多值得探讨的问题。

20 世纪 80 年代以来，广东省民间文学工作者在调查中发现，粤西地区普遍将刘三姐称作刘三妹，部分地区还有刘三姑、刘三仙、刘三娘、刘三嬷、刘三太、刘三婆等称谓，因此有学者认为，刘三妹本是广东人，长大后在广西扬名立万，年长后回到广东终老。

事实上，关于刘三姐的称谓与传说，始终存在两套截然不同的民间话语："文艺叙事"主要讲述唱歌、对歌、传歌的故事，主人公被称作刘三妹或刘三姐，其中古代叙事通称刘三妹，现代叙事逐渐偏向刘三姐；"信仰叙事"主要用于祈祷和讲述灵应故事，必须对女神使用尊称，如刘三仙、刘三嬷、刘三太、仙姑奶奶等。信仰叙事盛行的地区，或者建有刘三仙的庙宇，或者有刘三妹死于当地、坐化于当地的传说，至少也有几处刘三仙的"圣迹"遗存。

本章主要讨论不同地区对于刘三姐的称谓差别，以及称谓转换背后的底层逻辑。

一、广东刘三妹，传歌到广西

1961 年 5 月，由黄婉秋主演的彩色电影《刘三姐》在全国上映，好评如潮，继而发行于东南亚各国，"据报载，新加坡当年曾连续公映 120 天，第二年复映又是连续 120 天"①。如果说口传时代的刘三妹主要流传于华南地区，那么，电影时代的刘三姐则风靡全国乃至全球华人社会。

与广西刘三姐文化迅速走向世界相对的是广东刘三妹文化逐渐遭到遗忘。"20 世纪中期开始，广东的'刘三姐'就逐渐退出了关于广东地方文化和民族文化书写的主流话语。这是一个有趣的现象：在当代，广东以岭南的主要代表区域自居，也正是广东学人率先关注和宣扬'刘三妹'，但最后却是广西取得了关于'刘三姐'的代言权。"②虽然电影《刘三姐》在 1966 年被当成毒草受到批判，但在 1979 年"平反"之后，反而以更加强劲的态势，成为广西文化的代表性符号。

20 世纪 80 年代以后，随着民间文学"三套集成"普查工作的深入，原本已经沉寂多时的广东刘三妹文化也逐渐得到挖掘。学者们发现在粤西的清远、肇庆、云浮、阳江、湛江、茂名，以及粤东的梅县等地，只要是歌俗盛行的地区，到处都有丰富的"刘三妹传说"，不仅故事类型与广西的"刘三姐传说"类似，而且大都强调刘三妹出生于当地。特别是目前已知关于刘三妹的最早记载，南宋王象之《舆地纪胜》的《三妹山》直接指向了广东的阳春市：

---

① 广西壮族自治区地方志编纂委员会编《广西通志·1979—2005：文化卷》，方志出版社，2016，第 475 页。
② 梁昭：《表述"刘三姐"：壮族歌仙传说的变迁与建构》，民族出版社，2014，第 245-246 页。

"刘三妹,春州人,坐于岩石之上,因名。"① 清代《蕉轩随录》甚至提供了更完整的信息:"广东阳春县北八十里思良都铜石岩东之半峰,相传为李唐时刘三仙女祖父坟,今尚存,春夏不生草。刘三仙女者,刘三妹也。《寰宇记》《舆地纪胜》均载阳春有三妹山,以三妹坐岩上得名,今不知何在。"②

广东文献中的"歌仙"全都叫作刘三妹,没有一处叫作刘三姐的,所以,"在刘三姐文化研究中,出现了'广东刘三妹'和'广西刘三姐'的提法,说'广东有个刘三妹,去了广西,长大成为刘

▶ 广东阳春市通真岩,传说刘三妹曾在此传歌,故又名"刘三妹歌台"。(图／阳春市市政府办公室,2018年)

---

① 王象之:《舆地纪胜》卷九八《广南东路南恩州》,赵一生点校,浙江古籍出版社,2013,第2377页。
② 方濬师:《蕉轩随录·续录》卷九《刘三妹》,盛冬铃点校,中华书局,1995,第356页。

三姐'"①。民间也有相应的说法，比如在恩平就有这种传说："云礼村前的大榕树下有一石基台，相传是歌仙刘三姐的传歌台。刘三姐原来在广东出生，本名刘三妹，长大后嫁去广西才叫刘三姐。刘三姐年轻时，云游四方。曾在云礼村前的石基台唱歌传歌。"②

广东郁南县的传说进一步解释了刘三妹为什么去广西。据说刘三妹是南江岸边的根竹村人，每天一大早就会对着铜鼓山放声歌唱，雄鸡听到她的歌声才打鸣，人们听到她的歌声纷纷起床劳作，许多人还学她唱歌。南江边上有个财主认为刘三妹天未亮唱歌惊醒了他的好梦，嫌吵得心烦，就把她赶出了郁南县。刘三妹翻山越岭来到新兴县，可是新兴的财主也不喜欢她唱歌，又把她赶到了阳春。后来，刘三妹在阳春也待不下去，又被赶到了广西。"广西人听她唱得好，处处想办法保护她，还把她尊称为刘三姐，刘三姐的名声自此远扬。因此，如果考查起刘三姐的籍贯，应是郁南县南江河畔的根竹山。"③

这类传说多了，甚至连远在北京的中国民间文艺研究会领导人贾芝都相信这种说法，认为广东刘三妹传歌到广西这种说法是"比较现实的"。

---

① 覃乃昌：《刘三姐：华南珠江流域原住民族的歌神与爱神》，收入谭为宜、蓝柯、龙殿宝主编《全国刘三姐文化研讨会论文集》，广西人民出版社，2009，第18页。
② 梁韶恩：《一个用石头垒成的明代古村》，收入恩平市政协学习和文史委员会编印《恩平文史》第39期，2009，内部发行，第74-75页。
③ 张富文：《张富文文集》，中国文史出版社，2002，第242页。

（广西歌剧）刘三姐《传歌》一节，在民间传说中原也是有的，那也是一个很有趣的传说：刘三姐坐上船到各处去游，船经过的地方都留下了她的优美的歌声，那些地方的男女从此都会唱歌；有几次刘三姐在船上睡着了没有唱歌，经过的地方也就没有留下歌来，因此那些地方的人也都不会唱歌。这当然是颂扬刘三姐是民歌创始人的一个美妙的虚构。另外还有一个比较现实的说法，说刘三姐因受地主迫害，从广东逃到广西，辗转迁移过好几个地方，这样，她便把她的歌传遍了走过的地方。①

所谓"传歌人"，也即山歌的传承者，歌师。他们是民歌界的领歌人，不仅擅长唱歌，而且常常跨越自己的生活空间，被其他村落的人请去教唱山歌。"歌师，即歌手中脱颖而出的卓越歌手，教唱山歌的师傅。他们善于编写山歌，开口成歌。在歌会或歌圩上，他们往往是主角。有的歌师有手抄歌本，通过歌本演唱及传承山歌；有的歌师则完全凭借超常的记忆力把前辈口头传下来的山歌记下来并反复演唱；有的歌师不仅能唱山歌，而且还能弹奏民族乐器。"②

歌师在西南民族地区具有很高的社会地位，往往在仪式活动中起到举足轻重的作用，比如村寨接亲嫁女的时候，他们会出任

---

① 贾芝：《拓荒半壁江山——贾芝民族文学论集》，文化艺术出版社，2012，第375页。
② 岑学贵：《广西民歌图志》，华中师范大学出版社，2016，第60页。

▶ 贵州著名的侗族歌师胡官美（右二）正在寨子外的田地间教年轻人唱侗族大歌。（图/刘续，2021年1月13日）

主持人的角色，唱颂大量的仪式歌谣。正因如此，许多人认为"刘三姐原型是一位女巫，先前所唱的巫歌都是占卦卜算之词"①，甚至有学者认为，刘三姐动辄连唱三天三夜或七天七夜情歌的情节，就是做巫事、唱巫歌在故事中的表现。

（壮族女巫）据说通灵以后所唱的巫歌是阴间鬼魂所授，女巫作为替身代为转唱。巫经唱词大都是五言体壮语民歌，

①范翔宇：《海门佛踪——北海佛教海路南传通道纪事》，广西民族出版社，2008，第187页。

押腰脚韵，右江女巫做哭娅王巫事可以连唱几天几夜，镇安故地靖西德保的拜月神巫事，右江流域盛行的"梅花缘""歪能海"巫事从头到尾都是唱情歌，当地民众叫作阴阳情歌对唱。传说中的刘三姐唱歌不用歌书，连唱几天几夜，这种本事与壮族女巫颇为相似。另外，各地刘三姐传说都有这样的情节：刘三姐唱歌成瘾，被哥哥刁难，要她用手掌当锅把石头煮软；哥哥用刀砍断葡萄藤，刘三姐摇几摇又接上了；刘三姐做饭做菜时不用柴来烧，总是要手或脚伸进灶口去当柴火；刘三姐一边唱歌一边插秧，唱完一首歌大块水田也就插完秧苗了。所有这些只能用巫术魔法才能解释清楚，难怪有人把刘三姐当成女巫了。[1]

过去在广西贵县一带，每逢节日或仪式活动，人们在开歌堂之前，必须请刘三姐和秀才郎坐到上位，并且要先唱一首请神歌："刘三姐，秀才郎，我请你来坐正堂；我请你来正堂坐，歌声不出望你帮。"接着要杀鸡拜祭，再唱颂神歌。散堂时，必须恭恭敬敬地送神，歌云："刘三姐，秀才兄，送你慢慢不出厅，送你慢慢不出屋，嫌我瓦盆酒肉轻。"[2]

---

① 黄桂秋：《刘三姐文化的人类学解读》，收入谭为宜、蓝柯、龙殿宝主编《全国刘三姐文化研讨会论文集》，广西人民出版社，2009，第 42 页。
② 彭枯声：《关于刘三姐故事的调查报告（贵县）》，收入覃桂清著《刘三姐纵横》，广西民族出版社，1992，第 299 页。

二、广西刘三姐，也叫刘三妹

刘三姐是传歌人的代表，这一点或许没有错。但是，广东刘三妹与广西刘三姐之间的年龄差别是不存在的，因为广西大部分地区过去也叫刘三妹。以清代康熙年间最早记录的刘三姐身世文献《刘三妹歌仙传》和《歌仙刘三妹传》为例，两者都出自广西，均以"刘三妹"为题。"刘三姐"一名的出现，较早是在北京大学的《歌谣周刊》。

> 传闻刘三姐，系广东潮梅人，有唱歌之天才，走遍两粤，不获一对手（意即找一个男子，最会唱歌的，替她对歌；唱得比她高妙的，她就嫁他）。后至立鱼峰，遇一农夫，与彼对唱，一直唱过三年又三月，三姐似不支，心中一急，呆然化为石像。农夫瞧瞧，叹息一声，悠然逝去。[①]

作者刘策奇是著名革命烈士，广西象州县人，该传说是他在柳州读中学的时候听说的。正是从刘策奇开始，"刘三姐"一名逐渐见诸学者著述，如刘锡蕃《岭表纪蛮》就说："今柳州之立鱼峰，雒容之高岩，庆远之山北等处，犹祀有三妹之神，土人呼为刘三姐，浪游子弟尤尊祀之。"[②] 此外，徐松石《粤江流域人民史》

[①] 刘策奇：《刘三姐》，《歌谣周刊》第82号，1925年3月15日。
[②] 刘锡蕃：《岭表纪蛮》，商务印书馆，1934，第166页。

▶ 柳州鱼峰山上的刘三姐塑像。（图/礼明，2019 年）

第 27 章有"刘三姐出处"，基本上混用了三姐与三妹两种称呼。

广西方言特别复杂，除了十二种少数民族语言之外，还有粤语、平话、西南官话、客家话、湘语、闽语等六个汉语方言区，柳州属于西南官话方言区。1949—1959 年的民间文学调查可见，以"刘三姐"为歌仙名称的，几乎全在以柳州、桂林为中心的西南官话方言区。也就是说，"三姐"只是西南官话区的方言称谓，与年龄并没有关系。

刘三姐之所以成为歌仙通名，主要是因为 20 世纪 50 年代始于宜州县的彩调剧《刘三姐》成为新文化样板。毛巧晖认为："彩调剧《刘三姐》的创编并推广到全国正是社会主义文学实验的过程。新的国家话语对其影响关涉创作方式、艺术形式以及作品内容，其创作方式使用了新推行的导演制，艺术形式则是采用广西宜山一带的彩调与民歌相结合，内容上在主流文学经验与意识形态的组织下，突出了阶级斗争、压迫与被压迫的主题。"[①]

中华人民共和国成立之后，广西宜山县文化干部覃桂清搜集了大量刘三姐传闻，1955年被调离宜山时，将这些素材交给了当时还是中学老师的肖甘牛。肖甘牛通过文学加工，第一次将各种刘三姐传说合成了一篇小说《刘三姐》，还虚构了一个财主莫怀仁（莫坏人），发表于上海《新观察》（1956年第9期）。此外，邓昌龄也编了五幕彩调剧《刘三姐》，虽然没有获得排演的机会，但是引起了文化部门对于《刘三姐》彩调剧创作的重视。

从1957年开始，始于宜山县桂剧团的《刘三姐》彩调剧，从宜山走向柳州，走向南宁，于1959年被选送为中华人民共和国成立十周年献礼节目。时任中共广西壮族自治区委员会书记处书记的伍晋南撰文说：

> 1959年初，柳州市文艺工作者在向建国十周年献礼口号的鼓舞下，带头创作了彩调《刘三姐》第一次稿本，并随即参加全区会演，得到了好评。……今年2月，区党委做出了关于举行全区《刘三姐》会演的决定后，各地广泛掀起了大编大演的群众运动，这个运动的声势之大、规模之广、影响之深远，是前所未有的。到4月初举行全区《刘三姐》会演时的

---

① 毛巧晖：《现代民族国家话语与〈刘三姐〉的创编》，《民族艺术》2016年第2期。

不完全统计,全区已经有1209个文艺单位共58000多人演出了包括11个剧种的《刘三姐》,观众达1200多万人次,占广西人口60%。[1]

那么,新剧《刘三姐》又是如何处理其与旧称"刘三妹"之间关系的呢?柳州彩调剧的编创人员在刘三姐与秀才斗歌的场景中插入了一段戏,让刘三姐先以刘三妹的身份出场,然后就有了这么一段对话:

陶秀才:你是刘三姐吗?

老渔翁(指三姐):她是刘三妹,你们是不是要和她试一试?

罗、李:刘三妹?

韦老奶:你对不过刘三妹,就莫再找刘三姐啦,三姐比她还厉害啵!

……(三个秀才各输一个回合之后)

罗秀才:喂,你到底是刘三妹呀还是刘三姐?

兰芬:我们比她小的就叫她三姐,比她大的就叫她三妹,那你说她是三姐还是三妹?

罗秀才:有理,有理。

---

[1] 伍晋南:《群众运动的胜利,毛泽东文艺思想的胜利——创作和演出民间歌舞剧〈刘三姐〉的体会》,《人民日报》1960年7月26日,第7版。

李秀才：难怪，难怪。

陶秀才：原来如此。[1]

　　看到新剧《刘三姐》大受欢迎，广西壮族自治区党委决定投资34万元，邀请长春电影制片厂来桂共同拍摄电影《刘三姐》。担任编剧的乔羽提前来到广西，却发现"刘三妹"的名气比"刘三姐"还大，他在广泛听取意见之后，将电影剧本定名为《刘三妹》。前期的讨论中，大家都没有意见，然后，导演苏里就以主人公"刘三妹"的名字开始拍摄。工作进行一段时间之后，"自治区党委审查时明确提出片名应改回原来（即彩调剧）的《刘三姐》。在送审样片时，韦国清还就刘三姐的造型，如发式、头饰及服装等提出意见"[2]电影导演苏里回忆说："（广西方面）提出来片名要换成《刘三姐》，不要叫《刘三妹》。那么既然是两厂合作之事，我们还是把片名改成《刘三姐》了……经反复研究，在影片技术上，只把妹字改成姐字。现在口形都是这样，口形不合，无关紧要。"[3]究其原因，主要是有些领导认为"三妹"的名字太弱，不如"三姐"有气势。要想斗倒财主莫怀仁，首先从名称上就不能输了阵仗。

　　1961年《刘三姐》电影一出，人人称道刘三姐，提到刘三姐

---

① 柳州"刘三姐"剧本创作小组创编，广西壮族自治区"刘三姐"会演大会改编《对歌——"刘三姐"第五场》，《光明日报》1960 年 8 月 3 日，第 3 版。

② 万忆、刘硕良、林杰谋：《广西新闻传播事业史》，浙江工商大学出版社，2019，第 113 页。

③ 周长行：《不醉不说：乔羽的大河之恋》，团结出版社，2007，第 146 页。

必称广西。也就是说，柳州文艺工作者通过自己的文艺创作，将柳州西南官话方言区的刘三姐，迅速推广到了广西全境。广西壮族自治区党委又以持续文化展演的方式，将刘三姐形象推广到了全球华人社会。当广西方面给刘三姐贴上"壮族歌仙"的文化标签之后，基本上就将广东排斥在刘三姐文化之外了。

1966 年，各种《刘三姐》剧作均被打成大毒草，受到批判。1978 年，当《刘三姐》重新回归公众视野的时候，曾经的歌仙专名"刘三妹"对于许多学者来说甚至已经有些陌生了。所以，当部分民间文学工作者突然在广东发现那么多刘三妹传说，难免会误以为刘三姐是广东成长、广西成名。在广西阳朔县，刘三姐和刘三妹甚至被认为是姐妹二人，派生出了姐妹联手斗恶霸的传说。[①]

三、刘三姐传歌路线图

随着调查的深入，学者们发现，广东各地对于这位歌仙的称谓，远不止刘三妹这么简单。民间对于刘三姐的称谓可谓五花八门，从三妹、三姐到三太、三婆，各种称谓都有。

（一）刘三娘

刘三娘或者刘三仙娘、刘三仙的称谓，在广东、广西、海南许多地方都有。比如广西富川瑶族自治县就称刘三娘，全县各地都有刘娘神、刘娘庙。广西《苍梧县志》也说："刘三姐，又叫刘三妹、

---

① 参见覃桂清《刘三姐纵横》，广西民族出版社，1992，第 73 页。

刘三姑、刘三娘，尊称三娘神，清同治《苍梧县志》载，刘三姐是须罗乡（今新地镇）人，生于明朝，出口成章。"[1]在海南流传的一首《六十甲子歌》，其中也有"念经不过黄氏女，唱歌不过刘三娘"的唱词。

（二）刘三姑

在粤西的阳春、罗定、新兴，粤北的阳山、连县（今连州市），以及广西的部分市县，还有不少"刘三姑的传说"。各地传说大致相似，都提到刘三姑经常在某处山岩唱歌，后来修炼成仙，坐化于山岩之上，或化作石头，当地人就在山岩处建庙，或者立一纪念物。如《罗定州志》称："刘三姑，阳春人也，善歌阳春白雪调，后化为仙，一日至州南五十里龙清岩顶，咏唱数日，印迹石上，迄今尚存。"[2]《新兴县志》则称："刘三姑不知何时人，府志区怀瑞为《铜石记》有云，刘本新州女真，而春之峒岩多载其遗迹，铜石为刘仙修道脱化处。"[3]

（三）刘三妈

在阳江、茂名等地，有"刘三妈的传说"，许多地方还建有"三妈庙"，专门祭祀刘三姐。"传说当年刘三姐到化北传歌，目睹六皇山区一带虫害成灾，便与阿牛哥一起炼百草丹除虫，使稻谷丰

---

[1] 苍梧县志编纂委员会编《苍梧县志》，广西人民出版社，1997，第903页。
[2] 刘元禄纂修《罗定州志》卷一〇《古迹》，康熙二十六年（1687年）刻本，第6页。
[3] 刘芳纂修《新兴县志》卷二五《仙释》，乾隆二十三年（1758年）刻本，第6页。

▶ 在广东茂名的马踏镇，每年中秋都要为"刘仙三太"举行盛大的花车游行和送炮活动。传说刘三姐在此地修炼成仙，成为当地保境安民的地方保护神。（图/阿伍，2019年9月13日）

收。为了感谢两人的恩德，人们在庆丰收时搭起牌楼，邀请禾谷夫人和田祖一起到来与刘三姐欢歌曼舞，此后相沿成习。"①

阳江地方志称刘三姐为巫女，民国《阳江志》说："六月，村落中各建小棚，延巫女歌舞其上，名曰跳禾楼，用以祈年。俗传跳禾楼即效刘三妈故事，闻神为牧牛女得道者。各处多有庙，今以道士饰作女巫，跣足持扇拥神簇趋，沿乡供酒果，婆娑歌舞，妇人有祈子者曰跳花枝。"②跳禾楼是一种"祈年"习俗，一般在六月或十月，农事完成之后，村人在野外开阔地搭台斗歌，一老一幼，

---

① 叶春生、凌远清：《岭南民间游艺竞技》，广东人民出版社，2010，第20页。
② 张以诚修，梁观喜等纂《阳江志》卷七《地理志》，民国十四年（1925年）刻本，第11–12页。

男的叫宿佬，幼的叫禾娘，场面紧张热闹。传说该习俗起源于明末清初。

（四）刘三太、刘三婆

更奇妙的是，在广东茂名的电白、高州、化州等地，都广泛流传着"刘三太的传说"。与广西部分地区用"太"来称呼小姑娘不一样，在茂名一带，太就是太婆的意思。传说刘三太在这一带传歌，收入不菲，但她除了自己衣食用度之外，多余的钱都分送给了穷人，后来遇仙，坐化于电白县的赤岭。人们为了纪念她，不仅在这里建起了刘三太庙，还将庙宇分建各地。《电白县志》记载："刘三太庙，一在县西七十五里浮山下牛笼岭（庠生崔华章建），一在县北二里，一在县北三十五里坡仔岭上，一在县北三十里马踏墟岭上，道光五年（1825年）建（相传新兴刘氏女善歌仙去，今春电二邑多建其庙祈祷必应）。"[1]

此外还有称刘三婆的，比如电白籍学者杨义就曾提道："回到我的电白老家，还可以发现有叫'刘三婆'的，从叫妹、叫姐、叫娘、叫婆，刘三姐逐渐长老了，这些都属于'歌仙刘三姐系统'。"[2]

许多学者认为，从三妹、三姐，到三太、三婆的称谓上看，"这恐怕不是随意的称呼，显然是她愈来愈老了。'妹''姐'一般是对未婚姑娘的称呼，'姑''娘'有未婚的，也有已婚的，是父辈

---

[1] 孙铸修，邵祥龄等纂《重修电白县志》卷五《坛庙》，光绪十八年（1892年）刻本，第29页。
[2] 杨义：《中国文化的精神》，上海三联书店，2017，第403页。

的姐妹；'妈'是父母辈的姐姐；'太'是祖母的母亲，绝对不会有人把一个未婚的女青年称为'阿太'的"①。如果我们把不同的称谓标在地图上，就可以得到一张"刘三姐称谓地图"；再按从低到高的称谓做一些连线，就可以得到一张大致的"刘三姐行迹图"；结合刘三姐的歌师和传歌人身份，我们就可以将这张行迹图命名为"刘三姐传歌路线图"。我的老师叶春生教授就是这么做的，他说：

> 广东对刘三妹的称呼各地不一，梅县、兴宁一带称刘三妹；清远、肇庆、阳春一带，有称刘三妹的，也有称刘三姐的；连县、阳山一带有称刘三姑、刘三娘；阳江称之为刘三妈；电白称之为刘三太。这些称呼明显反映了年龄层次的差别，刘三妹的确是逐渐长大，成熟以致终老了。虽然她肯定不是一个真实的历史人物，探究她的身世确无意义，但从对她称呼的变化，我们似乎可以看到这一歌唱风俗所走过的路线，她沿途留下的遗迹构成了一个风物传说圈……不管她是一个人还是一个群体，她的歌唱已经在岭南产生了广泛的辐射效应，使岭南的山水风物都打下了她的烙印。②

叶春生表现出了一种矛盾的态度。一方面，他不能放弃他的

---

① 叶春生：《岭南民间文化》，广东高等教育出版社，2000，第65页。
② 叶春生：《岭南民间文化》，广东高等教育出版社，2000，第64-65页。

老师钟敬文先生"刘三姐为歌圩风俗之女儿"的观点，认为刘三姐乃是用于解释歌圩起源的虚构历史人物；另一方面，他又不想放弃好不容易整理出来的，从妹到姐、姑、娘、妈、太的递进链环。所以，他试图用"风物传说圈"的概念来对此加以说明，用刘三姐的"行迹"来说明一种文化形态的传播状况。但是，前者指虚，后者指实，既然刘三妹不是现实中的人物，她又如何能越来越老？如果没有越来越老，又何来行走路线呢？这两种观点实在是难以调和，所以最后只能以一句"不管她是……还是……她的歌唱已经在……"的句式来做个囫囵结语。

还有一些学者从"娘""妃""妈""太"等字眼上，猜测刘三姐曾经有过婚姻经历，理由是许多清代文献中都提到，有一位"白鹤少年"（或秀才）曾经与她对唱七天七夜。他们想象这种长时间的对唱一定是情歌，推测白鹤少年应该是刘三妹的情人。比如民国学者刘锡蕃的《岭表纪蛮》就说："三妹或许有其人，与张（伟望）唱歌三日，知为敌手，相慕之甚，乃托言登山唱歌，因而相偕私奔。"[①]刘锡蕃大概是以"酒逢知己千杯少，话不投机半句多"来理解两人的关系，认为两人因对歌而互生爱慕，悄然私奔，当地老百姓不知情，误以为两人双双飞升成仙。

这些说法都很有趣，也很符合口头传统的变异性特征，学者以考证为名，同时也生产了新的传说。有时候，学者也可能成为

---

① 刘锡蕃：《岭表纪蛮》，商务印书馆，1934，第166页。

民间传说流播中的一个有效环节，他们的转引、猜测、判断，借助了学者的光环和文字的话语权威，让一些"新传说"得到了更广泛的认同和传播。

四、刘三婆不是老年刘三妹

"刘三姐"成为当代歌仙的通名，主要是因为电影《刘三姐》的文化影响力。电影、电视、网络等现代通俗文化平台的传播威力，无论从速度还是广度上，都远胜于传统乡土社会的口口相传，迅速就将"刘三妹"这个沿用了千百年的南国歌仙名称给边缘化了。也就是说，南国歌仙由"刘三妹"成长为"刘三姐"，其实只是 1961 年电影《刘三姐》公映之后的"瞬间变脸"。

在古汉语中，"娘"一般用来指称年轻女子，多指少女。现在广东广西还一直沿用着这种古称，比如粤东传说中最著名的潮州美女黄五娘、苏六娘，都是年轻美貌的未婚女子。所谓"花不年年在树上，娘不年年作女儿"，两粤的娘和妹可作同义词看。

吴淇《粤风续九》将广西少数民族的歌谣分为粤风、瑶歌、俍歌、壮歌、杂歌五卷。其中瑶歌卷几乎全都以"娘"来指称少女，比如："思娘猛，行路也思睡也思。行路思娘留半路，睡也思娘留半床。""邓（与）娘同行江边路，却滴江水上娘身。滴水一身娘未怪，表（要）凭江水做媒人。"该书瑶歌卷共收录 20 首山歌，有 14 首用"娘"指代女主人公，"姐"字一次都没出现，"妹"字出现两次，都是刘三妹的名字，如："读书便是刘三妹，唱价本是娘本身。立价便立价雪世，思着细衫思着价。"① 这里，读书特指读歌书，价即歌，娘即妹，立价即造歌，雪世即传世，细衫即唱歌之人，整首歌译成汉语就是：歌书只读刘三妹，唱歌只唱妹本身。造歌便造歌传世，想到妹妹就唱歌。

有些学者不了解粤歌的旧方言习俗，甚至把"娘"解释成"人家的妻子"，把歌谣中出现的"弟"字解释成别人家的丈夫，认为"谓妻为娘、谓夫为弟的称谓本与女长男幼的婚俗有关"②，这种解读方式显然是有问题的。

虽然整个广东广西都可用"娘"来指称未婚少女，但是，情歌中"娘"字用得最为频繁的却是瑶族，相应的，将刘三妹称作"刘三娘"，以及"三娘庙"最多的地区，基本上也是瑶族聚居地。

广东情歌中还有将青年男子称作叔叔的，比如："叔叔出门打脚偏，一偏偏到妹身边；没情妹子用眼看，有情妹子用手牵。"③ 这里的叔叔，并不是我们想象中挤地铁时故意"打脚偏"的猥琐大叔，而是情窦初开的青年男子。由于各地称谓所指不一样，如果我们以自己的符号系统去理解别人的符号系统，就很容易把正常的男女恋爱理解成伦常颠倒的猥琐行为。

那么，刘三嬷、刘三太、刘三婆又是怎么回事呢？

2008年4月，笔者前往广东省电白县进行冼太夫人信仰调查，

---

① 吴淇编《粤风续九》卷二，收入《四库全书存目丛书补编》第79册，齐鲁书社，2000年影印本，第394—396页。

② 覃桂清：《刘三姐纵横》，广西民族出版社，1992，第152页。

③ 山民：《野玫瑰：中国民间私情歌选评》，大众文艺出版社，1998，第29页。

▶ 广东电白县霞洞镇一座无名小山岗上的
"仙姑庙",庙高、庙宽、庙深都在2米左右。
(图/施爱东,2008年)

无意中从县文联崔伟栋等人口中得知,三太就是三妹,这是当地
很爱唱歌的一个小姑娘,传说她父母早亡,因为逃婚,被哥哥追赶,
逃到山上,走投无路,从山岩上摔下来,死后冤魂不散,变作一个
厉鬼。当地老百姓为了平复她的戾气,就在她摔死的地方建了一
座小庙。由于三妹死的时候还只是个小姑娘,受不起众人的跪拜,
只要信众一跪一拜,神像就会自己倒下来,信众为了抬高她的地
位,就得叫她"三太婆婆",这样,她才受得起信众的跪拜。

　　我在霞洞镇冼夫人庙旁边的一座小山岗上找到这样一座长、

宽、高各2米左右的正方形"仙姑庙"，庙联上写着"姑婆威灵保良民，仙人显赫护全境"，神龛上是一张红纸，上书"刘仙姑之神位"，庙侧的竹竿上挑着许多三角形红旗，都是信众奉献的锦旗，女神称谓略有差别，比如其中一面写着："恭贺三太婆婆、白鹤境主：佑我合家安康，财源滚滚来！"另有一面则称之为"三太夫人"。

电白文联的同志告诉我，马踏镇赤岭一带的"刘仙三太庙"香火特别旺，到了每年农历八月十五的"刘仙三太神诞"，当地乡民都要在庙前搭台唱戏，酬神送炮，举办隆重的游神赛会，祈求来年风调雨顺，丰衣足食。

用"太"来尊称女神，是高州、电白一带的习惯用语，比如对冼夫人的尊称，就有冼太、太婆、冼太夫人、冼太阿妈、冼太娘娘、石龙太夫人、高凉郡太夫人等，崇敬而不失亲切。由此可见，刘仙姑、刘姑婆、三太婆婆、三太夫人，其实都是同一个刘三妹，而且是定格在同一个年龄（去世时的年龄）的小姑娘。同一个传说人物，当她以擅歌形象出现在文艺性的故事、歌谣当中时，人们可以称呼其"三妹"；可是，当她作为神灵坐上神龛的时候，却不能以"三妹"的名义来接受信众跪拜。在信仰叙事中，人们必须使用敬称来作为神灵称谓。在粤西一带，人民习惯于将婆婆、夫人、娘娘、仙姑、太婆这样的尊称用来作为女神称谓。另外，由于电白方言中"嬷"和"妈"同音，外地人耳中的"刘三妈"，实为当地的"刘三嬷"，这也是对于女神的一种尊称。

我们知道，东北方言中常用"姑奶奶"来指称未婚女子，以示亲热和尊敬。这里的"姑"和"奶奶"既不代表她的年龄，也不代表她是否婚配，只代表她的尊贵与权威。也就是说，无论被称作刘三姐、刘三姑、刘仙姑、三仙姑、刘三娘、刘娘、刘仙娘、刘仙、刘三仙女、刘三嬷、刘三太、刘三婆，或者三太夫人，其实都是指向同一个刘三妹。为什么会有不同的叫法，必须放回到当地的方言和语境中去考察，不能单纯从字典的通用词义上理解。

所有被奉为神灵的女性，在信仰称谓中都会被赋予尊贵的地位，比如元君、妈祖、老母、婆婆、娘娘、姑姑、夫人、太嬷等。中国古代礼俗向来有以老为尊的传统，"老母"既不意味着年纪大，也不意味着已经生儿育女，只是表示信众愿意把她当作"老母"来供奉，类似于我们将恩人称作"再生父母"。

以林默娘为例，传说她去世的时候才28岁，但是，林氏家族一直称她为"姑婆""姑婆祖"，自宋代以来，朝廷赐予的封号从"夫人""天妃"到"圣母""天后"等，数不胜数。《广东新语》为"天妃"提供的一个解释是："天妃海神。或以为太虚之中，唯天为大，地次之，故天称'皇'，地称'后'。海次于地，故称'妃'。"[1] 意思是"妃"即"海神"。我们再以广州金花夫人信仰为例。《广东新语》说："广州多有金花夫人祠。夫人字金花，少为女巫不嫁，善能调媚鬼神。其后溺毙湖中，数日不坏，有异香，既有一黄沉女像容颜

---

[1] 屈大均：《广东新语注》卷六《天妃》，李育中等注，广东人民出版社，1991，第188页。

▶ 广州黄埔区白鹤岗下的金花古庙，是广州最著名的金花庙，建于明代洪武年间。
（图/松巴哇王景，2018年8月15日）

绝类夫人者浮出，人以为水仙，取祀之。"① 这里的夫人也只是一种尊称，不是已婚妇女。

正是基于同一种信仰心理，在肇庆封开，人们一样尊称刘三妹为"圣妃"："后人为了纪念这位仁慈济世的'圣妃'刘三妹，在斑石下建一座'圣妃宫'来供奉她，每年春秋二祭。农历三月初三圣妃诞辰，四周乡民敲锣打鼓，沿道斋拜祈福。并举行对歌活动，至今斑石顶上还保留着刘三妹对歌台。"② "妃"在这里只是一种高贵的性别称谓，"圣妃"表达的只是"圣女"的意思。

民间信仰中的神灵，只要有灵应、信众广，一般都能从行业神升格为综合神。刘三姐也不例外，许多地方的三仙姑不仅兼管婚姻、产育、治病等项个人事务，也兼管祈雨、驱灾、保丰收等多种公共地方事务。"在一些地方，如广西富川、恭城，广东阳春县春弯镇的老百姓，从前每逢久旱不雨，便抬刘三姐的神像游行，祈求风调雨顺，国泰民安；过去广西平南县附近的狮会石山歌圩，据说就是为了祈求三姐显灵，驱逐虫灾，保佑农业丰收而举行；广西马山、东兰、恭城等地，传说刘三姐的神威能惩恶扬善，能呼风唤雨，能移山动石，能救人于危难中；在横县、梧州等地，则传说刘三姐的神灵可以保佑过江船只和当地百姓的安宁。总之，刘三姐的神格地位已不仅仅是歌唱之神、情爱之神，在漫长的历史

---

① 屈大均：《广东新语注》卷六《天妃》，李育中等注，广东人民出版社，1991，第190页。
② 叶春生、施爱东：《广东民俗大典》，广东高等教育出版社，2010，第107页。

发展中,她的光辉形象已由开始的智慧歌神逐步演变成为救灾救难的菩萨或神灵。"①对于如此神通广大的神灵来说,称呼其三妹、三姐当然不合适,必须改用更尊贵的称谓。

从以上分析我们知道,把刘三妹叫得越老、越尊贵,恰恰说明当地的刘三妹信仰基础越深厚,有可能刘三妹歌仙信仰扎根当地的时间还更早一些。

五、刘三姐乃歌圩风俗之女儿

按照叶春生勾画的刘三妹传歌路线图:(1)刘三妹生于广东新兴县。(2)刘三妹足迹遍及两广地区,"到过广西贵县、扶绥、富川、恭城、宜山等地对歌、传歌"。(3)后来,她又从广西返回粤北连山一带,再经广宁、清远、肇庆,回到阳春。(4)刘三妹后来在阳春落户定居。(5)定居阳春期间,她还经常外出传歌,仙迹从钦廉,经湛江,过吴川,入电白,甚至远行到钦州、广州等地。

可是,这条路线图无法解释刘三妹如何从粤西略过整个广阔的粤中地区,突然出现在粤东的梅县一带,而且梅县的刘三妹还这么年轻。所以,叶春生认为这是另外一个同名同姓的刘三妹:"梅县、兴宁一带传说中的刘三妹可能是另一歌仙,略晚于新兴的刘三妹,其事迹多为口传,不够广远,传说其故乡在梅县松口镇。"②

---

① 潘春见:《刘三姐文化品牌的形象意境》,收入潘琦主编《"刘三姐"文化品牌研究》,广西人民出版社,2002,第413-414页。
② 叶春生:《岭南民俗事典》,南方日报出版社,2001,第111页。

叶春生之所以坚持传歌路线图的存在，是因为他舍不得放弃好不容易搜集到的这么多妹、姐、姑、娘、妈、太的传说。这是一个完整的称谓链，他坚信这些称谓提供了刘三妹的年龄密码，试图通过不同称谓在空间上的分布，来揭示刘三妹的成长经历和传歌路线。

其实，传说都是地方性的，每一个地方的刘三妹传说都是局限于当地的传说。也就是说，新兴传说中的刘三妹是生于新兴，长于新兴的；阳春传说中的刘三妹则是生于阳春、死于阳春，并不是从新兴迁居过来的；同样，电白传说中的刘三妹也是生于电白、死于电白，既不是从新兴，也不是从阳春迁居过来的。每一个地方的刘三妹，都是传说中的当地人，生于斯，长于斯，与其他地区的刘三姑、刘三妈并不构成不同年龄段的互文关系。

2008年我在电白调查的时候，电白文化局的陈河以及文联的崔伟栋都讲到了这个故事。我提及民国时期有文章认为电白的刘三妹是从吴川过来的，他们马上表示了反对，说电白没这种说法，电白的刘三太就是本地人，她也不是修道坐化成仙的，而是从岩石山摔下来摔死的。开始是有人给她盖一个小庙，后来发现很灵验，一些还愿的人就给她盖了新庙，这样才导致庙宇越来越多。

对于乡土社会老百姓来说，他们的眼界并不开阔，即使是从外地传入的故事，到了当地也会被在地化处理。大凡将刘三妹说成外地来访者的，一般都是见多识广的读书人，他先在书上看到了刘三妹是新兴人的说法，再见到了阳春的刘三妹坐化石，自然就会将双方的知识糅合在一起，生成一种新的说法。相对来说，学者掌握的资料就更多了，资料一多，反而更容易脱离称谓的具体语境，于是借助合理化想象，就可以为刘三妹画出一张行迹（传歌）路线图。

但是，这张路线图是不存在的。事实上，以茂名市电白区为例，这里同时存在着刘三妹、刘仙姑、刘三太、三太婆婆、三太夫人等多种称谓，它们共存于同一个空间，组成了一个"尊称集合"，所指是定格在同一个年龄点（即坠崖年龄）的女神。整个茂名市四个县，全都既有刘三妹传说，也有刘三仙庙、刘三姑庙、刘三太庙，地方志一般都将其归入"道教"话语体系中加以介绍。[1]

那么，如果没有一个实在的刘三妹，也没有传歌路线图，为什么各地都有刘三妹的足迹和传说呢？钟敬文先生给出了三点解释：（1）社会风俗是集体创造的产物。解释性传说习惯于将集体创造的文化事象归功于一二位杰出人物。我国地域广阔，各民族都有唱歌风俗，也各有其唱歌起源的传说。广西壮族地区流行的唱歌起源传说约有数种，传说中的造歌主人公都是个人，而非集体。刘三姐被当作南方歌圩风俗的主要创始人，就是这种传统的具体表现。（2）刘三姐为歌圩风俗之女儿。歌圩风俗与刘三姐之间的关系，依据传统说法，刘三姐是母亲，歌圩风俗是女儿；但事实正好相反，刘三姐才是女儿，歌圩风俗却是母亲。（3）刘三

---

① 茂名市地方志编纂委员会编《茂名市志》下册，生活·读书·新知三联书店，1997，第1752页。

姐传说，与孟姜女、梁祝、白蛇及望夫石等传说一样，都是基于广泛社会生活而又经过虚构加工的口头创作，所以，讨论刘三姐是否真人真事的意义不大。[①]

壮族三月三，既是祭祀祖先的节日，也是欢聚歌舞的歌圩日，这一天，男男女女欢聚对歌，俨然一个盛大的"情人节"。刘三姐既然被视作三月三歌圩风俗创始人，其"三姐"之名，或许跟三月三的"三"字形成一种对应关系。

六、上无父兮中无夫，下无子兮孤复孤

考察各地刘三姐传说与地方信仰之间的关系，我们还可以归纳出刘三姐"孤身殁"和"在地殁"两个特征。

（一）孤身殁

女神的神性往往与其"少女性"联系在一起。在老百姓的观念中，未婚的处子，死后成神，其法力远远强过已婚妇女。这些早夭女子一旦升格为神，按照民间礼制，自然就会获得种种尊称尊号，比如天后妈祖、碧霞元君、悦城龙母、青溪小姑蒋三妹、曹娥、金花夫人等。她们成神之前都是妙龄的如花少女，成神之后才成为信众心目中的妈祖或太婆。

明白了这个道理我们就知道，刘三妹年龄变化的纵坐标实际

---

① 参见钟敬文《刘三姐传说试论》，收入中国少数民族文学学会编《少数民族文学论集》，中国民间文艺出版社，1983，第 177–182 页。

上是不存在的，在老百姓的观念中，她从生到死都必须是未婚少女，而且不能受到人间男子的猥亵。其中，钟敬文先生记录的一则"蔡守业所记电白民间传说"特别能说明这一点。

> 刘三太，本吴川之歌女，原名刘三妹。自制土歌，声极清妙，听者多为神往。貌极可人。后因吴川饥荒，流至电白，电白人初领妙音，皆极倾倒，掷钱如雨下，歌囊隆然。然三太衣食之余，皆以予道路之无名者。于是县之人士多重之。后适仙得道，坐化于电白之北部屏廓山之某洞。历数十年颜色容貌不变，且一点朱唇，益增红润。县中好奇之士，往观者不绝于道。
>
> 洞口有小石岩，岩储清泉，不竭亦不溢。以手掬之微温，饮之极能解渴，味亦香美，游客呼之仙茗泉。后一浪徒往观，因其颜色而起淫心，洞口因之封闭，后遂无人能往观者，人因其灵应，遂遍建庙以祀之。[①]

坐化、羽化、仙游、仙逝、飞升，都是民间百姓对于巫女非正常死亡的一种讳称。总之，刘三妹未能寿终正寝。

古人视非正常死亡的魂魄为厉鬼。《左传》记载子产对"伯有为厉"的评论："匹夫匹妇强死，其魂魄犹能冯依于人，以为淫

---

① 钟敬文：《几则关于刘三妹故事材料》，《民俗周刊》第19、20期合刊，1928年8月8日，第31页。

厉。"伯有战死沙场,死后化为厉鬼,郑人非常恐惧,找子产想办法,子产的解决办法是:"鬼有所归,乃不为厉。吾为之归也。"①让伯有回归宗庙,享受血食,就不会为厉吓人了。这一点,我们可以从广西都安县的三月三习俗中看到其遗留:"这一天,每家门口都插枫树枝,为了不让刘三妹进门,民间认为歌仙是野仙,不准进屋。"②

对于未婚少女来说,她们是进不了宗庙的,人们甚至无法通过"为之归"的方式来化解她的戾气,因此只能通过民间祭祀的办法,让她的魂魄有所归依。李丰楙认为,这个问题涉及国人的死亡观及神灵观,反映了男性中心社会的家庭结构。早夭的女子既属于凶死、横死,又没有凭依和继嗣,属于无依无靠,也不得享受香火的孤魂女子,基本上都属于冤魂、怨魂之类。她们"含冤而怨的缘由则是与中国社会的家庭结构有关",既不能在父系家族享受香火,又不能在夫系家族享受香火,只能由民间社会给予一定的香火。所以李丰楙说:

> 本家的女子需归于他姓,始能得享生前、死后子女的奉养和供奉。故女子"未字""未行"即亡者就会面临卒后无所凭依的难题,民俗常采取为之立祠或采用冥婚,即是一种补偿而使之有所凭依的解决方式。神女神话即是反映民间如何妥善

---

① 陈戊国校注《春秋左传》,岳麓书社,2019,第846页。
② 覃桂清:《刘三姐纵横》,广西民族出版社,1992,第69页。

处理早夭者，这是神话思维在性别问题上的补救心理。[1]

借助李丰楙的观点，我们再回顾一下女神生前的故事，就会发现，这些著名女神都有这样的特征，不仅大都没有出嫁，而且许多女神都有父亲、丈夫或者哥哥意外死亡的前奏。失去了自己唯一可以依靠的男人，她们在成神之前已经处于"上无父兮中无夫，下无子兮孤复孤"的状态。

关于刘三妹之死流传最广的一种说法是：刘三妹本来有个哥哥，但是哥哥严禁刘三妹唱歌，两人发生冲突，刘三妹被哥哥推下悬崖摔死。这等于变相地切断了刘三妹跟父系家族的最后一点联系，给了她一个"孤复孤"的身份。据清代乾隆《庆远府志》记载：

> 相传唐时有刘三太者，系下涧村僮女，性爱唱歌，其兄恶之，与登近河悬崖砍柴，三太身在崖外，手攀一藤，其兄将藤砍断，三太落水，流至梧州。州民捞起，立庙祀之，号为龙母，甚灵验。今其落水崖高数百尺，上有木扁担斜插崖外，木匣悬于崖旁，人不能到，亦数百年不朽。[2]

---

① 李丰楙：《仙境与游历：神仙世界的想象》，中华书局，2010，"导论"第 9 页。
② 李文琰修，何天祥纂《庆远府志》卷一〇《琐言》，乾隆十九年（1754 年）刻本，第53 页。

无论是妈祖、龙母、曹娥、青溪小姑、孟姜女，其身世传说都会用不同方式切断她们与父系家族的关系，以凸显其孤单、惆怅、刚烈、无依无靠的生命特征。著名的六朝民歌《青溪小姑曲》就有"开门白水，侧近桥梁，小姑所居，独处无郎"的咏叹。

（二）在地殁

广东和广西到处都是刘三妹跳崖处、坐化地、化身岩、升仙处，或者刘三妹墓。我们仅以广东为例，电白县有说是岩下摔死的，也有说是坐化于某山洞的；阳春市传说刘三妹在铜石岩修道脱化，尸体曾长时间停于岩中不腐；罗定市传说刘三妹在石鹰山成仙；肇庆市传说刘三妹在七星岩化石成仙；连县（连州市）传说刘三妹死在羊跳峡；连南县传说刘三妹是被歹徒奸污死的，后以麻风病报复该地；梅县传说刘三妹坐化于白石山。至于刘三妹所到之处，留下的各种"圣迹"更是多得不可胜数。

对于成神的传说人物来说，最常见的在地化处理手法，就是让主人公死在当地。虽说神灵无所不在，但主场和客场还是有差别的。这正如老百姓所理解的，成道之处即道场，而道场所在地无疑是神灵的灵力覆盖最强的地方。所以，各地的刘三妹传说中，都会强调刘三妹是在当地飞升、当地坐化，或者当地去世的，因为只有当神灵死在当地，才能让他的英灵长驻于此，庇佑当地。正如恭城莲花山的一首山歌唱道："广东上来一蔸瓜，牵藤开花

▶ 两粤处处都有刘三姐的"故乡"。如今打造最成功、名气最大的"刘三姐故里"，是广西宜州流河寨，这里许多景点都有模仿电影场景的刘三姐与秀才对歌表演。（图／聚焦宜州，2019 年 1 月 25 日）

连万家，若问三姐住哪里？归根结底在莲花。"[1]

　　为了强化自己与刘三妹的联系，在广西蒙山县，长坪乡的瑶族甚至自称为"三妹瑶"，他们所居住的村子叫"三妹村"，相传刘三妹就出生在这个地方。三妹村附近的河边有她的歌台，岭上有她的坟墓。[2] 有些传说即便承认刘三妹是外地人，传歌到此，也会想尽办法让她死在当地。比如，广东阳春就有一种说法："刘三姐生于广西贵县白石山，死于广东阳春黄泥湾。"[3] 有些地方

---

① 覃桂清：《刘三姐与岭南文化》，收入罗岗生、李莲芳主编《刘三姐研究资料集》，广西人民出版社，2007，第 524 页。
② 苏胜兴：《瑶族故事研究》，辽宁民族出版社，1998，第 174-175 页。
③ 覃桂清：《刘三姐纵横》，广西民族出版社，1992，第 155 页。

即使没有刘三妹本人之墓，也会有刘三妹的祖坟，比如广东阳春和广西阳朔，都声称当地有刘三妹的祖坟，以此驻留刘三妹的英灵。

通过以上梳理我们知道，三妹变三姐，是新中国社会主义文学实验的结果；三娘的称谓则与两广方言，尤其是20世纪之前的瑶歌用语习惯有关；三姑、三妈、三太、三婆，则是粤西民众对于歌仙的一种尊称。大凡将歌仙称作三姑、三仙、仙姑、三太、三婆的地区，一定是有刘三姐信仰的地区，这些地方或者建有刘三姐的庙宇，或者有刘三姐死于当地、坐化于当地的传说，至少也有几处刘三姐坐过、踏过、唱过的"圣迹"遗存。

综上所述，刘三姐的民间传说，存在两套截然不同的叙事方式。刘三妹、刘三姐的称谓通行于"文艺叙事"，讲述的是唱歌的故事；刘三姑、刘三妈、刘三太、刘三婆的称谓主要用于"信仰叙事"，讲述的是灵应的故事。两种叙事具有完全不一样的叙事逻辑。

以20世纪50年代为界，此前的刘三妹传说偏于信仰叙事，往往有刘三妹跳崖摔死或唱歌坐化的情节，强调其死于当地；此后的刘三姐传说偏于文艺叙事，刘三姐即使跳崖，也决不会摔死，她一定是落入水中，唱着歌漂往其他地方去传歌。20世纪80年代新搜集的民间故事中，刘三姐的形象已经发生变化，"不再是那种歌无敌手而含冤不屈的性格，而是一种乐观的、爽朗的、聪明的,使反动统治者无法招架的进攻的性格了"①。20 世纪 50 年代以来的新文艺实验,以及新刘三姐解读,已经反刍于民间,被逐渐消化吸收,沉淀为一种新的民间文化。

---

① 贾芝:《拓荒半壁江山——贾芝民族文学论集》,文化艺术出版社,2012,第 375 页。

第七章

罗隐变罗源：

传说人物的讹名落籍

华东、华南的客家地区广泛流传着"讨饭骨头圣旨口"的罗隐秀才传说。从我在江西石城县的传说在地化调查中可见，各地民间传说相似性、稳定性的表现主要有二：一是创编思维的相似性，只要社会条件、叙事目的、思维逻辑三相似，虽说是各自创编，但故事的结构思路是相似的；二是接受心理的相似性，故事传播中，相似的生活逻辑导致流传地民众毫无障碍地接受了这些故事，并使之在地化为本地传说。

　　民间传说的变异性也有两种表现：一是记忆偏差导致的传说变异，大凡故事中核心设置相似的人物传说，尤其容易发生情节互渗，共享一些由该设置而派生的情节类型；二是判断偏差导致的传说变异，主观意愿和情感偏向，会影响到传播者的判断偏差。

一、两个世界的两个罗隐

　　唐宣宗大中十三年（859 年）春天，27 岁的唐代著名诗人罗隐游学到赣州。秋天七八月间，"隐在虔州（南康郡）参加秋试取解，入贡籍。特受虔州刺史青睐"①。罗隐自己曾写过一首《南康道中》，特别回忆到这段经历，李定广考证说："《南康道中》诗见于宋刊《甲乙集》卷一〇，回忆自己初次赴举自南康郡（即虔州，宋以后改名赣州）随即入京的情景……朱自清在《中国歌谣》一书中指出，罗隐是客家地区民间崇信的神祇，那里有许多关于罗隐的传说和歌谣。传说广东、江西兴国等地著名的'客家山歌'就是创自罗隐。"②

由罗隐"十上不第"的传奇身世及其诗谶传说，逐渐演变出风靡半个中国的罗隐信仰和数以百计"讨饭骨头圣旨口"类型的罗隐秀才传说。据李定广考证，早在罗隐63岁尚未去世的时候，在今温州一带就已经有罗隐信仰的苗头："（瑞安县）大罗山有罗隐洞、罗隐寺。罗隐寺初建于唐天祐三年（906年）。"③罗隐秀才的传说是江南、西南和华南地区广泛流传的同题故事，故事类型大同小异。"世以罗隐出语成谶，浙江、福建、江西一带，凡事俗近怪者，皆云罗隐秀才所说。因此，民间流传的种种罗隐故事，颇富传奇色彩。其故事之多，流传地区之广，影响之大，意义之深，绝不亚于徐文长故事。"④

历史上的诗人罗隐和传说中"讨饭骨头圣旨口"的罗隐秀才，

---

① 李定广：《罗隐年谱》，上海古籍出版社，2012，第17页。
② 李定广：《罗隐年谱》，上海古籍出版社，2012，第17-18页。
③ 李定广：《罗隐年谱》，上海古籍出版社，2012，第255页。
④ 赵福莲：《杂论罗隐的故事》，《杭州师范学院学报》1993年第1期。

其实应该视作两个世界的两个罗隐。诗人罗隐公元833年生于杭州新城县戴家湾，即今杭州富阳市新登镇双江村^①。但在民间传说中，罗隐永远以"秀才"身份出场。传说在哪里落地，罗隐秀才就成为哪里人。传说中的称呼总是"罗秀才"或"罗隐秀才"，在许多地方也被讹为"罗衣秀才""罗游秀才""卢远秀才"，等等，甚至成为俗语中的"野罗仙"。以福建省的流传情况为例："罗隐

▶ 美国社会学家甘博镜头里的手持打狗棍的乞丐，颇有罗隐的气场。（图／西德尼·戴维·甘博 Sidney David Gamble，1924年）

---

① 李定广：《罗隐年谱》，上海古籍出版社，2012，第1页。

的传说是福建最有代表性、流传面最广的 10 种传说类型之一，共流传在福建的 33 个县市。从《中国民间文学集成·福建卷》所附的《福建省重点传说分布图》可知，闽南大部分县市皆流传有罗隐的传说。此外，金门、澎湖、台湾等地也有，尤其金门还将罗隐当成是金门本地人，有的直接说是金门贤厝人，因贤厝的居民为卢、颜二姓氏，以谐音故，罗隐在金门被称之为'卢远'。"①

赣南是客家人的主要聚居地之一，加上罗隐曾在这里"参加秋试取解，入贡籍"，千百年来，赣州地区流传着大量罗隐秀才传说。在兴国县，甚至传说兴国山歌就是罗隐传下来的："兴国民间有一首流传久远、几乎是尽人皆知的山歌这样唱道：'会唱山歌歌驳歌，会织绫罗梭接梭；罗隐秀才造歌本，一句妹来一句哥。'同样，还有一首歌是这样唱的：'山歌一唱动人心，唐时起来宋时兴；罗隐秀才造歌本，代代相传到如今。'"②

我的家乡石城县也流传着许多罗隐秀才到处讨饭和捉弄人的传说。1989 年版《石城县志》中收录了四则"罗源秀才的传说"，分别是《罗源出生》《好炒豆》《松树飞子飞孙》《咒油桐》③。2012 年出版的《石城民间传说》则多收录了《少出酒，多出糟》《山蚂蟥》《鸡笼集蚊》《罗源坝》《水灌千苑禾，不养"老猪婆"》《三

---

① 陈炳容：《罗隐在金门的传说试探》，收入福建省炎黄文化研究会等编《闽南文化新探——第六届海峡两岸闽南文化研讨会论文集》，鹭江出版社，2012，第 555 页。
② 黄兴明、邱联忠：《罗隐传说与兴国"非遗"三论》，收入薛亚军主编《罗隐传说论集》，浙江人民出版社，2019，第 73 页。
③ 赖盛庭：《石城县志》，书目文献出版社，1989，第 565-566 页。

难三妹》《罗源之死》7则传说，总共11则①。凭着职业的敏感，我一眼就认定这是一组关于罗隐秀才的同题故事，"罗源秀才"就是"罗隐秀才"石城在地化的讹名。

不过，我小时候并没有听说过这些传说。我试着从石城中学的初中同学微信群（大多生于1967年）开始调查，知道的同学似乎很少，个别同学略有耳闻，但不知其详："小时候听过三言两语，大意是这个秀才嘴巴功夫行，但不实在，很自私，最后不得善终。所以老人们常教导我们读书不要学罗源秀才。"②

罗隐秀才在石城县多被称作罗源秀才，而且跟石城珠坑的罗氏家族挂上了钩。虽然我从一开始就认定"罗源（石城音nian）"是"罗隐"的讹名，但为了尊重家乡的民间叙事，方便行文，下文仍以"罗源"为名进行叙述。

二、三舅妈口中的"罗源子"

2016年春节，我回到家乡石城县，进行罗源秀才传说的在地化调查。实地调查照例是从亲友中开始的，比我（1968年出生）年纪小一些的表弟表妹基本都没有听过罗源秀才的传说。后来的调查进一步证明，除了一些有罗源秀才"遗迹"留存的村庄，1970年以后出生的石城人几乎没有人知道这个名字。

---

① 陈裕华：《石城民间传说》，中国书画出版社，2012，第2-9页。
② 康晓洪，男，1967年生，大学文化，在石城中学1982届初三（1）班同学群中的发言，2016年1月11日。

我母亲（1944年生）开始也说没听过，但在我三舅妈徐竹莲（1948年生）讲了一个罗源秀才的故事之后，突然想起来了："哦，就是'罗源子'的故事呀？这个我也听过。他这个人嘴巴十分有灵，说什么就会应验什么。小时候听老人家骂别人吹牛皮时，都是说：'你这个人野罗仙一样，天上的事知道一半，地上的事你全知道。'"于是，我知道了罗源秀才的另一个别名"罗源子"。

三舅妈的故事不大完整，但听得出是"女人为什么变笨"和"人死蛇蜕壳"两个传说。

> 传说1：有个女人在挖地，罗源子问她："你一只锄头挖啊挖，你一日挖了几千几万下？"女人见他骑马来的，就反问他："你一只马子嗲啊嗲，你一日行了几千几万脚？"罗源子一只脚蹬在马鞍上，问女人："你晓得我要上马行还是下马行？"女人一只脚跨在门槛上，问罗源子："你晓得我要进屋里还是出屋里？"罗源子觉得女人太聪明了，就拿出一条围裙送给女人，女人一穿上，他就说："三尺麻布拦你胸，你不晓世界几多重①。"搞得这些女人穿上围裙以后，就把心肝蒙住了，没有男人聪明，以后就只能做一些屋里的事，变得更木讷了。罗源子就是这样，说什么都很灵。②

---

① 重，石城音"冲"，重量的重。
② 徐竹莲，女，1948年生，文盲，石城县琴江镇居民，2016年2月11日讲述。

传说2:以前是蛇死人蜕壳,人要躲到门角背蜕壳,十分疼,不得过。罗源子看了,就说:"人死蛇蜕壳。"他这么一说呢,就变得人有生有死,蛇要蜕壳了。①

　　《石城民间传说》中只收录了"传说1",题为《三难三妹》,故事大意相同,但是多了许多细节,篇幅几近三舅妈故事的十倍。"传说2"书中没有收入,但这个故事我小时候听过多次,似乎并没有跟罗源秀才联系在一起。富阳等地搜集的罗隐传说中,也没有这个故事。但将这个故事加入罗隐秀才的同题传说群中,用来说明罗隐"出语成谶",倒是十分贴切。

　　可惜的是,三舅妈能讲的罗源秀才传说只有这两个。我不断

▶ 罗隐传说的流传地之一,也是传说中罗源秀才的活动场所之一,石城县琴江镇的廊头街。(图/施爱东,2016年)

---

① 徐竹莲,女,1948年生,文盲,石城县琴江镇居民,2016年2月11日讲述。

地以"听说罗源秀才本来有皇帝命""罗源秀才为什么嘴巴这么灵""听说罗源秀才是被石头压死的"等提示语诱导她,希望她能想起更多的传说,但是未能如愿,看来她小时候听过的相关传说也很有限。我母亲更是只听说过罗源子这么个名字,知道他嘴巴灵,但一个故事都讲不出来。

三、燕珠坑的"罗元"功名石

根据我的经验,每个县至少都会有一两位对本县历史文化特别了解的文化人,这些人长期浸淫在地方史料与民俗文化当中,对本土文化了如指掌。石城县图书馆馆长刘敏是我所知最了解石城历史文化的,在进入具体调查之前,先征询刘敏的意见,无疑是事半功倍的做法。

刘敏倾向于认为罗源秀才就是石城县人,他告诉我,罗源的真名叫"罗元",就是琴江镇大畲村燕珠坑人,燕珠坑是个纯罗姓自然村,至今仍存有罗元的功名石,当地还住着一个老人,能讲罗元秀才的传说。

我当即雇了部摩托车,前往燕珠坑。燕珠坑距离县城不到10千米,却是一个非常偏僻的小山村,出了大畲村的村级公路,还得沿田坎及山路步行约一千米。小村极美,但已经长满杂草。村前的小鱼塘前,立着两对爬满青藤的功名石,我小心地撕开青藤,一对刻着"乾隆戊戌年□□,岁进士罗元□",另一对刻着"乾隆戊戌年恩拔,□□□罗元立"。两相对读,很可能两对文字是相同

▶ 传说中罗源秀才的老家，如今已经空无一人的燕珠坑。（图／施爱东，2016年）

的"乾隆戊戌年恩拔，岁进士罗元立"。

　　小村已经空无一人，除了功名石，没有任何其他线索。步行离开燕珠坑，走了十几分钟才遇见几位老人，可惜都不知道任何"罗元"的传说，甚至没听说过这个名字。但是有老人告诉我，首墈自然村的罗氏三兄弟是从燕珠坑搬出来的。于是我折向首墈，找到了三兄弟的老大罗荣生（1963年生），但他也说不出那对功名石的来历，也不承认自己是罗元后人，而怀疑罗元是珠坑乡金钱坑人，因为石城所有姓罗的，包括燕珠坑罗氏，都是从金钱坑迁出的。罗荣生怀疑功名石是金钱坑人立在这里的，他说小时候听过罗元的传说，但已经全忘了，也不知道还有谁能讲这些故事，建议我到金钱坑去查罗氏总谱。

正在我失望往回走的时候，突然听到首墩村汉帝庙打醮的唢呐声。一般来说，农村的善男信女会更乐于讲述那些具有神异情节的故事，我决定到庙里去碰碰运气。打醮休息用点心的间隙，我向在座的道士和醮主吴道勤打听罗源秀才的传说。吴道勤（1947年生）表示曾经听说过，罗源秀才好像是明朝人，功名石应该是后人立的，还说罗源秀才的字写得非常好，为人爱打抱不平。我听着听着，就知道吴道勤老人已经把罗源秀才与石城的另一个传奇人物"吴佳"串成一个人了。

吴道勤说罗源秀才本来要做皇帝的，后来没有做成，就到处走。我问他为什么没当成皇帝，他说不知道，只听老人说他本来有皇帝命。本来明朝之后，就该罗源坐天下，后来没坐成，被顺治皇帝坐了天下，罗源只好到处流浪。那些原来跟着他的人，也都散了，没做成什么大事。吴道勤已经记不起罗源秀才的具体故事，只知道他是个本来有皇帝命、嘴巴说话有灵验的人，后来在一个石岩下躲雨的时候，被石头滑下来压死了。

等吴道勤走开了，正在汉帝庙参与打醮的黄运泉（1934年生）、巫立桥（1942年生）等几位老人，七嘴八舌地给我讲了"罗源子妈妈说错话"和"罗源子被自己咒死"两个故事。

传说3：笃文军，孟将军，他们两个人本来是要辅佐罗源子当皇帝的。笃文军力气非常大，孟将军足智多谋，本来是可以成大事的，都是因为罗源子的妈不好，乱说话，害得罗源子当不了皇帝。有一天天热，罗源子睡在凳子上，身体不停地长大、长大，放了七条凳子都睡不下，他妈一看，吓坏了，就说："孩子，你不能再大了！"于是罗源子就不再长了，没长成皇帝的骨头。

还有一次，他妈拿一把火钳，在灶上敲："我们罗源子要是能做上大人，我就灶君婆婆一刀，公太婆太一刀。"灶君一听，那还了得？罗源子要是当了皇帝，灶君婆婆被杀，公太婆太也被杀，什么人都会被他杀光。所以他们就把罗源子一身的皇帝骨头全部换掉了，只给他留了一张嘴赚吃。其实，他妈的意思是，给灶君婆婆烧一刀纸钱、给公太婆太烧一刀纸钱，结果灶君听成了把他们都杀一刀。[1]

传说4：有几个鲁班先生（木匠）在山上解板（锯木板），罗源子从边上过，说："坐下来歇歇。"鲁班先生就说："坐不得，要做事。坐了呢，一天解不到一围板。"罗源子说："坐了也是一围板，不坐也是一围板。"说完走了。鲁班先生就停下来，坐到太阳落山，数一下，还真有一围板。鲁班先生就使坏，他们藏起一块。等罗源子回来的时候，他就问："我说的有灵吧？"鲁班先生说："我们听了你的，今天就没够数。"罗源子数一下，差一块，心想，不好了，嘴不灵了。

---

[1] 黄运泉，男，1934年生，文盲，琴江镇大畲村首塅村民小组村民，2016年2月14日讲述。

罗源子往回走，走到半路打雷下雨。路边有一个檐石，石下有几个放牛的小孩在躲雨，罗源子也想挤进去。人多挤不下，罗源子就骗他们说："上面的石头就要压下来了。"几个小孩一听，赶紧跑出来。罗源子心想，反正自己的嘴已经不灵了，就自己躲了进去。结果，上面的石头真的压下来，把罗源子压死在里面。①

► 正在用餐的故事讲述人，中间站立者为醮主吴道勤，其余为打醮的老人。（图／施爱东，2016年）

---

① 巫立桥，男，1942年生，文盲，琴江镇大畲村燕珠坑村民小组村民，2016年2月14日讲述。

其他几位打醮的老人也肯定地说，罗源秀才是石城人，是被一块岩石滑下来压死的。但对于罗源秀才具体在哪里出生，死在什么地方，大家都不清楚。此外，巫立桥还说到一个情节，他说有天晚上罗隐搬了一条凳子睡觉，睡着睡着身子就开始长起来，他姆妈就给他加一条凳子，过了一会又长起来，就这样一直加了八条凳子，家里没凳子了，只好把他叫醒，要是加到九条，他就能做皇帝。这个情节往往出现在以"造反"为主题的"早发的神箭"类型故事中，很少被附会在罗隐身上。

四、小屋里的出酒井

从燕珠坑回来之后，刘敏又告诉我，燕珠坑所在的琴江镇大畲村是罗源秀才传说的主要流传地，当地还有个小屋里自然村，据说村里有眼井，井水有两种颜色，《石城民间传说》中的《少出酒，多出糟》讲的就是这眼井的故事。

> 传说 5（梗概）：在通天寨的山脚下，住着罗源秀才的一位朋友，爱喝酒，但家里并不富裕。某日，罗源秀才到访，叫朋友老婆拿来七粒糯米，走到井边，开口说："通天泉水细细流，流入井里变米酒。"说完就走了。朋友老婆第二天来挑水，惊奇地发现，一边井水是奶白色，一边井水是淡青色，奶白色的是酒，淡青色的是水。更奇怪的是，井里每天所出的酒量，恰好是朋友一天的应酬量。过了一年，罗源秀才又来了，

一来就问朋友的老婆井里的酒怎么样。朋友老婆回答说："酒是有了，可惜没有喂猪的酒糟。"于是罗源秀才对着井说："少出酒，多出糟。"从此，井里就只有一些酒糟和一点酒水味，再也没有酒了。[1]

第二天我来到小屋里自然村，进村一打听，人人都知道罗源秀才这事。有人把我带到井边，我一看是两眼井，看起来已经很久不用了，井里飘着许多树叶和绿藻。村里人说："里面更浅的那眼是井水，外面更深的这眼，就是原来的酒井。酒井的水原本是黄的，像米汤水。后来有个搞地质的探矿队走到这里，觉得很奇怪，拿探头在这里探了一下，井里就再也不出米汤水，两口井都只有清水了。"[2]

关于地质队到村里来探井的时间，有说20世纪50年代的，有说20世纪70年代的，有的笼统说是"毛主席的时候"，村里70多岁和50多岁的村民都说见过酒井发黄的样子。不过，村里最年长的，1934年出生的曾金财老人却明确告诉我，井里出米汤水的事，他也只是听老人说，并没有亲眼见过。

在小屋里，我问到的所有成年人都能讲几个罗源秀才的传说，讲得最生动的是"水井和酒井"的传说，以及"蚊子叮枫树"的传

---

[1] 施爱东摘编自温华德口述，陈裕华整理《少出酒，多出糟》，收入陈裕华主编《石城民间传说》，中国书画出版社，2012，第3-4页。
[2] 曾过煌，男，1962年生，初中文化程度，琴江镇大畲村小屋里村民小组村民，2016年2月15日讲述。

说，因为这两则传说都发生在他们村。

　　传说6：原来我们村没有井，每年都遭旱。有一年，罗源子从这里路过，问一个老太太有没有茶喝，老太太说："有，你进屋来，坐下来，我去打水。"老太太是个小脚老太太，一去去了大半天才回来。罗源子问她："你怎么去了这么久？"老人说："这里没有干净水，我到将军桥底下打水。"罗源子说："这样啊？我帮你就在这里弄眼井，不用走那么远。"他用雨盖竹子（伞的竹柄）在地上"笃"了两下，就笃出两眼井。过了一会，罗源子又央求老太太说："筛碗酒来吃吧？"老

▶ 陈细秀老人把我带到双井边，告诉我说，她前面这眼是水井，后面那眼是酒井。
（图/施爱东，2016年）

太太说："冇酒。"罗源子说："拿七粒糯米来。"老太太就给他七粒糯米。他把七粒米扔到一眼井里，井里就有酒了。

　　不知道过了几年，罗源子又从这里过，又问主人："有酒吃吗？"这里的主人说："酒是有得吃，就是猪婆冇糟吃。"罗源子说："猪要吃糟呀？拿桶来。"罗源子用勺子从井里捞了整整七桶酒糟。走的时候，说了一句："天高地高，你人心还更高。"从那以后，井里再也不出酒了，只出浑水。[①]

　　小屋里人对罗源秀才的热情明显高出其他地方，每一个故事都是大家抢着讲。几个讲述人围着我七嘴八舌，往往一个讲述人讲到情节 A 的时候，另一个人就会抢进来说情节 B，甚至还有人说到另一个故事上去，有时还会打断讲述人，插入一番争辩。有时辩论完之后，可能就转移到另一个话题，回不到原来的故事了。比如有的讲述人把"出米洞的故事"也附会到罗源秀才身上，说出米洞是罗源秀才点出来的，于是有人就岔出去说："原来陈友谅在山上（小屋里位于通天寨的山脚处）占着寨，他妹妹命里有七分天下，出米洞是给他妹妹那些兵士吃的。"于是故事瞬间就转向了陈友谅。我要是事先不熟悉这些传说，有时就会摸不着头脑，很难厘清故事脉络。

---

① 曾过煌，男，1962 年生，初中文化程度，琴江镇大畲村小屋里村民小组村民，2016年 2 月 15 日讲述。

传说7：罗源秀才被小屋里的蚊子咬了，很生气，就把蚊子都抓到一个袋子里，把袋子挂到一棵枫树上，说："要叮叮枫树，不准再叮人。"于是蚊子都去叮那棵枫树，村里再也没有蚊子。[①]

当我问到村里现在有没有蚊子的时候，曾过煌非常遗憾地说："那么多蚊子都去叮一棵枫树，枫树哪受得了，早被蚊子叮死了，前些年枫树已经砍掉了，蚊子又出来了。"另一个老太太陈细秀（1936年生）则说："是一帮小孩吃了没事干，拿竹子去捅那个袋子，把袋子捅破了，蚊子就飞出来了。"老太太用一种非常不满的语气谴责说："这帮吃了没事干的，你说那袋子好端端挂在那里，你去捅它干什么嘛？"

我问有没有人见过那棵枫树，几乎所有人都说见过，就在某某屋后的山坡上。我请求他们带我去看，于是，陈细秀老太太自告奋勇地叫上她小儿子，一起带我去找。山坡不大，到处都是蜘蛛网，老太太心急火燎地转了十几分钟才找着一个土坑，指着土坑告诉我"就是这里"。她说枫树砍掉以后，不知谁把枫树蔸也挖走了。我问挖了干吗用，她说："当柴烧。"

[①] 曾过煌，男，1962年生，初中文化程度，琴江镇大畲村小屋里村民小组村民，2016年2月15日讲述。《石城民间传说》中的"鸡笼集蚊"与此相似，说的是罗源秀才来到大畲村，听说这里蚊子多，于是将蚊子都咒入一只鸡笼，然后把鸡笼挂在一棵樟树上，至今，大畲村人晚上睡觉都不用挂蚊帐。该传说很可能是小屋里自然村的另一则异文。

小屋里公认最见多识广、最会讲故事的人是陈细秀丈夫,时年82岁的曾金财。曾金财说:"罗源子的故事很多,但他是哪里人我就不大清楚,有的说是燕珠坑出来的,又有的说是金钱坑人。"他想了想,不置可否地说:"他可能是宋朝以后,元朝时代人。"

　　曾金财的故事储量很大,讲述也很生动。在我的提示下,曾金财几乎将《石城民间传说》中所有罗源秀才的传说都讲了一遍,其中"罗源教人筑陂"跟《石城民间传说》中的《罗源坝》差距比较大。"罗源出生"也跟其他人的讲述有所区别。

　　传说8:我们石城人筑水陂要用石头和草皮,宁化人筑陂很简单,把树枝往河道里面一扔,上面压上石头,再淋上沙就可以。这都是罗源子教的。罗源子从宁化过,看到一段田都枯涸了,就问宁化人:"干吗不筑个水陂?"宁化人说:"筑陂要石头,要黄泥,难得弄到。"罗源子说:"不用这么麻烦,你们摊些树枝过去,用石头压上,捞点沙淋一下就可以了。"以后宁化人就用石头和树枝筑陂了。[①]

　　传说9:罗源子本来是要中状元的,他姆妈说:"我家罗源子,要是能登到金榜的话,灶君婆婆一刀,门神菩萨一刀,扫帚菩萨一刀。"她的意思是,要给灶君婆婆烧一刀纸,表示

---

① 曾金财,男,1934年生,文盲,琴江镇大畲村小屋里村民小组村民,2016年2月15日讲述。

感谢的意思。但是呢，她一边说，一边用火叉敲在灶门上。那灶门是灶君婆婆的嘴巴，她敲在灶门上，就把灶君婆婆的嘴给敲烂了。灶君婆婆就上天奏本，跟玉皇大帝说："这罗源子，千万不能给他进状元。他姆妈说了，他要是进了状元，灶君婆婆要过一刀，门神菩萨要过一刀，连扫帚菩萨都不会放过。"玉皇大帝就说："我不相信，罗源子要是能中状元，他姆妈应该高高兴兴，拜谢这些神灵才对，为什么还要杀这个杀那个？"灶君婆婆说："你要不相信的话，看看我的嘴巴，他姆妈把我的嘴都打成什么样子了。"玉皇大帝一看，就生气了，叫土地公公下去换掉罗源子的骨头，换成乞丐骨头，猪骨头

▶ 故事家曾金财和他的妻子——酷爱听故事且笃信故事的陈细秀。（图／施爱东，2016年）

狗骨头也都可以。

　　天下人才是分四等的，做官的是上等人才，骨头最重；演员是二等人才，骨头也还有些重；像我们这些种田的，是三等人才，骨头就轻了；乞丐的骨头是最轻的，他们是四等人才。上等人才骨头重，一定是有菩萨扶着他的。土地公公把罗源子的骨头换掉了，他骨头轻了，就做不了官了。换到嘴巴边的时候，鸡啼了，土地公公只好停手。结果罗源子只剩一张嘴巴说话还有灵。①

　　曾金财说，石城最出名的几个传说人物，罗源、吴佳、笃文军，还有小屋里一个姓曾的……他们全都聚集在洋地（石城最远的一个乡）的桃花寨，五子争金榜，五样人才全聚集在那里，那个姓曾的是要当皇帝的，罗源子是要做宰相的，但是这些人后来一个一个都分别败掉了，没成事。曾金财的头脑中似乎装着一个庞大的故事群，可惜大部分不是罗源秀才的故事。由于他还有许多农活，第二天访谈时已经有些心不在焉，我只好终止访谈。

五、金钱坑的"罗英秀才"

　　刘敏告诉我，乾隆四十六年（1781 年）《石城县志》有罗元秀才存在的证据，县志"例贡"栏下明确说明"罗元，字遂周，龙上里

---

① 曾金财，男，1934 年生，文盲，琴江镇大畲村小屋里村民小组村民，2016 年 2 月 15 日讲述。

金钱坑人"①。例贡是国子监生员的一种，不是通过考试选拔，而是由生员援例捐纳贡入，通俗地说就是花钱买的文凭。因为顺治十七年（1660年）和乾隆十年（1745年）的县志中都没有出现罗元，所以，刘敏认为罗元是在乾隆十年（1745年）到乾隆四十六年（1781年）之间贡入的，这与燕珠坑罗元功名石上的"乾隆戊戌年（1778年）恩拔"基本吻合。

许多老人都提到，罗源秀才可能是珠坑乡金钱坑村的，到金钱坑查一查罗氏族谱或许能找到更多信息。我向刘敏表达了想去金钱坑的意思，刘敏代我联系了珠坑乡党委书记廖丽萍。廖丽萍（1974年生）用自己的车把我带往珠坑乡，一路上说起了她对罗源秀才的了解。她在洋地乡工作过，那里也是罗源传说的流传地，她听说罗源秀才本是天子命，有一群人聚在桃花寨，剪了很多纸人放在瓦罐里，准备造反，但这些人心急，打开早了，结果出来的一些士兵全是断手断脚的，成不了事。但她也只是听人这么说过，没有认真记录，讲不全。

廖丽萍这些故事片段，跟巫立桥提到的八条凳子的情节，以及曾金财提到的桃花寨的传说，很可能属于同一个"故事类型丛"②。凭着故事学者的直觉，我相信这些都是"早发的神箭"故事的记忆碎片，石城县很可能曾经广泛流传过这类故事，故事的

---

① 杨柏年主修《石城县志》卷五《选举志·贡生·国朝监应例贡》。
② 康丽：《故事类型丛与情节类型：中国巧女故事研究（上）》，《民族艺术》2005年第3期。

中心点就在桃花寨。由于"早发的神箭"和"罗隐秀才"两个故事类型丛都包含"主人公本来可以做皇帝"的母题，导致许多人在记忆中将"早发的神箭"故事主人公与"罗隐秀才"相混淆。后来我试图从石城县已出版的图书中寻找这类故事，果然在《石城民间传说》中找到一则《桃花天子墓》，大意是说：桃花村有个孩子，"说出去的话非常灵验，有万岁圣旨之风"，人们都称他桃花天子。他本来是可以做皇帝的，就因为有一次在凳子上睡觉的时候，身子不断长长，他母亲给他加了六条凳子还不够，不知所措，只好学鸡叫把儿子唤醒。儿子醒来之后，马上张弓搭箭，一箭向北射去，"射到了当朝皇帝金銮殿的龙椅上"[1]。可惜箭射早了，皇帝还没上朝，不仅没能射死皇帝，反而打草惊蛇。于是皇帝派兵下来，血洗桃花村，杀了桃花天子。

廖丽萍把我送到珠坑乡政府，我跟乡政府的工作人员聊起来，最让我感到吃惊的是，珠坑乡的人不是称"罗源秀才"，而是称"罗ying秀才"，虽然没有人能说出"隐"字，但发的音与"隐"相似。这里果然是石城县罗隐秀才传说的主要流传地，几乎没有人不知道罗隐秀才，都知道他是"天子嘴"，说话特别灵验。

金钱坑就在乡政府边上不远，我们很快找到罗氏宗祠负责人罗龙甲（1962 年生）。交谈之下，我发现珠坑的罗隐秀才传说有几点值得关注：第一，珠坑人不是称"罗源秀才"，也不称"罗

---

[1] 王兴焯搜集编写《桃花天子墓》，收入陈裕华主编《石城民间传说》，中国书画出版社，2012，第 127—129 页。

源子"，而是称"罗 ying 秀才"，在我的追问下，大家犹豫着给了一个最常用的表述，称其为"罗英"。第二，整个珠坑，包括罗氏族人，都不承认罗英秀才是珠坑人，罗龙甲更是一口咬定石城罗氏族谱中没有这个人。有人怀疑他是大畲人，也有人怀疑他是洋地乡桃花寨人。第三，在珠坑，多数成年人都知道（不一定能讲完全）"罗英秀才被自己咒死"的传说，就像小屋里村所有成年人都知道"水井和酒井"以及"蚊子叮枫树"的传说一样。但是，珠坑人对于"罗源出生"以及"女人为什么变笨"等传说，则很少有能讲得完整的。张小华（1963 年生）讲了一个不大完整的"舂米变舂谷"的传说。

> 传说 10：罗英秀才嘴巴十分有灵。有一次，不知他是问路还是找人，那人正忙着舂米，没大理他。罗英秀才就问："表兄表兄，你在忙什么？"那人没好气地回答他："没看到我在舂米吗？"罗英秀才就说："你说在舂米，我看在舂谷。"结果，那人舂的米就全变成了谷。他说的话就灵成这样。[①]

其实，"舂米变舂谷"也是桃花天子传说与罗隐秀才传说共享的母题，据说皇帝派出来暗访的大臣就是从这种说话灵验的迹

[①] 张小华，男，1963 年生，小学文化，珠坑乡珠坑村村民，2016 年 2 月 21 日讲述。

▶ 平时大门紧闭的金钱坑罗氏宗祠。（图／施爱东，2016年）

象中发现了桃花天子[1]。正说着，罗龙甲把几大箱族谱搬了出来，我一看就傻了眼，几十本《罗氏闽赣联修族志》，族志并非按年代排序，而是以"房"分册，要从几十本书中找出一个人名，无异于大海捞针。我因为认定"罗源"或"罗英"都是"罗隐"的讹名，找出罗元的生平资料并不是我的主要目的，一看族谱如此浩大，当时就想打退堂鼓了。

---

[1] 在桃花天子传说中，皇帝派出来暗访的官差，看见桃花天子在碓米，就问："小伙子，碓米么？"桃花天子反问道："不是碓米，难道碓糠么！"碓臼里的米马上变成了糠，官差见了又问："你是在碓糠啊！"桃花天子说："我分明是在碓米。"碓臼中的糠马上变成了米。官差见了，心里明白这个就是他们要找的人。

幸好这时刘敏带着几位朋友也赶到珠坑。一大队人马确立目标之后，分头查阅，大家用了不到一个小时，就在"正石公房"分册中找到了乾隆《石城县志》中"字遂周"的罗元："宗奇公长子，承意，字遂周，乾隆甲子（1744年）九月十三生，道光甲申（1824年）八月廿三殁，改葬野猪湖。"[①]综合族谱、县志及燕珠坑功名石三方信息，我们可以拼出一个身世简历：罗元，字遂周，1744年生，1778年恩拔，先后娶妻邹氏、张氏、李氏，生四子，1824年去世，享年81岁，葬于野猪湖。除此之外，再无更多信息。

问题是，再多的信息也只能说明乾隆年间有一个名叫罗元的贡生，是金钱坑人。除了"罗元"一名与民间口语中的"罗源子"大致同音，没有任何信息能说明这个"罗元"就是"罗源子"的原型。两者之所以能够联系在一起，只是因为石城文化人在进行文物普查的时候，得知燕珠坑有一块"罗元"立的功名石，于是认定此"罗元"即彼"罗源"。

除了刘敏，我并没有向其他调查对象提及其他地区的"罗隐秀才传说"。我不想因为外界的信息和我的想法干扰了他们的信息和思路。我把自己当成什么也不知道、一个故事都没听过的问讯者。罗龙甲带着我找到当地最能讲故事的罗兴标老人（1941年生）。老人认为罗英秀才就是罗源子，他有个舅舅就住在珠坑乡坳背村，因为罗英秀才"戳石过水"就是为了保护舅舅。

---

① 江西省石城县《罗氏闽赣联修族志》，1989，"发字号·正石公房"第8页。

传说11：坳背村往坪山镇有条竹溪河，有一年下大雨，山上滚下来一块大石头，把河道拦住了（罗龙甲解释说：坳背村是珠坑乡地势最低的地方）。罗英秀才一看，河道过不得水，那还不把他舅舅家给浸了？他舅舅就住在坳背。于是，罗英秀才用雨盖（即雨伞，石城罗隐传说中最常见的道具）在石头上戳了一下，戳出一个洞，河水就从洞里面流过去了。从此，不管上游的来水有多大，都能从这个洞里流过去，再也浸不到他舅舅家。[①]

关于这个石洞的具体形态，在场听众有多人插嘴，有人说石头在河中央，有人说在河边上，有人说那个洞是圆的，有人说其实就是两块石头中间的一道石缝。但是当我请求他们带我去亲自看一眼的时候，老人说自己身体不好，其他人则说没见过。

六、罗山脚下钟鼓石

罗兴标老人甚至告诉我，压死罗英秀才的石头就在坳背村的罗山下。这就更加激起了我一定要亲自去看看的强烈愿望。罗龙甲建议我先去坳背村，然后找村里的老书记孔兴妹帮忙。

金钱坑到坳背村大约5里，走路太耗时间，我只好向廖丽萍

---

① 罗兴标，男，1941年生，小学文化，珠坑乡珠坑村金钱坑村民小组村民，2016年2月21日讲述。

书记求助,廖书记安排乡干部开车把我送到坳背村。我找到孔兴妹时,他正在跟几位返乡的孔氏族人一起喝酒。他们热情地把我拉入酒席,我说明来意之后,他们很意外,也很茫然,似乎也没什么兴趣。我这个陌生人的突然介入显然打断了他们原本的酒桌话题,气氛有点尴尬。彼此闲聊了一阵,说起一些共同认识的亲友,尤其是提到我舅舅温礼明时,大家都说认识,这样一来,气氛就开始融洽、熟络起来。我再次把话题拉回到罗源秀才,这时有一位老人突然想起了《咒油桐》的传说。

传说 12:听说以前油桐的桐子是可以吃的,有一次罗英秀才从桐树下面过,桐子打在他头上,他很生气,就说:"这只挨千刀的树,就好用来漆棺材。"从此桐子就不能吃了,只能用来榨桐油,漆棺材。(该传说不完整,后面还应解释为啥挨千刀:桐树每年砍上几刀,桐子就会结得多一些。)①

这个传说一下就开启了大家的记忆,大家开始你一言我一语地从记忆中打捞"罗英秀才被自己咒死"的传说。故事拼凑得虽然不大完整,但是把气氛活跃起来了。大家先是讨论了"戳石过水"的那个石岩,由于大家都喝了酒,加上不停地打断和抢话,我控制不住访谈局面,只能听出大意是说那地方离这里还有十几里

① 讲述人佚名(当时场面较乱,七嘴八舌,来不及问姓名),男,时年约 65 岁,珠坑乡坳背村村民,2016 年 2 月 21 日讲述。

山路，早就没有人走，现在已经走不通了，根本去不了。至于那个雨伞戳出来的"洞"，其实就是山上掉下一块大石头，有两层楼高，上端倚靠在石壁上，下面与石壁之间形成了一个三角形的可以过水的缝隙。石头附近的水比较深，过去天热的时候有人去那里玩水。讨论中，有人提出说：那块石头会不会就是压死罗英秀才的石头？然后有人说不是，因为"戳石过水"和"石头压死秀才"是两次事件。当我提出想去实地看看的时候，大家都说那地方太远，没法去。没人愿意带路，我也只能作罢。

失望之余，我又试探性地问了问能否找到压死罗英秀才的那块石头，并且提示说罗兴标老人认为石头就在坳背村附近，现在还在竹溪河里。这时，在座一位老人迟疑地说了一句："不知道是不是罗山脚下那块石头哦。"另外一位老人突然说："哦，就是罗山脚下那块大石头，叫钟鼓石，以前听老人讲过。太久没人讲罗英秀才的事，现在都没人知道了。"这句话迅速引起了大家对钟鼓石的讨论。有人认为压死罗英秀才的不应该是钟鼓石，因为石头下面没有路，罗英秀才不会从那里路过；但也有人认为那里以前有路，还有人想起那地方以前有个庵，外面还有墓，说明以前有人在罗山脚下活动。

还有人提出设想："罗山，是不是就是因为罗英秀才在这里出了事才叫罗山？"这话一下提醒了大家，点燃了大家的故事想象力，大家越说越兴奋，越来越倾向于认为罗山脚下的钟鼓石就是压死罗英秀才的石头。两位老人的语气也越说越肯定，在座的原来不吭声（明显是不了解）的几位年轻人也开始加入讨论，罗山与罗英秀才的关系也越来越紧密，最后大家一致认定罗山之名的由来，就是为了纪念罗英秀才。当场有一位律师总结说："以前罗山是没有名字的，就是罗英秀才在这里出了事以后，这里就叫罗山了。"还有人提议我一定要把这个故事写下来，最好是附上照片，有了文字记载和照片，以后这事就可以定下来了。

最后，坐在主席位上的孔刃非发话了。孔刃非原是赣南师范学院文学与新闻传播学院教授，当时已经调任赣州市民政局局长，是坳背孔氏中最有文化、官也做得最大的一个人。孔刃非说："赣南的客家文化博大精深，我以前曾经想编一部《赣南地名文化大辞典》，整个赣南 3423 个村，几万个村民小组，只要每个村民小组讲一个有代表性的地名，这本书就是几百万字，这个工程实在是太浩大了，我们找不到这么多能把这些东西写出来的基层文化人。我们不是没有钱，是没有人做。现在施老师主动来挖掘、宣传我们村的文化，我们一定要支持。需要我们当助手时，我们就要当好助手，把我们的文化宣传好。"领导这话算是定了调，等于坐实了罗山与罗英秀才的关系。

接下来，大家要找一个既了解罗英秀才的传说、又能开摩托车的村民把我带去现场考察。可是，年少的不懂掌故，年老的不会开摩托车，讨论了好一会，才选定一位叫罗德宗（1972 年生）的村干部。孔兴妹打电话把他叫过来，让他带我去找几位老人，再去罗山下看看。

罗德宗首先把我带到一位据说全村最老的90多岁老人那里，结果老人耳朵太聋，我们大声说了好多遍，老人才说："你们找罗医师？"我一看这状况，只好放弃。罗德宗又找了两位村民，他们虽然知道有罗英秀才说话灵验这么个说法，但讲不出什么故事。罗德宗可能觉得没完成任务不大好意思，只好搜肠刮肚地给我讲了讲他记忆中听过的罗英秀才如何被石头压死的传说，讲着讲着，他又想起罗英秀才被解板师傅欺骗的情节。至于小屋里的那些"水井和酒井""蚊子叮枫树"的传说，以及石城全县流传最广的"女人为什么变笨"的传说，他都从来没听过。

▶ 罗德宗说，照片左边这块大石头就是压死罗源秀才的钟鼓石。（图/施爱东，2016年）

传说13：几个解板（锯木板）师傅在山里解板，罗英秀才路过，招呼他们坐下子（歇一会）。解板师傅说："坐不得，今天要多锯几块板。"罗英秀才就取笑他们说："你坐也是解这么多，不坐也是解这么多。"解板师傅不相信，拼命拉锯，太阳落山的时候一数，果然还跟昨天一样多。解板师傅恶作剧，就悄悄藏起几块板，等罗英秀才回来的时候，就埋怨说："我们听了你的话，结果少锯了几块板。"罗英秀才一数，果然少几块，他就以为自己说话不灵了，很沮丧。走着走着，到了山脚下，天下起雨来，他看见有个岩石可以躲雨，可是已经有几个小孩在里面了，他挤不进去，于是就说："这岩石就快滑落了，你们快出来。"小孩知道罗英秀才说话灵，吓得赶紧跑出来。罗英秀才自己跑进去躲雨，结果，石头滑下来，把他压死在里面。其实他说话还是灵的，被解板师傅给害了。[1]

七、罗英秀才教造纸

在石城县的几次调查期间，我几乎逢人就打听关于罗源秀才的传说。在一部的士上，一位横江籍司机向我讲述了两个关于造纸的传说。石城县横江镇自古以来手工业就比较发达，"横江重

---

① "传说13"与"传说4"（巫立桥2016年2月14日讲述）大同小异。"传说13"系笔者综合整理稿，依据罗德宗（男，1972年生，初中文化，珠坑乡坳背村村干部）的回忆，以及其他村民酒桌上的讨论，2016年2月21日讲述。

纸"更是久负盛名,历代都被列作赣南贡品。横江司机讲述的四个传说中,除了"罗源之死"和"人死蛇蜕壳",其他两个分别是"赤脚踩竹"和"身下揭纸",都是造纸业的传说。这两个传说《石城民间传说》未收录,也从未听其他乡镇的人提到过。

　　传说14:横江人手工造纸,一般都要在山里面建个纸寮,作为造纸的工作坊。横江纸的原材料是嫩竹子,竹子长起来,刚要开权子的那种竹子最合适。把竹子砍下来,放进一个大的石灰湖(坑)里面浸泡。竹子泡烂以后,就要捞出来,然后榨干,再拿进纸寮,放到一个大盆里面,用脚去踩,直到踩得稀烂。以前纸工用脚踩的时候,要在脚板上绑一层棕皮,否则脚会踩烂。罗英秀才吃饱没事干,叼根烟到处走,到处坐,看到人家踏竹麻,就坐在边上,问纸工:"你们脚上干吗要绑一层棕皮?"纸工说:"不绑脚会烂掉。"罗英秀才就说:"不会,你们解开,赤脚去踩,就算丢一包花针进去都扎不到脚。"从那以后,纸工就再也不用绑脚,都是打赤脚踏竹麻。[①]

　　传说15:做纸的人,要用一个丝竹帘,在纸浆中捞一下,然后把纸浆反扑到榨板上,把水榨干,最后抬到纸桌上开纸。刚做出来的纸很大一张,只比一块胶合板小一点,它有四个

---

① 佚名出租车司机,1967年生,文化程度不详,横江镇人,时居县城琴江镇,2017年4月9日讲述。

角，榨干以后揭不开，常常会揭烂。有一次罗源子从那里过，就教他们："你从身下这个角揭就揭得开。"从那以后，揭纸都是从身下这个角开始揭。纸揭下来以后再刷到焙墙上，刷平、焙干，再撕下、裁切。[①]

有意思的是，这位的士司机对传说主人公的称呼，有时用"罗英秀才"，有时又用"罗源子"。在我的追问下，他解释说横江人称罗英秀才，在县城听人家提到的时候，都用罗源子。他认为这是同一个人，罗英可能是官名，罗源子可能是小名。

八、传说的稳定性与变异性问题

现在的农村已经没有了讲故事的环境，首先是缺少愿意听故事的人，如此，自然也就很难再有擅长讲故事的人。老人中间还有些人记得罗源秀才，但多数年轻人却连这个名字都没听过。许多接受访谈的老人都说道，如果不是我问起，他们已经好多年没听过、也没说起过罗源秀才这个人了。刺激故事讲述需要有一定的讲述氛围，有时需要提示、引导，他们才能想起更多的细节。但即使如此，许多讲述者的故事也是不完整的，甚至是支离破碎的，一些遗失关键情节的故事片段往往会令人摸不着头脑。

坳背村民对罗英秀才传说的唤醒和重塑，以及对罗山地名来

---

① 佚名出租车司机，1967年生，文化程度不详，横江镇人，时居县城琴江镇，2017年4月9日讲述。

历的重新确定, 证实了张士闪在小章竹马的叙事研究中的发现: 民间知识是在乡民的相互磋商之中逐渐塑形的, 乡民会不断对既有知识采取选择性的遗忘、创新和更替, 因此, 民间知识"不具有结构的永久稳固性, 而是徘徊于传承与再造之间, 在知识的不断发明与增长的过程中自我更新"①。

罗山与罗英秀才的关系, 以及罗元与罗源秀才的关系, 都是依据"合情推理"得出的结论。合情推理得到的结论一旦为部分公众所接受, 就会作为知识开始传播。在传播过程中, 原始的推理过程往往被忽略, 所有信息会"凝结"成一个简单的结论, 被一部分人反复宣讲, 逐渐成为一种相对稳定的地方文化。推理中的或然性关系, 很容易在传播中被转述成必然性关系, 进而凝固成一种"历史知识"。

在相似的文化语境中, 人们的生活逻辑和思维逻辑是相近的, 由此而生成的故事也具有相近的结构与情节。坳背村"罗英秀才死在罗山下"(传说 13)的磋商和生成, 虽然是村民们借助支离破碎的记忆在酒桌上你一句我一句地临时拼凑出来的, 但是与其他地区"罗隐之死"②传说的主要情节基本一致, 罗隐都是被自己咒下的石头给压死的。

---

① 张士闪:《乡民艺术民族志书写中主体意识的现代转变》,《思想战线》2011 年第 2 期。

② 可参见浙江省富阳市《罗隐之死》传说, 见于富阳市民间文艺工作者协会编《罗隐的故事》, 富阳市文学艺术界联合会编印, 1997, 内部资料, 第 81 页; 周亦涛主编《罗隐传说》, 浙江文艺出版社, 2011, 第 142 页。

无论是大畲还是珠坑的罗源秀才传说，都有一个突出特点：大凡能跟当地风物相结合的传说总是传得比较盛，了解的人也会比较多。比如小屋里的成年人几乎没有不知道"水井和酒井"以及"蚊子叮枫树"传说的，但是除了曾金财老人，能讲其他故事的人却不多。相反，在坳背村，知道"罗英秀才之死"传说的老人比较多，知道"水井和酒井"传说的人很少，知道"蚊子叮枫树"传说的人几乎没有。由此我们知道，凡是与特定风物（尤其是非著名风物）相联系的传说，并不像过去的教科书所描述的"广泛流传于"某某地区，很可能只是零星地散落在不同的村庄或社区。对于该风物所在的社区来说，传说的普及率会比其他地区高得多。

　　不过，即便是石城县只有小屋里村民才会讲述的"蚊子叮枫树"（传说 7），在故事结构以及核心母题上也跟其他地区大同小异，流传在浙江富阳的《蚊虫叮毛竹》[1]跟"传说 7"几乎一模一样，唯一的差别是毛竹被换成了枫树。目前在石城县搜集到的所有罗隐秀才传说，几乎都能在其他地区找到相应的传说。[2]本来我以为"罗隐秀才教造纸"的传说是横江镇独有的，可是仔细一检索，发现只要是盛行传统造纸业的地区，都有可能流传类似传说。比如罗隐的家乡富阳，这里盛产毛竹，传统造纸业发达，目前

---

[1] 罗喜录讲述，罗益平整理《蚊虫叮毛竹》，收录于周亦涛主编《罗隐传说》，浙江文艺出版社，2011，第 116 页。

[2] 就笔者所见，目前唯一尚未在其他省市找到对应情节的是"传说 14"。

已经搜集到的罗隐教造纸的传说就有四则，其中《牵纸窝榔头》①
跟石城横江的"传说 15"非常相似，但在细节上更完整、更丰满。

在石城，流传最广的几则传说往往都夹杂着朗朗上口的方言
韵文。比如我三舅妈在讲述"女人为什么变笨"时说道，罗源问女
人："你一只锄头挖啊挖，你一日挖了几千几万下？"女人见他
骑马来的，就反问："你一只马子嗲啊嗲，你一日行了几千几万
脚？"当女人穿上围裙之后，罗源又说："三尺麻布拦你胸，你不

▶ 客家地区到处都流传着"天高不为高，人心更是高。井水化为酒，又嫌猪无糟"类型
的故事，故事主人公不一定是罗隐秀才。（图／丘建平，2018 年）

_____

① 富阳市民间文艺工作者协会编《罗隐的故事》，富阳市文学艺术界联合会编印，
1997，内部资料，第 21 页。

晓世界几多重。"这几句韵文极其稳定,我在后来的调查中,只要能讲这个故事的人,如黄运泉、曾金财等,几乎一字不差地全都使用了完全相同的韵文。又比如小屋里的人在讲述"水井和酒井"结尾时全都说道,罗源子走的时候说了一句:"天高地高,你人心还更高。"这句韵文显然不是小屋里人发明的,因为福建省建宁县的罗隐秀才传说也有这句韵语:"天高地高,人心更高,井水做酒,还嫌没糟。"[①] 这些韵文的高度相似,充分说明了传说的同源性特征。

越是故事能手,韵文使用越丰富。比如在《石城民间传说》中,《松树飞子飞孙》并没有使用韵文,但在曾金财的讲述中,罗源被松脂粘了屁股之后,生气地说:"松油粘我身,死子又灭孙。"后来被人劝告,又改口说:"松油粘我身,飞子又飞孙。"

民间传说是以生活逻辑为基础的虚拟叙事,在相近的自然和社会条件下,老百姓会有相近的生活逻辑和思维逻辑。因此,民间传说的相似性和稳定性也有两种表现:一种是故事创编思维的相似性,只要社会条件、叙事目的、思维逻辑三相似,虽说是各自创编,但情节的结构思路都是相似的;另一种是故事接受心理的相似性,因为经济和文化的交流,故事不胫而走,相似的生活逻辑导致流传地民众毫无障碍地接受了这些故事,并使之在地化为本地传说。

---

① 张小林讲述,卢荣光整理《出酒井》,收录于周亦涛主编《罗隐传说》,浙江文艺出版社,2011,第 178 页。

以上讨论了两个"传说的稳定性"问题,接着再讨论两个"传说的变异性"问题。

一是记忆偏差导致的传说变异。罗隐秀才传说在石城的在地化过程中,常常出现"桃花天子传说"与"罗隐秀才传说"情节互见共享的现象。在上述几个案例中,巫立桥、曾金财、廖丽萍、张小华四人均发生了将桃花天子与罗隐秀才相互混淆的情形。就这四位讲述者的情况来看,是因为记忆偏差造成了主人公与情节类型的重新组合,从而呈现出情节互见共享的现象。

我们把故事中驱动或约束主人公行为的游戏规则称为"驱动设置",故事中最主要的驱动设置称为"核心设置"①。大凡故事中核心设置相似的人物传说,尤其容易发生情节互渗,共享一些由该设置而派生的情节类型。上述两个故事类型丛,都具备"主人公本来可以做皇帝,说话有灵验"的核心设置,故事情节基本上都是围绕这个游戏规则而展开的,所以,桃花天子与罗隐秀才之间,就很容易互见共享同类情节,进而将对方的其他故事也拉入当下讲述。在曾金财的讲述中,所谓"桃花寨五子争金榜,五样人才全聚集在那里,这些人后来一个一个都分别败掉了"的模糊印象,显然是由于记忆偏差而导致故事主人公与情节类型的重新组合。

二是判断偏差导致的传说变异。主观意愿和情感偏向,会影

---

① 施爱东:《理想故事的游戏规则》,《民族艺术》2019年第4期。

响到传播者的判断偏差。尽可能地将故事主人公在地化为本地人氏，是各地文化工作者通行的思维方式，这种在地化思维很容易导致判断偏差。由于多数石城文化工作者不了解其他地区的罗隐秀才传说，而石城民间传说中的"罗yuan"本来就只有音没有字，文化人记录传说的时候，需要一个确切的同音文字，1989年的《石城县志》将其写成了"罗源"，于是，此后的书面文献都沿用这个名字，罗源遂成为罗隐在石城民间传说中的替身定名。后来又由于在文物调查工作中发现了燕珠坑的"罗元"功名石，他们遂认定"罗元"即是"罗源"的本名，甚至认为这是很有意义的"考古发现"，确凿地证明了"罗源秀才"就是乾隆年间的石城人"罗元"。但我相信，当他们看过全国各地大同小异的"罗隐秀才传说"之后，他们会和我一样，理解"罗隐秀才→罗 ying 秀才→罗 yuan 秀才→罗 yuan 子→罗元"的演变是怎么发生的。

第八章

传说照进
历史：

长辛店地名的来历

对同一历史事件的不同叙述，形成了相互竞争的"传说"或"历史"。正是基于更可靠的史料、更合理的逻辑，历史才具有了高于一般传说的话语权威。一般来说，那些文字缺失的地方、历史文献望洋兴叹之处，正是传说用武之地。但是，传说与传说之间，依然会形成新的竞争关系，而胜出的传说，很可能跻身历史谱系。

　　人类的知识体系不可能无限地兼收并蓄，知识与知识之间也存在着激烈的竞争，不断上演着更新和再造。人类知识需要积累，同样也需要不断否定和淘汰，否则，各种互相矛盾的新旧知识不分良莠共存于同一体系，只能导向历史虚无主义。而所谓历史建构，正是在历史与传说的碎片中寻觅素材、缝合连缀、拆解淘汰、反复重组。

　　民间传说"历史文学化"的处理方式让历史变得生动有趣，而"文学历史化"的实际效果又让历史变得丰富完整。历史的挑剔和淘汰作用，则让那些优秀的传说得以脱颖而出，免于泯然众说。

　　作为研究者，我们的工作就是在不断否定的历史考辨中，以更加丰满的证据和更为科学的认识，一方面不断生产新的传说，另一方面通过修正、淘汰或更替，建设起更丰富多彩、更稳定有效的人类知识体系。

一、红色长辛店，长辛亦常新

　　说起长辛店，稍微了解中国现代史的人都知道，它是中国北方工人运动的摇篮。1923年，这里爆发了震惊世界的京汉铁路工人"二七"大罢工，在中国现代史上具有重要影响。

　▶ 北京共产主义小组1920年在长辛店开办的"工人劳动补习学校"
　　旧址外墙及大门。(图/佚名，现存于中国第二历史档案馆，1921年)

长辛店大街是永定河西岸一条被称作"千年古街"的长街。从宛平城过卢沟桥，向南 2.5 千米就进入长辛店大街。《北京市丰台区街乡概况》中是这样介绍的："长辛店是一个古老的村镇。古称泽畔店、长店、新店、常新店……长辛店距永定河古渡口 2 公里，这里正好是北行客旅打尖过夜的地方。"[1] 人们习惯于用传统相声中的段子来形容长辛店曾经的繁华："那时，大街上商贾旅客云集，店铺酒肆林立，无论打店歇脚的商客，还是进京赶考的儒生，或是穷困潦倒的乞丐，三教九流，五行八作，混杂其间，人来人往，车马声喧器，热闹非凡。"[2]

关于长辛店地名的来历，至少有四种"传说"。

传说 1："长辛店是从'常新店'谐音而得的。明清时期，沿卢沟桥桥东以南至现在的长辛店以北，酒肆林立、车水马龙。这里是京城官员出京和外埠官员进京及各地商人歇脚之地。因为这块地界多大的官都住过，所以店家几乎天天是清水泼街，总给人一种气象一新的感觉，俗称'客有常来，店要常新'，于是地名也被叫成了'常新店'。但不管怎么说，'常新'也只能薪新一段时间，不能永远'常新'下去，后来就被谐音为'长辛店'了。"[3]

---

① 丰台区地方志办公室：《北京市丰台区街乡概况》，知识出版社，1994，第 43 页。
② 邱崇禄：《风雨古镇长辛店》，《北京日报》2007 年 11 月 25 日。
③ 户力平：《北京地名中的"店"》，《北京晚报》2007 年 6 月 28 日。

传说2："明代（也有记载是清代）由长店、新店两个小村落随着南北交流日益扩大，天长日久逐渐连成一片，后衍化为'长辛店'并保留到今天，寓意商旅长途跋涉，一路艰辛之意。其位置长店在南，新店在北。"[①]

　　传说3：长辛店乃因"长行店"谐音而来，"说得直白点是来往客商自然带来的地名，是长行者辛勤、艰苦行到此地，临时吃住的地方。因'行'字和'辛'字是谐音，用'辛'字最贴近，不俗且雅，长辛店沿用至今"[②]。

　　传说4：还有人认为"新"就是"变"的意思："因永定

▶ 雪后的长辛店大街。（图／尹喜军，2013年）

_____

① 徐鸾、蔡志强主编《长辛店大街掠影》，丰台区长辛店文体协会文保分会编印，2013，第1页。
② 许有：《童年的长辛店，这里可否有你的记忆》，微信公众号"古镇长辛店"，gu-zhenchangxindian，2017年7月5日。

河经常改道，惯称长新店，今天的长辛店名由长新店演化而来"①；或者认为"常新"是因为永定河畔水灾频繁，居民反复重建，常建常新的意思。

二、长辛店与泽畔店的误会

为了说明长辛店的确具有千年历史，多数解说都会将长辛店名称的历史上溯到元代的泽畔店。如长辛店镇政府官网称："追溯它的历史，它本是处在东、西两个小山之间的古老村落，元代时称泽畔店，明代时称新店，从清代至今一直称为长辛店。"② 这一历史知识不仅写进了《北京市丰台区志》："（长辛店）元代名泽畔店，后又有长店、新店、常新店等名称。"③ 也写进了《中华人民共和国政区大典》："（长辛店）名称来历：元代称泽畔店，明代形成长店和新店2个村落，清代长店与新店连接，称长新店，后衍化成长辛店。"④

可是多数长辛店老人都不知道这里曾经叫作泽畔店，那么，这一"历史知识"是通过什么传承下来，或者通过什么渠道挖掘

---

① 孙本祥：《中国铁路站名词典》，中国铁道出版社，2003，第45页。
② 办公室：《长辛店的由来与历史》，北京市丰台区长辛店镇人民政府官网，http://www.cxdz.gov.cn，2016-09-30。
③ 北京市丰台区地方志编纂委员会：《北京市丰台区志》，北京出版社，2001，第70页。
④ 中华人民共和国民政部编《中华人民共和国政区大典·北京市卷》，中国社会出版社，2013，第125页。

出来的呢？我们发现这一说法最早出现于1986年由丰台地名办编印的《丰台区地名志》："长辛店，地处两山之间的高地上，南通中原腹地的大道从这里通过，距卢沟渡口五里，正是来京的客旅打尖住宿的地方。元朝曾名'泽畔店'，可见当初村在水旁。公元1317年（元延祐四年），在卢沟桥、泽畔店、琉璃河并置巡检司。到了明朝，曾名长店、新店。"[①]

《丰台区地名志》的主要编写者邢锦棠随后专门写过一篇《长辛店地名考》，特地提到了这一知识的由来："元朝《百官志》载：'延祐四年，卢沟桥、泽畔店、琉璃河并置巡检司。'这里说的'泽畔店'从地理位置上分析，是长辛店的古称，同时指出了该村就在河畔。"[②]四年之后，他又写了一篇《南苑、长辛店历史文化介绍》，重复了这一知识生产："元朝《百官志》载：'延祐四年（1317年）卢沟桥、泽畔店（当为长辛店古称）、琉璃河并设巡检司。'泽畔店当即长辛店，并指出在水泽边上。"[③]细心对照，可知后一文比前一文少了"从地理位置上分析"这一句，语气显得比之前更加肯定了。再往后，其他的转引者几乎无一例外地沿袭了"元朝《百官志》载……"的说法，只是略去了邢锦棠"从地理位置上

---

① 邢锦堂（按："堂"当为"棠"）、张霖：《丰台区地名志》上册，北京市丰台区地名办公室编印，1986，第7页。
② 邢锦棠：《长辛店地名考》，收入政协北京市丰台区委员会文史资料委员会编《丰台文史资料选编》第3辑，1988。
③ 邢锦棠：《南苑、长辛店历史文化介绍》，收入政协北京市丰台区委员会文史资料委员会编《丰台文史资料选编》第5辑，1992。

分析"的推测语，直接断为"'泽畔店'是现今长辛店的古称"①。

综合目前所见资料，"元朝《百官志》"是将泽畔店断为长辛店的唯一依据。可是，元朝人并没有撰写过一部叫作《百官志》的书，所谓的"元朝《百官志》"当指《元史·百官志》。《元史》并不是元代人写的书，而是明代人钩沉元代兴亡历史的纪传体断代史，成书于明朝初年，由明代大儒宋濂、王祎主编。

更蹊跷的是，《元史·百官志》并没有这段话。那么，这段话到底是从哪里来的呢？通过查证应该是从《日下旧闻考》转抄出来的。《日下旧闻考》有一段一模一样的话，注出"元史百官志"②。《日下旧闻考》是一部北京史志文献资料集，它在转抄转录的时候，常常对原书有所增删、改写，因此讹误也就在所难免。

那么，既然《元史·百官志》没有这段话，《日下旧闻考》又是从哪里抄出来的呢？我们从"延祐四年（1317 年）"入手，发现《元史·本纪》卷二六有这样一段话："（十二月）己酉，卢沟桥、泽畔店、琉璃河并置巡检司。"③《日下旧闻考》将此出处错抄成了"百官志"，今人乃以讹传讹。

巡检司是州县所属治安机构，掌巡捕盗贼奸宄之事，大概相当于今天的派出所。元代巡检司通常为管辖人烟稀少地区的非常设机构，相邻两个巡检司之间至少相隔十数千米，从卢沟桥到琉

---

① 谭宗远主编《京南长卷，古镇浓情——长辛店拾贝》，北京市丰台区长辛店街道办事处等编印，2014，第 57 页。
② 于敏中等：《日下旧闻考》卷九二，北京古籍出版社，1983，第 1558 页。
③ 宋濂等：《元史·本纪》卷二六，阎崇东等校点，岳麓书社，1998，第 323 页。

璃河大约 35 千米, 此属正常, 但从卢沟桥到长辛店却不足 3 千米, 这种空间布局是很不合理的。我们很难理解在卢沟桥设了一个巡检司, 为什么要在不到 3 千米的长辛店再设一个巡检司。如果没有更直接的材料, 将泽畔店指实为长辛店的推测恐怕难以服人。

那么, 在出京的南向通道上, 有没有另外一个叫泽畔店的驿镇呢? 有! 杨少山《古今涿州志要》特别提道: "据明代嘉靖, 清代康熙、乾隆, 民国等几部《涿州志》以及《日下旧闻考》记载, 明至民国涿州辖域为……南界至新城县泽畔店, 北界至良乡县挟河店。"①

▶ 长辛店曾经是往来客商打尖投宿的主要落脚地。(图 / 施爱东, 2017 年)

---

① 杨少山:《古今涿州志要》, 新华出版社, 1990, 第 24 页。

新城县也是个古地名，大约相当于现在的高碑店市。问题是，泽畔店在高碑店哪个位置呢？我们从一份抗战回忆录可知，泽畔店就在高碑店城外。^①另据《高碑店市志》上的一张"新城县明之境"地图，泽畔店就在高碑店堡的城北方向。^②打开地图，卢沟桥、琉璃河、高碑店三地几乎就在一条直线上。如果我们以高碑店市政府来定位，就能得到如下数据：卢沟桥到琉璃河镇政府34千米，琉璃河镇政府到高碑店市政府36千米，间隔大致相等。可见从空间布局来看，将巡检司设在高碑店是非常合理的。

现在的问题是，元代时期，高碑店有一个叫泽畔店的重要驿站吗？侯仁之的《北京城市历史地理》以及尹钧科的《北京古代交通》都肯定地回答了这个问题。前者指出："《大金国志》'附录二·地理·驿程'详细记载了自淮河岸边的泗州（今江苏盱眙）到金上京的长达4000余里的驿路。若以燕京为中心，向南则经卢沟河铺、良乡、刘李店、涿州、泽畔店……"^③后者更是详细地列出了各驿站之间的间隔路程："宋人张棣所撰《金虏图经》，详细记载了自泗州（今江苏盱眙）至上京会宁府（今黑龙江阿城）的驿站里程。在4000余里的路途上，共有120处驿站。距今北京较近的驿站是：泽畔店（在涿州西南）至涿州30里，涿州至刘李店

---

① "1937年7月7日卢沟桥事变，部队北上，其所在团驻扎河北高碑店城外的泽畔店守防。"（游浩波主编《龙飞凤翔——天柱人物录》，政协天柱县第十二届委员会文史委员会，1997，第47页）
② 高碑店市志办编《高碑店市志》，新华出版社，1997，第58页。
③ 侯仁之：《北京城市历史地理》，北京燕山出版社，2000，第361页。

30里，刘李店至良乡30里，良乡至卢沟河铺30里，卢沟河铺至燕京30里……"① 其中的刘李店就是琉璃河。

按这条路线，从卢沟桥出发，60里到琉璃河，再60里到泽畔店，与今天的地图基本吻合，在这三个点上分别设置一个巡检司是完全合乎常理的。可见，在北京南下的交通史上，泽畔店远比长辛店历史悠久。大约到了明清时期，长辛店的驿站地位才逐渐上升，渐至与泽畔店齐肩，尹钧科的《北京古代交通》罗列了一份"清代顺天府境递铺一览表"，其中宛平县的长新铺与涿州的泽畔店铺就是并列的递铺单位。

▶ "七七事变"期间的长辛店街头一景。（图/《申报每周增刊》，1937年）

---

① 尹钧科：《北京古代交通》，北京出版社，2000，第162页。

不满于明初《元史》编纂工作的草率，柯劭忞在重修《新元史》的时候，大概意识到了"卢沟桥、泽畔店、琉璃河并置巡检司"在排列顺序上的不妥，这段话被他重述为："延祐四年（1317年），卢沟桥、琉璃河、泽畔店并置巡检司。"① 按照这个修订后的《新元史》，泽畔店就不容易被误会为长辛店了。

三、长辛店大街的开辟

"泽畔说"是肯定靠不住了，那么，"常新说""长行说"或者"长店新店合并说"是否就靠得住呢？

明嘉靖十五年（1536年）吏部尚书李时撰写的《敕建永济桥记》②，应该是长辛店历史上最重要的一篇文献。仔细阅读再加以实地勘察就会发现，长辛店大街的开辟史就记录在这里。

《敕建永济桥记》中首先说明，嘉靖帝要修宫殿和皇陵，需要将西山的石料运往京城，中途必须经过"新店义河"，需要修路建桥，"特敕工部侍郎甘为霖、锦衣卫指挥使陈寅、巡按直隶监察御史姜润身董工往治之"。这是一条皇帝下令、"交通部副部长"亲自领衔修筑的国家级公路，社会各界极其重视。其次说道，诸臣奉命，开通故沙，导浚山泉，"更治路一于新店义河之东"③，

---

① 柯劭忞：《新元史》卷六一，吉林人民出版社，1995，第1486页。

② 张元芳纂《顺天府志》卷六《艺文志·碑刻》，万历二十一年（1593年）刻本，第14页；沈榜《宛署杂记》卷二〇《志遗一·敕谕》。

③ 张元芳纂《顺天府志》卷六《艺文志·碑刻》，万历二十一年（1593年）刻本，第14页。

乃创石桥，上嘉之，赐名永济。那么，"永济桥"建在什么地方呢？该桥目前尚存，具体位置就在长辛店大街南关西侧，桥面现已埋入地下，桥身走向与大街完全吻合，均为南北走向。

最值得我们注意的还不是桥本身，而是《敕建永济桥记》中的"更治路一于新店义河之东"。义河就是现在的"九子河"。长辛店大街就在紧靠义河的东边，是连接着"永济桥"通向宛平城方向唯一的大路。长辛店大街不仅符合《敕建永济桥记》中所说的"更治路一于新店义河之东"的所有条件，也是唯一符合以上条件的一条路。

结合上述文献及实地考察，我们可以得出结论：明嘉靖十五年（1536 年）就是长辛店大街的开辟时间。当然，早在长辛店大街开辟之前，长辛店一带就已经有了不少住户，不仅聚集成村，而且还有人开店迎客，有了"新店"村名，否则，《敕建永济桥记》就不会使用"新店义河"来标识永济桥的具体位置。

事实上，"新店"作为村名，最迟在明成化十九年（1483 年）就已出现。《明实录·明宪宗实录》："提督山厂工部尚书万祺奏：彰义门外、义井、新店、赵村、义河一带官路低洼，又因山水骤涨，运车皆为所阻，乞以卢沟桥余工修治，命都督同知白全督工填垫，凡三千余丈。"[1]明确点明了出京南下的卢沟桥官路上有一个叫"新店"的村子。但是，这条官路地势低洼，很容易积水，与长辛

---

① 《明实录·明宪宗实录》第 48 册卷二四〇，台湾历史语言研究所校印，1966，第861 页。

店人自称"铜帮铁底一条船，历来不怕被水淹"的长辛店大街显然不是一回事。

从上述材料可以看出，早在1483年以前，长辛店一带就已立村，村名"新店"。但是由于地势低洼，常常遭受水灾，行路尚且不便，居住更不适宜，所以一直发展不起来。直到1536年工部侍郎甘为霖领衔修筑石运大道，在义河东边"更治路一"，重新开辟了一条新路，也就是现在的长辛店大街，这才迎来了长辛店历史上最大的发展机遇。

《敕建永济桥记》所揭示的长辛店大街的开辟史，也正好解释了为什么号称"千年古街"的长辛店，却找不到任何早于明代

▶ 传说镌刻《敕建永济桥记》的石碑，现在已经被砌进了长辛店大街345-1号居民家的红砖围墙内。（图/施爱东，2017年）

故事背后的故事 中国民俗文化通识九课

中期的历史遗迹,哪怕一块砖、一片瓦,或者一段墙、一块碑。不过,这段开辟史是多数长辛店人所不愿看到的,因为如果认可这一事实,"千年古街"就变成了"五百年老街"。

四、"长新店"名称始于康熙年间

新路修起来之后,新的"新店村"摆脱了地势低洼、行路不便的地理劣势,很快壮大起来。原来官路上的新店村居民,逐渐聚集到了地势更高的新路两侧,慢慢地形成了一条南北走向的街区。

明代嘉靖之后,"新店"一名屡屡见于官方志书。万历二十一年(1593年)的《宛署杂记》至少有七处提及长辛店,均称作"新店"。

许多文史研究者都认为,明代的"长新店"可能是由"长店"和"新店"两个相邻的小村落随着历史的发展慢慢地连在一起形成的。可这种猜测目前找不到任何文献依据,汗牛充栋的明清文献中,要么是"长店",要么是"新店",要么是"长新店",从未有过"长店"和"新店"同时出现的情况。我们只能说"长店"和"新店"是同一个村的两个不同的名称,没有任何证据能说明它是两个并列的村庄。

最迟在天启年间,沿着永济桥北边这条新开辟的大路,在这块"新店村"的地盘上,逐渐形成了现在的五里长街,时人又称之为"长店"。据《明实录·明熹宗实录》记载,天启元年(1621年)

十二月："乙酉，御史李日宣以防御久弛、寇盗公行，议于都门前抵良乡界约五十里，如长店、大井、柳巷、五里店、太平坞等处，五里筑一高墩，盖一小堡，每墩堡宿兵十名。"[1]《日下旧闻考》认为："长店当即今长新店，在卢沟桥西五里。"[2] 光绪《顺天府志》更进一步指实长店即长新店："四十五里长新店。《明实录》长店筑墩堡即此。"文下注称："《明熹宗实录》天启元年（1621 年）长店筑墩堡，宿兵十名。《旧闻考》长店当即长新店。"[3]

整个有明一代，卢沟桥一带的治安都还很成问题，"防御久弛、寇盗公行"。已巳岁，也即明崇祯二年（1629 年），桥北村庄数百家"虏焚掠略尽"[4]。卢沟桥一带的治安问题这么突出，河西村铺的繁华程度是受限的。在明末小说《梼杌闲评》中，长辛店依然是个"小去处"："行了一日，来到长店。那长店是个小去处，只有三五家饭店，都下满了，没处宿。"[5]

清代初期，朝廷加强了对京畿地区的治安管理，长辛店地理位置的重要性更加凸显。康熙巡幸畿甸时，至少曾四次驻跸长辛店。长辛店的治安基本得以解决，逐渐成为繁华的重要驿站。

在清初官方文献如《清实录·康熙朝实录》中，长辛店主要

---

① 《明实录·明熹宗实录》第 126 册卷一七，台湾历史语言研究所校印，1966，第 4064 页。

② 于敏中等：《日下旧闻考》卷九二，北京古籍出版社，1983，第 1558 页。

③ 张之洞、缪荃孙纂《顺天府志》卷二七，光绪十二年（1886 年）刻本，第 9 页。

④ 刘侗、于奕正：《帝京景物略》，孙小力校注，上海古籍出版社，2001，第 209 页。

⑤ 李清：《梼杌闲评》上册，时代文艺出版社，2003，第 194 页。

使用"长店"一名,"新店"之名基本上退出了历史舞台。这是因为当时唤作"新店"的地方实在太多了。在明景泰五年(1454年)成书的《明一统志》中,全国以"新店"为名的邑镇只有4处,可是到了清乾隆八年(1743年)的《大清一统志》,全国以"新店"为名的邑镇已经多达39处。康熙年间,北京周边,昌平、通州等地都有叫作"新店"的邑镇,尤其是昌平县治也叫"新店",这个"新店"比长辛店这个"新店"的重要性和名气都大得多。

各地的"新店"反复出现在不同的官方文献中,极易造成混乱,所以,康熙时期的重要官方文献一般都将长辛店写作"长店"。自此以后,官方文献中极少见到将长辛店写作"新店"的。

▶ 直接将满载农副产品的小货车当成售卖摊点,是长辛店大街常见的交易方式。(图/施爱东,2017年)

朝廷倾向于用"长店"取代"新店",可是,民间早已习惯了"新店"的叫法,为了调和这种矛盾,人们采取了一种折中的办法,干脆把"长店""新店"合在一起,于是发明了"长新店"一名。如康熙年间宛平知县王养濂主持修纂的《宛平县志》中有四处提到长新店,既不用"新店"也不用"长店",均写作"长新店"。

正是从康熙年间开始,"长新店"一名开始出现在地方文人和往来客官的笔下。到了雍正之后,"长店"逐渐退出朝廷文书,"长新店"逐渐成为主流。从乾隆时期开始,所有官方文献一律使用"长新店"。即使文件中出现"新店",一般也不再指长新店了。这种稳定的称呼一直持续到光绪年间。

五、以"辛"代"新"起于"百日维新"失败

"长新店"与"长辛店"之间的替代,似乎是在一夜之间完成的。这种突然的变化提示我们,由"长新店"更名"长辛店",一定是发生了一个不得不改名的事件。

创刊于 1872 年的《申报》为我们精确定位更名的时间节点提供了可能。我们首先使用"长新店"作为关键词检索《申报》,发现该报在 1898 年之前几年,几乎每年都有相关报道,1898 年当年仍有 4 条与"长新店"有关的新闻,其最后一条出现在 1898 年 6 月 9 日。[①]

---

① 佚名:《宣南鸿雪》,《申报》1898 年 6 月 9 日,第 2 版。

从《申报》看，"长新店"一名在 1899 年突然中止。相反，"长辛店"一名的出现恰恰始于 1899 年，如："天津访事友人云，由津沽至牛庄一带铁路，现已筑至金州。每日开驶火车，附搭货客，颇觉日长炎炎。其卢汉铁路择地长辛店设立总局，已经营缔造，大兴土木之工，并拟修造洋楼，以备西人栖止。"[①]

此后数年间，大凡与长辛店相关的新闻，基本都与卢汉铁路（或京汉铁路）相关。由于铁路是当时最受关注的新闻点，而长辛店又是京汉铁路上著名的站点、京汉铁路总局所在地。所以，"长辛店"一名随着反复出现的铁路新闻迅速成为一种共同知识。从 1899 年到 1949 年，《申报》涉及长辛店的报道多达 1304 条，只有 5 条使用了"长新店"，其余均为"长辛店"。

根据以上资料，我们基本可以认定改名的时间节点是在 1898 年下半年至 1899 年之间。虽然有人认为在华北地区许多村名都经历过由"新"到"辛"的衍变[②]，但是名称改得如此突然而果断，绝不可能是自然的衍变，而只能是强悍的外在力量，这种力量只有一种，就是行政或者媒体的力量。问题是，这一段时间发生了什么事件，有必要弃"新"就"辛"呢？

这时，我们很容易就会联想到戊戌变法。戊戌变法又称百日维新、戊戌维新、维新变法，变法从 1898 年 6 月 11 日光绪帝发布

---

① 佚名：《铁路近闻》，《申报》1899 年 11 月 25 日，第 1 版。
② 苏明政：《从"新"到"辛"的衍变与地名的派生》，收入东营市政协学习室编《地名溯源——黄河三角洲"东营"地名的历史形成与民间传说集粹》，石油大学出版社，2004。

《明定国是诏》开始，到9月21日慈禧太后发动政变废除新法止，变法一共维持了103天。政变之后，新法、新政都被废止，维新派遭到捕杀，甚至连带"新"字都受到株连。比如两朝帝师翁同龢乃晚清政坛举足轻重的人物，就曾因维新失败而大幅删改自己的日记："翁同龢自戊戌罢归后，为避忌讳，将日记中所载与维新活动有关的人物、事件等作了改动，其中有挖改之处，亦有将整页剪下重新改写之处，此类挖改在手稿中均有明显痕迹。"①

当然，我们没有足够的文献依据说明由"新"改"辛"跟"百日维新"的失败有直接的关系，可以肯定的只是"辛"名之所以能够以紫夺朱，是因为盛宣怀总办的"铁路总公司"将该地站点定名为"长辛店"而不是"长新店"，该站名在1899年卢保铁路通车之后名声大噪。而盛宣怀"向以善于对那拉氏

▶ 这张《长辛店车站廿九军守兵》图片是"七七事变"中最著名的新闻照片之一。（图/《新生画报》，1937年）

---

① 李琳：《〈翁同龢日记〉：一个更精良的版本》，《中华读书报》2011年12月21日。

恭维逢迎闻于当时"①，或许正是因为盛宣怀考虑到了长辛店在中国铁路事业上的重要意义，知道慈禧太后前往西陵必经长新店，而慈禧太后又是个特别迷信、禁忌多多的老太婆，为了逢迎慈禧太后的欢心，避免在站名上出现"政治不正确"的词汇，故意将本该为"长新店"的站名改成了"长辛店"。

无论以上猜测是否正确，但有一点可以肯定，"长辛店"取代"长新店"一名的确立，是与卢保铁路（后来成为京汉铁路的一部分）的建成，以及该铁路站点在中国近现代战争史和铁路史上的重要地位相关的。所以说，"长辛店"一名的迅速传播及其影响，既是近现代工业文明对传统中国社会巨大冲击力的表现，也是现代传媒舆论影响力的象征。

六、"历史"的"真实可靠性"与"传说"的"合理想象"

通过以上关于长辛店地名来历的知识考古，我们似乎可以断言，当地关于长辛店地名来由的传说，无论是泽畔说，还是常新说、长行说，或者两村合并说，全都是文人墨客的"合理想象"。这些想象的解说被形诸文字，反复转载，广为散播，逐渐成为当地的共同知识，我们可以称之为"地方传说"。

对于传说与历史的关系，主流的传说观认为："由于传说往往和历史的、实有的事物相联系，所以包含了某种历史的、实在

---

① 刘一峰：《京汉铁路二十五年见闻录》，收入全国政协文史资料委员会编《文史资料存稿选编》第 22 辑，中国文史出版社，2002。

的因素,具有一定的历史性的特点。"① 这一观点是以"历史性"作为标准来讨论传说的可信性,其预设前提就是认为"历史"是实在的、可靠的事实。

我们在许多场合都能看到历史学家以一种高高在上的语气,斥责"传说不能代替历史,因为历史需要的是文字的记载和实物的佐证,传说只是在历史上某些人事基础上加以编造后口耳相传而已"②。

在传说面前,历史无疑更具话语霸权和优越感。历史犹如一个价值坐标,可以用来衡量传说的实在性、可靠性。传说依赖历史而获得身份定位,可是,历史却往往将传说打入冷宫。正如通过本章的历史考证,"泽畔店不是长辛店"的结论彻底否定了已经流传多年的"长辛店古称泽畔店"的说法。"是"与"不是"是两种互相排斥的判断,在这里,历史对传说的打击和排斥是毋庸置疑的。

问题在于,我们在现实中如何区分谁是历史谁是传说?那些既有的解说文本,并不是先天地自带了"历史"或"传说"的标签,标签都是作为评论者的我们给贴上的。正如本章所标示为"传说"的那些"地名来历解说",在作者的原文中,基本都是自诩为"历史"的。如《中华人民共和国政区大典》中的这段话:"(长辛店)

---

① 钟敬文:《民间文学概论》,高等教育出版社,2010,第136页。
② 王泰栋:《把历史、传说、戏说区分开来看——也谈徐福东渡》,《中共宁波市委党校学报》1998年第5期。

名称来历：元代称泽畔店，明代形成长店和新店2个村落，清代长店与新店连接，称长新店，后衍化成长辛店。"① 按照本书的考辨，这段说明中几乎没有一句是可靠的历史，因此只能归入传说。但这个标签是《中华人民共和国政区大典》作者们绝不会接受的，他们是在综合各地史志的基础上精心编纂而成，是言必有据的严肃写作。

那么，"长辛店元代称泽畔店"到底算历史还是传说呢？在邢锦棠先生看来，他的《长辛店地名考》就是一篇严肃的历史考论。虽然他使用的材料是《日下旧闻考》中的二手资料，但资料本身并没有错，《元史》的确有"卢沟桥、泽畔店、琉璃河并置巡检司"这段话，而且在卢沟桥与琉璃河之间，可能的"泽畔之店"似乎也只有长辛店，邢锦棠的推论并非没有道理。无论从史料引用还是逻辑推理上看，我们似乎都应该把《长辛店地名考》视作一篇历史论文，把"长辛店古称泽畔店"视作历史知识。

反过来看，本书上述"以'辛'代'新'起于'百日维新'失败"的推论也不是没有猜想的成分。我们并没有足够的文献依据说明由"新"改"辛"跟"百日维新"的失败有直接的关系，即使"盛宣怀向以善于对那拉氏恭维逢迎闻于当时"的引文依据，也是引文作者刘一峰的个人揣测。从这个角度看，本书的历史考辨与邢锦棠《长辛店地名考》本质上是一样的。要说是历史，大家都是历

---

① 中华人民共和国民政部编《中华人民共和国政区大典·北京市卷》，中国社会出版社，2013，第125页。

史；要说是传说，大家都是传说。

所谓历史，也即"过去的事实"（《现代汉语词典》）。但是，历史并不能以事实本来的面目而存在，只能表现为"对过去事实的叙述"。正是在这里，历史和传说有了最关键的共同点，因为传说是"群众口头上流传的关于某人某事的叙述或某种说法"（《现代汉语词典》）。尽管过去传说主要表现为口头传承，而历史主要表现为书面叙述，但在数字传播的时代，其形态上的差别已经湮灭了。

无论传说还是历史，都是我们对于过去发生的事实的解释、说明或描述。同一则民间传说，如果被司马迁收入《史记》，就成了历史，如果被干宝收入《搜神记》，就成了传说。即便如此，传说和历史还是可以相互转化的。在科学昌明的今天，再也没有人认为《史记·高祖本纪》所述刘媪与蛟龙交合而生太祖的故事是真实的历史事件；反之，在非物质文化遗产保护思潮的影响下，《搜神记·毛衣女》则被注入了新的"历史使命"，新余市政府不仅组织专家学者落实了仙女下凡地的具体位置，还重构了仙女的具体形象，赋予她贤妻良母的高尚品德。

本章开头所提及的长辛店名称来历的四种"传说"，每一种都包含着部分的历史真实，或者指向其商旅通衢的特征；或者指向其紧邻永定河，水患无常的特征；或者指向其历史上曾经分别叫作长店和新店的事实。每一种传说都有其内在的历史逻辑，都契合了长辛店大街的部分历史特质，符合现代人对于长辛店大街的怀古想象。而且，这些传说大多出自官方文本，对于普通读者来说，这可不就是权威发布，可不就是历史知识吗？

事实上，一则故事被视作历史还是传说，往往取决于故事的源流、讲述的方式，以及讲述者的身份、地位等。以"传说1"为例，这是网上流传最广的长辛店得名传说，"百度百科"以及长辛店地方网站都采信了这种解释。这段话最早可能出自知名北京文史专家户力平先生，他2007年发表在《北京晚报》上的一篇文章中用了这段话。同是这段话，本书的引文出处注释为"户力平""北京晚报"，读者会倾向于认为是一种历史知识；但如果引文出处注释为某网友的"新浪博客"，读者就会倾向于认为是一种传说。

一般来说，由文史工作者讲述的，以论文或著作形式发表的

▶ 长辛店车站口的老店铺，还是老北京风味。（图 / 成森，2015 年）

解说，更容易被人视作历史；由普通群众讲述的，以口述或网帖形式发表的解说，更容易被人视作传说。可是，文史工作者的身份是相对的，户力平、邢锦棠都是知名地方文史专家，他们在当地群众眼里无疑是专家学者，但在职业历史学者眼中却只能算地方文化工作者；他们的历史叙事在当地群众眼里可能是历史知识，但在职业历史学者眼中可能只是传说。同样的职业历史学者，地方历史学者和北京历史学者的身份也有差别，我们经常可以听到北京历史学者说地方历史学者"地方本位"，言下之意，其知识生产也只可作为一种传说。

历史和传说的分野，更多的是一种话语权的分配，是一种层级压制的关系。当我们标榜自己的叙述是"历史"或"历史研究"，而将对方界定为"传说"或"野史""一家之言"的时候，事实上已经形成了一种竞争、压制的关系。

七、话语威权促成了知识的淘汰和更替

既然历史和传说都只是传说，那历史和传说的分野还有意义吗？当然是有意义的。正如60分和59分并没有实质的区别，但划定一条及格分数线仍然是必要的。

尽管完美的历史叙述并不存在，但历史也不是一个可以"任人打扮的小姑娘"。历史是有一定叙事法则的，历史首先必须使人相信，必须基于可靠的史料，做出合乎逻辑的叙述。在没有更多新史料或新证据出现之前，叙述必须基于现有史料，合情合理，

令人难以驳斥。正因为有这样的叙事法则，历史才具有高于一般传说的话语权威。

大量的田野调查可以证明，叙述者的文化程度越高，其历史叙述也会更加规范，更具可信性。对于许多文盲，或者头脑不够清晰的老人来说，我们很难指望其历史叙述具有较高的可信性。我曾经向长辛店唯一的百岁老人询问大街上的槐树是哪年栽种的，老人说："很多年了。"我改问是否记得解放前种的还是解放后种的，老人说："解放后的生活好。"我再问，老人说："'文化大革命'的时候。"尽管后来的调查证明这些槐树的确种于1968年，但我对于老人的回答却不敢贸然相信，这并不是因为老人的讲述与事实不符，而是老人的叙事方式让我产生怀疑。

我们常常以为传说是一种人人都可参与的文化创造，呈现为一种开放的叙述姿态，但是，陈泳超在山西洪洞的研究告诉我们，就算是纯粹的"民间传说"，其实也是民俗精英的文化创造；普通村民大多随波逐流，没有明确的责任感，很少参与传说生产。按照当地民俗精英的说法，就算是新生产的传说，也要尊重历史、尊重民俗，体现时代大背景，他们还常常以"不敢乱说"来打击和排斥异己的传说。①

不同的叙述者生产了不同的知识，知识与知识并非是平行、并列的，它们之间构成了一种竞争关系。当我们以雄辩的气势将

---

① 陈泳超：《规范传说——民俗精英的文艺理论与实践》，《文化遗产》2014年第6期。

原本已经被视作"历史知识"的"泽畔说"划入"传说"阵营的时候，就等于否认了"泽畔说"的"历史合法性"。一种可能的结果是，假以时日，本书的考证将会逐渐淘汰"长辛店古称泽畔店"的说法。事实上，长辛店部分政府官员在看过本章上述论证之后，已经表态将放弃这一提法。

本章对于长辛店地名来历的考证，是以一种历史研究的面目出现的，但是由于关键史料的缺乏，许多关键的论述仍然需要借助想象来完成。虽然我们为这些想象的历史给出了"合理的解释"，但是合理并不代表事实。世界上有许多合理的事情并没有发生，不合理的事情却层出不穷。

完全忠于史实的、完美的历史叙述根本上就是不存在的，这一点已经有无数先贤做过精当的论述，这里不再重复。从这个意义上说，所有的历史叙述其实都只是传说。职业历史学者生产的传说当然会更精致、更具说服力，他们不愿意混迹于芸芸传说之间，更愿意区分历史与传说，并且将自己划入历史研究的阵营，将对方划入传说阵营。

尽管纯粹的历史真相是永远不可能抵达的知识彼岸，但无限向彼岸靠拢依然是我们不断追求的目标。离开彼岸一百步的"传说"固然未达彼岸，离开彼岸五十步的"历史"依然未达彼岸，可是，在传统的话语体系中，五十步却拥有了嘲笑一百步的权力。

尽管五十步和一百步都只是我们想象中的差别，合情合理的五十步未必就比"假语村言"的一百步更接近历史真相。但是，五十步的知识体系总是比一百步的知识体系让我们感觉更踏实、更可靠、更有信心。而所谓的历史建构，正是在这种优胜劣汰的基础上逐步累积而成的。

我们需要多元的传说来丰富我们的生活，但也需要通过历史的话语威权来淘汰那些不具有现实意义的、明显与史实不相吻合的、可能扰乱我们知识系统的传说。我们可以设想，如果出现新的史料，能证明卢沟桥西确有一个"泽畔店"，那么，"长辛店古称泽畔店"这则旧传说就有可能获得新的生命，而本书的长篇大论则必须遭到淘汰，否则，各种互相矛盾的知识不分良莠共存于同一体系，只能导向历史虚无主义。

传统知识论认为历史知识是一种不断累积的文化系统，可事实上，在人类历史上，知识的增长亦如生命的新陈代谢，累积的知识相对于被淘汰的知识来说，只不过是九牛一毛。人类的知识体系不可能无限地兼收并蓄，知识与知识之间存在着激烈的竞争，不断地上演着更新和再造。张士闪在小章竹马的叙事研究中发现，"知识从来就是在艺人与乡民的相互磋商之中逐渐塑形"，乡民会不断对既有的家族传统予以追溯和评估，进而采取选择性的遗忘、创新和知识更替，民间知识"不具有结构的永久稳固性，而是徘徊于传承与再造之间，在知识的不断发明与增长的过程中自我更新"①。

---

① 张士闪：《乡民艺术民族志书写中主体意识的现代转变》，《思想战线》2011年第2期。

知识更替的本质就是知识革命，五十步的历史与一百步的传说之间的关系，犹如长江后浪推前浪，一浪接一浪地涌向真理的彼岸，历史的后浪涌起，前浪就变成了传说。而彼岸的史实，却如顾颉刚先生所说："最高的原理原是藏在上帝的柜子里，永不会公布给人类瞧的。"①

▶ 从小在长辛店长大的老铁路工人，时年104岁的史秀。（图／施爱东，2017年）

---

① 顾颉刚：《古史辨自序》上册，商务印书馆，2011，第47页。

八、传说弥补历史之缺憾

真实的历史已经被上帝藏进了柜子，强烈的历史欲却又驱使我们不停地试图接近历史、了解历史，于是，我们站在上帝的柜子边上，展开了无穷无尽的再造历史的想象，形成了多元丰富的传说。可是，绝大多数传说从一开始就注定了被淘汰的命运。一方面是旧传说旧历史不断遭到淘汰，另一方面是生生不息的新传说再生产，两种进程交织在一起，构成了历史建构截然相反的两个面向。

历史是以文字记录和实物考证为依托的，文字缺失的地方，是历史研究望洋兴叹之处，也是传说生产的英雄用武之地。顾颉刚先生很早就注意到了，这里正是"圣贤文化"与"民众文化"的分野之处。"研究圣贤文化时，材料是很丰富的，中国古来的载籍差不多十之八九是属于这一方面的；说到民众文化方面的材料，那真是缺乏极了。"缺乏材料的民众历史依靠什么来构建呢？依靠传说！传说是一种基于既有历史知识、借助想象再造的历史。

人类为了满足自己的历史欲，会提出各种启发性的历史问题，不断刺激新传说的再生产。在那些没有文字记载和书面历史的领域，民俗精英正好大显身手，他们借助类比、关联、归纳、想象、磨合、矫正等"历史文学化"的创作方式，生产出了无限丰富的传说。那些更精致可信、更契合民众趣味、更适应时代需要的传说会得到更多的认同、更广泛的传播，经过时间的筛洗和沉淀，逐渐达到"文学历史化"的效果,于是,部分传说就成了区域社会的历史知识。

民俗精英一般都会很好地处理新传说与既有权威历史知识之间的微妙关系。那些优秀的传说总是会努力保持其与地方志、族谱、文人著述等文字传统的一致性追求,并且"倾向于将本地区的历史与文明传统演绎得悠久古老,竭力与上古圣贤、神灵怪异发生关联,以贴近'人杰地灵'的叙事逻辑。或者说,我们看到了地方社会在不断地重新定义和重构自身伟大传统的努力,只不过县志以县境为单元,村落则以村境为指向"①。

▶ 无论外界如何风云变幻,老百姓都有自己的叙事逻辑和过日子的方式。正月十五,长辛店人在老爷庙办灯会。(图／长辛店街道办事处,2016年)

---

① 张士闪:《山东村落田野研究丛书·总序》,见刁统菊著《横顶村》,山东大学出版社,2017.本章最后一节的写作受到张士闪教授该序文启发,特此致谢。

我们前面已经说到，所有的传说都有历史的特点，同样，所有的历史也都有传说的特点。所谓历史与传说的区别，是学术发展不断精细化的结果，是精英阶层为了区分自己的传说和普通老百姓的传说而做出的划分。在绝大多数老百姓眼里，或许根本没有区分的必要，历史就是传说，传说就是历史。正如陈泳超的调查对象李学智老人所说："传说的生息就是历史真实的沿袭，推动生息沿袭的动力是一种心的力量，这力量就是人们不愿意忘记自己的祖宗……陈老师，实话对您讲，我的思想叫走亲习俗绑架了，挣也挣不开，脱也脱不掉，您坚持您的疑古观，我坚持我的'真的有'。反正我总不能忘记我的老祖宗。"①

民众一样有寻根溯源的历史欲，有朝花夕拾的浪漫情怀，有塑造伟大传统的崇高追求，可是，由于文字的缺失，精英历史面对民间文化往往显得束手无策。这种束手无策同样是两方面的，一方面是无从建构，另一方面是无力排斥。所以我们看到，越是偏远的乡村，越是文字缺失的领域，传说越丰富，民众对于传说的执念也越加坚定。从这个意义上说，传说不仅是民众的文学创作，也是民众的历史叙事。

假设我们悬置历史的"真实性"诉求，就会发现：因为有了传说的需求，民众的历史想象力和文学创造力有了用武之地；因为有了传说的存在，我们在精英的历史之外发现了民众的历史；因

① 山西洪洞县李学智老人针对陈泳超《背过身去的大娘娘》一书所写的"读后感"，2017 年 7 月 7 日。

为有了传说的补充，人类历史变得更加丰富而完整。传说回答了我们对于历史的各种疑问和猜想，将残断的历史连缀成了一幅完整的画卷。传说在历史缺席之处充当了历史的化身，传说为既有的历史骨骼填充了血肉，传说让历史变得更加饱满、更有温度、更具生活气息。

历史给传说留出了足够挥洒的巨大空间。我们无法保证每一项知识生产都是有意义的，研究者们所从事的，就是在不断否定的历史考辨中，以更加丰满的证据和更为科学的认识，一方面不断生产新传说，另一方面通过修正、淘汰、更替、覆盖，不断地将一百步外的传说推进到五十步之内，用这种不懈的努力，建设起更丰富多彩、更稳定有效、更富有意义的人类知识体系。

第九章

生肖属相的时间界点：

初一与立春之争

不同的生肖属相，到底以哪一天为界，元旦、春节还是立春？这个问题困扰了许多1、2月份出生的朋友。拿我自己来说，我生于公历1968年1月15日，农历是丁未年腊月十六，那么，我该属羊还是属猴？许多人会说，生肖是以农历为标准，你生日那天还没过年呢，应该属羊。所以，每当有人问我是不是"猴头"的时候，我都会诚实地谦虚一下："惭愧，我是羊尾。"这个粗俗的谐音梗常常把朋友逗得哈哈大笑。

　　可是，我一位同行好友是1966年1月23日出生，他出生这天已经是农历新年的正月初三了，他一直以为自己是丙午的马，可是有些老人告诉他，1月还没立春，他是乙巳的蛇。他坚信自己是"马首"，但老有人说他是"蛇尾"。马首与蛇尾，这可是天差地别的两种人生意象，真是一个令人纠结且郁闷的问题。

那么，生肖属相的转换界线到底应该划在大年初一，还是划在立春？各自有哪些历史因由和道理？

一、作为空间坐标与时间坐标的"十二辰"

在乡土社会的民众生活中，纪年并不重要。早期的民俗学田野调查证明，偏远地区的老人，多数都说不出自己的准确年龄，有时儿子自报的年龄比父亲自报的年龄还大，但这并不妨碍他们的日常生活。

对于一个国家的时间系统来说，纪年却是一个大问题。

汉代以前，多沿用帝王名称加上执政年份来纪年，有时也用太岁纪年，西汉末期才由太岁纪年转为干支纪年。

说到太岁纪年，我们还得从"观象授时"说起。由于古代历法和天文观测紧紧捆绑在一起，古人对于天体的观念和划分也一直在变化，如果我们将不同时代的观念和算法混在一起，那只能是一团乱麻，所以只能就最基本的天体观念来讨论这个问题。

古人为了观测星象，首先得对天空划分"坐标"，每个坐标给出一个名称，这样才能够给星宿进行定位，观测它们的位移。我们现在所知的十二支，子、丑、寅、卯、辰、巳、午、未、申、酉、戌、亥，源于周天的空间坐标十二辰（十二组星象所在的区域），由于北斗星在天空旋转一周就是一年，所以，我们就可以根据北斗斗柄所指的辰区、星图，来确定具体的节气月（只考虑十二节气，不考虑十二中气的月份），所以节气月又叫星命月。

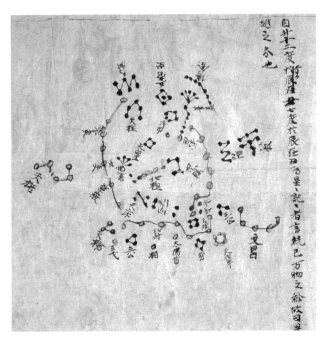

▶《敦煌星图》局部。该图绘于唐中宗年间，是世界上最古老的全星图。
全图共13幅，显示了北极星附近以及每个农历月的星空分布。

现藏于伦敦大英博物馆的唐代《敦煌星图》，其画法就是从
子月开始，按照太阳每月所在的位置，将天赤道附近的星图分成
十二段，绘十二时角星图各一幅，最后再将紫微垣画在以北极星
为中心的圆形星区图上，展示了北半球可见的全星图。

由于全天空的恒星位置基本上是千古不变的，而地球却是绕
着太阳轮转的，根据相对论的原理，站在地球上看星空，相当于
全部的恒星都是绕着天极在旋转。不同的季节，天空旋转的角度
不一样，所以，我们可以把季节与星图做这种对应。

如果我们将冬至的斗柄指向定义为"子"，那么，一个节气月之后，大寒的斗柄指向就是"丑"，到了立春，斗柄指向大概到了"寅"，依此类推，二十四个节气轮完，斗柄又回到了"子"，如此周而复始，年复一年。古人利用这种直观的比附，就将十二辰这样一个空间概念，直接转换成了我们生活中的时间概念，为后世用天干地支作为纪时单位奠定了一个天文学基础。

接着再说一个天文学概念"建"。斗柄指向的变化对月份安排的指导作用称作"建"。斗柄在天上旋转一周，依次指向十二辰，对应着一年的十二等分，古人称为"斗建"，又叫"十二月建"。

古代新君登基之后，为了向臣民表示他们"受命于天"，常常要改历法。他们将新年第一个月（正月）的北斗指向称作"建正"，如果确定子月为正月，就叫"建子"，如果确定寅月为正月，就叫"建寅"。自汉武帝"太初改历"之后，中国历法虽然不断更新，但基本上还是以"太初历"为基础，沿用了两千多年。

那么，"太初历"是以哪一个月作为岁首呢？

▶ 四川阆中落下闳故居的落下闳铜像。落下闳（公元前156—公元前87），西汉天文学家，以历算和天文学成就著称于世，与邓平、唐都等人合作创制的"太初历"，以正月朔日作为一年的开始，这也是中国春节的来历，阆中人民因此称之为"春节老人"。（图／施爱东，2009年）

《史记》记载："至今上（汉武帝）即位，招致方士唐都，分其天部；而巴落下闳运算转历，然后日辰之度与夏正同……其更以七年为太初元年，年名'焉逢摄提格'，月名'毕聚'，日得甲子。"①所谓"日辰之度与夏正同"，意思是说采用了夏正历法，该历法就以"建寅之月"为正月。

二、"岁"与"年"的差别与混用

接下来，我们再解释一下上面《史记》中的"年名'焉逢摄提格'"是什么意思。

要理解这句话，得先说说"岁星"，也就是太阳系八大行星中的木星。大约在公元前五世纪，古人发现岁星行天一周的时间是12年（实际是 11.862 年），他们将岁星的运行轨道划分为"十二次"，这样，岁星每向前移动一次，就相当于地上一年。他们还将每一次都进行了命名（见表），于是，这些次名也就可以用来代表年份，一次就是一年。"岁次"这个词就是这么来的。

十二次名与十二辰名对照表

十二次	十二岁阴	十二辰	十二生肖
星纪	摄提格	寅	虎
玄枵	单瘀	卯	兔

---

① 司马迁：《史记》卷二十六《历书第四》，中华书局，1982，第 1260 页。

十二次	十二岁阴	十二辰	十二生肖
娵訾	执徐	辰	龙
降娄	大荒落	巳	蛇
大梁	敦牂	午	马
实沈	协洽	未	羊
鹑首	涒滩	申	猴
鹑火	作噩	酉	鸡
鹑尾	阉茂	戌	狗
寿星	大渊献	亥	猪
大火	困敦	子	鼠
析木	赤奋若	丑	牛

　　但是，岁星的实际观测有个麻烦，因为岁星在星空背景下的视运行并不是匀速的，而且运行轨迹与十二辰的排列顺序是反着的。我们观察太阳和月亮的运行，都是"东升西落"，可是，岁星的运行却是自西向东的，所以，为了调整这种视差，古人假想有一颗与日、月运行同向，也即顺着十二辰方向匀速运行的虚拟岁星，叫作"太岁"。真实的岁星每前进一次，虚拟的太岁也在反方向上前进一辰，两者有固定的对应关系。这样，只要把岁星的初始位置和太岁的对应关系规定好，就可以用太岁来纪年。

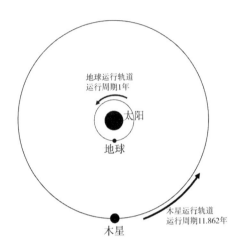

▶ 地球、岁星绕日运行示意图。(图/张玮,2023年)

大概是考虑到"次"和"辰"的空间布局不一样,前者是以岁星轨道来划分的,后者基本上是周天等分的,两者并不重合,所以,古代天文学家并没有直接套用十二辰作为太岁的坐标,而是另立了一套古怪的专名"十二岁阴"。比如,岁星实际位置在"星纪"时,古人规定对应的太岁应该处在十二辰中的"寅"位,可是他们又不直接以"寅"为名,而是另外取一个叫作"摄提格"的岁阴名称。

如果我们把第一年的太岁定义为摄提格,那么,第二年的太岁就是单阏,第三年的太岁就是执徐,依此类推,十二年一轮。

由于岁星受到实际周期 11.862 年的制约,走得太快,观测位置与实际年份逐渐错位,86 年后会出现"超次"的现象。也就是说,当岁星转到第 7.25 圈的时候,已经走了 87($12 \times 7.25{=}87$)

次，理论上应该是第 87 年，可是，我们实际上还在第 86（11.862 × 7.25=85.9995）年，年和次就对不上了。

古人也意识到了这个问题，只不过他们算得没现代人精确。比如《新唐书》就说："岁星自商、周迄春秋之季，率百二十余年而超一次。战国后其行浸急，至汉尚微差，及哀、平间，余势乃尽，更八十四年而超一次，因以为常。"[①] 因为不好用，所以岁星纪年法大概只用了两百年就淘汰了。

但是，由于太岁是一个假想的天体，它不存在"超次"的问题，可以一直使用。

但是太岁纪年也有缺点，周期太短，每十二年就得轮换一次，到第十三年又得叫"岁在摄提格"，同一个执政者可能会经历好几个摄提格，这就很容易造成时间错乱。为了延长纪年周期，星历家又为之配了十个"岁阳"（又称"岁雄"），相当于十个天干。《尔雅·释天》："太岁在甲曰阏逢，在乙曰旃蒙，在丙曰柔兆，在丁曰强圉，在戊曰著雍，在己曰屠维，在庚曰上章，在辛曰重光，在壬曰玄黓，在癸曰昭阳。"《史记》采用的是另一种写法，分别记为焉逢（甲）、端蒙（乙）、游兆（丙）、强梧（丁）、徒维（戊）、祝犁（己）、商横（庚）、昭阳（辛）、横艾（壬）、尚章（癸）。岁阳与岁阴的搭配，跟天干与地支的搭配规则一样，两相结合，就将周期由十二年延长到了六十年，成为一种有效的纪年方式。

---

① 欧阳修、宋祁撰《新唐书》卷二七下册《历三下》，中华书局，1975，第 628 页。

据说太岁纪年从春秋战国一直沿用到西汉时期，但是，"年名'焉逢摄提格'"这种古怪的写法也实在太繁琐了。许多学者甚至包括竺可桢在内，都倾向于认为这些古怪的名称是从印度传入的，"摄提格"字面上没有任何意义，只能解释为一种音译，因为印度木星周第一年就叫Krittica。竺可桢说："笔者不晓梵文，且于语言音韵，全为门外汉，但觉Krittica与摄提格相近。此外印度岁名相当于中国而声韵相类者，尚有大渊献与印度之虚宿Dhanishtha，协洽与印度之角宿Chaitra。"①

　　甚至有学者认为，确凿的先秦文献中并没有出现这么古怪的岁阴和岁阳名称，太岁纪年法很可能是秦汉之际才从西域传入的，因为先秦从来没有这样的提法，最早是在《吕览》《淮南子》和《史记》等书中出现的。但按竺可桢的意思，名称是有可能从印度传入，但太岁纪年法和二十八宿等星宿坐标却是国产的。

▶ 竺可桢（1890—1974），中国近代地理学和气象学的奠基者，浙江大学前校长。

　　竺可桢信手举了几个例

---

① 樊洪业主编，竺可桢著《竺可桢全集》第2卷，上海科技教育出版社，2004，第596页。

子，以说明"我国在春秋战国时代已有十二次之名"，如："《左传》襄二十八年：'岁在星纪，而淫于玄枵。'《国语》：'昔武王伐殷，岁在鹑火。'杜预注《左传》，韦昭注《国语》皆曰：岁，岁星也。孔颖达云：'《左传》及《国语》所云，岁在皆谓岁星所在。'"不过，竺可桢认为："十二次原为太阳一年十二个月环绕天空之周期，与西方之十二宫相类似……因岁星绕日之周期，约为十二年，即 11.86 年，故最初岁星周期亦假用十二次，遂有岁次及失次之名。"①

文化相互借鉴和吸收，就像上海的"洋泾浜"一样，中英文杂用，这是中西文化结合常有的现象。竺可桢解释说，即使这些名称是从印度传入的，我们也不能因为有人喜欢用这些古怪译名，就认为整套系统都是从印度引进的："是犹以近代数学家用阿拉伯数字，而推论宋、元时代李仁卿、朱世杰之天元为得自天方、大食也。"② 这段话很有说服力，我们不能因为现代人都用阿拉伯数字演算数学，就以为中国过去没有数学。

"摄提格"这种烦琐的写法虽然看起来很有学问的样子，但是根据"奥卡姆剃刀"原则，这种炫酷式的写法终究会受到抛弃。到了西汉末年，古人终于还是以"天干配地支"取代了"岁阳配岁阴"，用更简洁的"一甲子"来作为六十年的时间标记。

① 樊洪业主编，竺可桢著《竺可桢全集》第 2 卷，上海科技教育出版社，2004，第 596 页。
② 樊洪业主编，竺可桢著《竺可桢全集》第 2 卷，上海科技教育出版社，2004，第 597 页。

有了上面的知识，就很容易看懂司马迁的"年名'焉逢摄提格'"了，这不就是我们现在说的"岁在甲寅"吗？同样，我们也容易理解"岁"字是怎么来的，"岁"与"年"的差别在哪里。

按照古代天文学家的规定，"年"是阴历（其实是阴阳调和历），指的是从正月初一到大年三十这样一个朔望月组成的时间单位。年的周期是不固定的，有时只有十二个朔望月，354 天；有时长达十三个朔望月，达到 383 天或 384 天。而"岁"则是从天体运行中发现的时间规律，"阴阳历的平均年长称'岁'，是反映寒暑变化的回归年"。[①] 也就是说，"岁"是许多个"年"的平均值，因而只能是固定的 365.24 天，也即回归年的天数，必须被视作太阳历。

这层意思，郑玄在为《周礼·春官》"正岁年以序事"一句作注时说得很明白："中数曰岁，朔数曰年。中、朔大小不齐，正之以闰，若今时作历日矣。"[②] 孔颖达在《礼记·月令》的注疏中解释得更清楚："中数者，谓十二月中气一周，总三百六十五日四分之一，谓之一岁。朔数者，朔十二月之朔一周，谓三百五十四日，谓之为年。此是岁、年相对，故有朔数、中数之别。若散而言之，岁亦年也。"[③] 这里的"中数"即二十四节气中的中气月，指的是阳历年，"朔数"即阴历中的朔望月，指的是农历年。但是正如孔

① 张培瑜：《中国古代历法》，中国科学技术出版社，2007，"前言"第 5 页。
② 阮元校刻《十三经注疏（清嘉庆刊本）》第四《周礼注疏》卷二六，中华书局，2009 年影印本，第 1764 页。
③ 阮元校刻《十三经注疏（清嘉庆刊本）》第六《礼记正义》卷一四，中华书局，2009 年影印本，第 2935 页。

故事背后的故事　中国民俗文化通识九课

颖达所说，如果不太较真，只是笼统地说说，岁也就是年。

事实上，岁和年的区别，汉以后已经逐渐消融，在诗词中的更是视乎音韵格律的需要而使用，书面语多倾向于以岁代年。

三、"岁首"建寅的立春说与初一说

汉武帝"太初历"是以夏历为基础的历法体系，该历法的岁首是"建寅之月"，也即斗柄指向寅位的这个月。《淮南子·天文训》说："帝张四维，运之以斗，月徙一辰，复反其所。正月指寅，十二月指丑，一岁而匝，终而复始。"[①]

我们前面说过，古代天文学家的空间和时间是可以互相转换的。斗柄指向寅位，对应的是二十四节气中的立春。这样一来，歧义就产生了，所谓"建寅"，到底是指从立春这一天开始呢，还是从包含立春的这个朔望月的初一开始？不同的古代天文学家对这两个字有不同的理解。

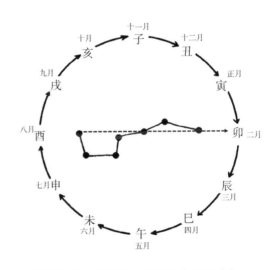

► 北斗指向十二辰示意图。（图 / 张玮，2023 年）

① 刘安编《淮南子集释》卷三《天文训》，何宁撰，中华书局，1998，第 238 页。

事实上，依据斗柄指向是无法精准到具体日期的，古人肉眼观测天象，精确程度毕竟有限。所以说，斗柄指向一定要跟朔望月或者节气月相配合，才能具体到一个精确的起始日期上。问题在于，建寅到底是跟朔望月相结合，还是跟节气月相结合？

一种最直接的想法是，通行的农历是阴阳调和历，干支历是阳历，寅月属于干支历，所以立春就是建寅月的第一天。比如著名古史学家董作宾就认为："（立春节）这虽是中国的建寅月之始日，也是中国的阳历，仍与太阴无涉……月建，即干支纪月，也是中国的古法。西汉以前，有月名而无月建，以干支纪月，所纪的虽然在太阴月之上，实在乃是太阳月，即节气月，汉简中已有月建之实。"①

天文历史学家张培瑜也认为干支历的岁首就在立春这天："实际上中历干支计时系统是中国特有的阳历历法体系，可称之为干支历、节气历，或中国阳历。它以立春为岁首，交节日为月首。年长即回归年，一节一中为一月。在节气历中，年月日全由太阳视运动决定，而与太阴月相无关。"②

但是，更多的天文历史学家认为，建寅之月，指的是斗柄指向寅位的这个朔望月，而不是指到寅位开始这一天。也就是说，所谓建寅之月就是指农历正月，岁首就是正月初一。

---

① 罗尔纲：《董作宾先生著〈天历发微〉》，载罗尔纲《太平天国史丛考丙集》，生活·读书·新知三联书店，1995，第364—366页。
② 张培瑜：《中国古代历法》上册，中国科学技术出版社，2007，"前言"第6页。

我赞同后一种说法，理由非常简单：斗建（星历）是阳历，节气历也是阳历，两者基本上是一回事，因此，节气历作为自足的阳历系统，并不需要斗建来纠正其偏差，两者平行，无须画蛇添足。但是，朔望月不一样，它是阴历，如果没有阳历的纠正，就很难跟回归年保持一致，所以，阴历才需要通过斗建来帮助确定一年的起点和终点。也就是说，斗建是为阴历服务的，建寅之月指的是包含立春的这个朔望月。

因此，正月初一应该视为"建寅之月"的第一天，也即岁首。

那么，生肖转换的时间节点是不是就在正月初一呢？答案是：没这么简单。

四、干支纪时系统的形成不早于唐代

我们先来看看所谓的干支纪时系统形成于什么年代。

张培瑜提及的"干支纪时系统"，包括了干支纪年、干支纪月、干支纪日、干支纪时四个维度，每个维度都包含了天干和地支两个字，总共是八个字，所以相术上将一个人的出生时间称作"生辰八字"。用四柱八字推衍命理，叫作"算八字""测八字""看八字"。

说到这，我们又得看一下干支纪时系统是什么时候形成的，它跟"太初历"之间是什么关系。

一是干支纪日起源最早，至迟在公元前722年鲁隐公时期就已经明确开始使用了，至今已经超过2700年，这两千多年的所有日期都是连续的,从未间断。据张衍田考证:"殷人制定月份,早期曾以规整的三十日为一月。每月的日数全为三十,用十干纪日,十日一个周期,为一旬,一月恰为三旬,每旬首日为甲日,末日为癸日,使用起来整齐方便。后来,有了大小月的分别,大月三十日,小月二十九日。每月的日数不再全是三十日,仍按旬制三分之,则每旬的首末就不再全是甲日与癸日。十干纪日的循环周期本来就短,在旬制与十干周期不能整齐对应以后,使用起来很容易造成日期的错乱。于是,出现了十干与十二支相配的纪日方法。"①

二是干支纪年要晚得多。我们前面提到,太岁纪年使用了与干支纪日完全相同的算法,但是为了与纪日区分,有意使用了不同的名称,以至于出现"焉逢摄提格"这么古怪的年代称呼。真正将纪年法与纪日法都用"干支"统一起来,是东汉章帝元和二年(85年)的事。"太初历"使用了一百多年之后,已经出现许多与观测不符的现象,汉章帝时决定加以改良,实行"四分历",正式使用干支纪年法,该年干支遂计为"乙酉"。我们现在看到的西汉以及之前的干支年份,都是后人倒推出来的,当时并没有这种纪年法。不过,也有许多证据表明,王莽时期(9—23年)已经开始零星使用干支纪年,只是尚未制度化而已。

三是干支纪月更晚于干支纪年。单纯的地支纪月起源很早,前述斗建即是。但是,干支配合纪月在传统文献中非常罕见,直

---

① 张衍田:《中国古代纪时考》,上海古籍出版社,2019,第10页。

到唐代才开始以干支标注月名，而且往往只出现在碑刻和数术类著述中，也就是说，一般会跟算命先生的"择吉"事务相关。较早的记录比如唐代大和七年（833 年）的《杜行方墓志铭》，其落款日期为："（撰文）大和七年（833 年）十一月为癸丑朔，葬日以甲寅月之二日也。"这里癸丑和甲寅都是指月份，但是尚需以大和七年十一月来辅助指认，正说明这时的干支纪月还不常用。

由于夏历岁首是建寅之月，为了尽量保证干支年与夏历年达到最高的吻合度，干支年的首月也选在寅月，由于地支寅对应的天干是丙，所以，干支年的起始点是从"丙寅"开始的，一月丙寅，二月丁卯，三月戊辰，依次类推。六十个干支月，需要五年才能轮完一个周期。

四是干支纪时出现最晚。甚至单纯用地支纪时的源头都很难确定，古人曾长期使用漏刻计时，把一昼夜等分为一百刻，叫"百刻制"。我们现在把 15 分钟称为"一刻"，相当于一天 96 刻，其时长与百刻制大致相似。

时辰制起源很早，但十二辰制并不太早。历史上曾经有一日四时制、一日十时制、一日十六时制。那么，十二时制起于何时呢？顾炎武《日知录》说："古无以一日分为十二时之说……自汉以下，历法渐密，于是以一日分为十二时。盖不知始于何人，而至今遵用不废。"[1] 由于干支纪时只能以十二时制为基础，所以

---

① 顾炎武：《日知录集释》第二〇，栾保群点校，中华书局，2020，第 1018 页。

刘乃和认为："用干支纪时,则自汉武帝太初改历以后开始。"①
但这只是一种可能性,也即时间上限,目前还没有文献可以支持
干支纪时始于汉代。事实上,将天干与地支配以纪时在文献中极
为罕见,大约至北宋时期才开始出现,也有人认为在唐代已经为
算命先生所使用。正因如此,我们也可以说,只有在北宋以后才
有可能产生"生辰八字"的概念。

综上所述,直到宋代,年、月、日、时统一的干支纪时系统才
趋于完整。由于该系统是纯粹由天干地支描述的时间系统,习惯
上被称作"干支历"。又由于该系统以寅月为岁首,第一年岁首叫
"丙寅月",此后四年的岁首分别叫"戊寅月""庚寅月""壬寅
月""甲寅月",始点都在立春这天,年末终于大寒结束,所以,"干
支历"又被叫作"节气历"。

可是,仔细想想,一年只有十二个月,一天只有十二个时辰,
用十二支就完全够用了,配上天干,几乎没有任何实际意义。事
实上,干支纪时和干支纪月在官方文献中极其罕见,可见这并不
是大传统的文化要素,而是小传统的文化现象,很可能只是数
术家(算命先生)之流出于自神其术的需要,不断演绎出来的新
花样。

---

① 刘乃和:《中国历史上的纪年(上)》,载北京图书馆《文献》丛刊编辑部编《文献》
第 17 辑,书目文献出版社,1983,第 238 页。

五、生肖属相是数术家的发明

十二支又称十二辰、十二地支，本是天文学的概念，何时何人发明，这些历史早就湮没了，估计永远不会有答案。汉代的《春秋命历序》直接将这一发明追溯到了天地开辟之际，那时候万物浑浑，无知无识，幸好诞生了天皇兄弟十三人，"乘风雨，夹日月以行。定天之象，法地之仪，作干支以定日月度，共治一万八千岁"[①]。当然，这种解释只能当神话看，但至少说明天干地支知识的发明过于久远，汉代的时候就已经超出了可追溯的视程。

将阴阳、五行、天干、地支等抽象概念用来配附和解释天地万物及其相互关系，是古人常见的思维方式。比如，用阴阳比附月亮和太阳、女人和男人、春夏和秋冬，用五行分别配附五种颜色、五个方位、五个季节、五脏六腑等，借以阐发事物之间的普遍联系与相互制约关系。所以，用十二支分别配附十二个方位、十二个时辰、十二个器官、十二种动物，也就落在常理

▶ 云梦睡虎地秦简，1975 年出土于湖北省云梦县。（图/湖北省人民政府官方网站）

---

① 黄奭辑《黄氏逸书考》第六三《春秋命历序》，江苏广陵古籍刻印社，1984 年影印本，第 10 页。

之中了。

用十二支配附十二种动物，至晚可以追溯到秦代。1975年，湖北云梦睡虎地出土的竹简《日书》中有《盗者》章，已经出现了十二种搭配：子鼠、丑牛、寅虎、卯兔、辰（未书动物名）[①]、巳虫、午鹿、未马、申环、酉水、戌老羊、亥豕。

但这里的十二支主要是借助动物特征描写盗贼相貌，比如说到鼠相的人长得尖嘴稀须："子，鼠也。盗者兑（锐）口，希（稀）须，善弄手，黑色，面有黑子焉，疵在耳，臧（藏）于垣内中粪蔡下。"说到猪相的人则是大鼻长脊："亥，豕也。盗者大鼻而票（剽）行，长脊，其面不全。疵在要（腰），臧（藏）于圂中垣下，夙得莫（暮）不得。"[②]

1986年在甘肃天水放马滩出土的秦简《日书》，2000年在湖北随州孔家坡出土的汉简《日书》，也有相似的盗占内容，但是个别支的对应物不大一样。比如申对应的是"石"或"玉石"。多数专家将睡虎地《日书》中申的对应物"环"释为"猨"，也即猿、猴，但如果将三种《日书》结合起来看，环、石、玉石，很可能是同一种东西，未必是猿。不过陈泳超认为，十二支中其他支都是动物，这个申也应该是某种动物。

《日书》属于古代数术，是一种占卜参考书，可见以十二辰占卜在秦汉之间是一种比较流行的方法，所以有学者认为："出土

[①] 此处十二动物全部对应"盗者"，或许是因为"龙"系特指，不宜用作盗者比附，因此避谈"辰龙"长相的盗者。
[②] 陈伟主编，彭浩、刘乐贤等撰著《秦简牍合集：释文注释修订本》第2辑，武汉大学出版社，2016年，第446-447页。

文献中仅有《日书》记载十二辰之禽,说明生肖是数术家的发明。"①
这种推测是有依据的。一同出土的竹简中还有一章《十二支占死
咎》,也是用十二支来比附十二种灾祸。

其实,数术家(算命先生)不仅用十二支来占卜盗者,也用十
干来占卜社会阶层。陈遵妫说:"纪夜用十干,而推论节气交食
等则用十二支;想古时日分百刻(一天分为一百刻),则以十干比
较便利,日分十二辰,则以十二支比较便利。到了唐代算命先生
才把时也配上十干,成了干支纪时。"②

古代很早就有以十时占卜十种人生的案例。《左传·昭公五年》
有一段话:"日之数十,故有十时,亦当十位。自王已下,其二为
公,其三为卿。"③ 杜预《集解》将所谓的"十位"做了具体展开,
也即将十个时段分别配给了王、公、卿、士、皂、舆、隶、僚、仆、
台十个阶层。王文清在《人有十等考略》中说:"日中当王,食时
当公。平旦为卿,鸡鸣为士。夜半为皂,人定为舆。黄昏为隶,日
入为僚。晡时为仆,日跌为台。隅中日出,阙不在第;尊王公旷其
位。"④ 其中"日中"大概在上午十一点到十二点,"食时"在上
午七点到八点,"平旦"在早上三点到四点,"鸡鸣"在夜里一点
到二点。

用一天的十个时辰占卜十种人生,或许是指这十个时段出生

---

① 刘信芳:《生肖的起源及文化属性》,《中原文化研究》2013 年第 4 期。
② 陈遵妫:《中国天文学史》第三册,曾振华校订,上海人民出版社,1984,第 1374 页。
③ 郭丹等译注《左传·昭公五年》,中华书局,2018,第 1646 页。
④ 王文清:《王文清集》二,黄守红校点,岳麓书社,2013,第 634 页。

的人，分别有什么样的命运。如果真是这样，这就是"生辰八字"最古老的雏形。

秦简《日书》的重要性在于，一方面揭示了十二生肖的数术源头，说明十二支与十二种动物的对应关系至迟在秦代就已初步形成。另一方面也告诉我们，这一搭配至少在西汉初期尚未与岁时发生关系，而且十二种动物的贬义色彩非常浓烈（分别代表十二种盗贼的形象），暂时还不能叫作十二生肖。

也有些学者认为，十二生肖的记载，以《诗经·吉日》为最早，因为诗中有"吉日庚午，即差我马"，可见当时"午"已经与"马"相配。但是这种说法恐怕不能成立，这从全诗第一句"吉日维戊，既伯既祷"就可以看出来，诗中"伯"即马神，说的是戊日骑马出猎，庚午日再次骑马出猎。要是按照庚午即马的生肖推想，那么第一句就应该写成"吉日维戊，既差我犬"才对。不联系上下文，孤立地把一句"吉日庚午，即差我马"拉出来进行简单联想，很容易出问题。

六、民俗话语中的生肖属相以正月初一为界

生肖一定要与干支纪年方式保持一致，壬寅年只能是虎年，癸卯年只能是兔年，这取决于寅与虎、卯与兔的对应关系。关键是要搞清楚壬寅年从哪一天开始算起。

大传统（官方）的岁首是"建寅之月"，也即斗柄指寅的这个朔望月、夏历的正月。正月初一作为新年的第一天，自然就是纪年的第一天，所以，如果将生肖放在大传统的历法系统中看，正

月初一子时以后出生都该算入这一年的生肖。但是正如我们前面说到的，生肖并不是大传统的产物，大传统"不语怪力乱神"。早期的属相知识都是起源于数术家的发明，使用十二辰占卜算卦显然是一种小传统。

接着我们看看生肖属相的说法是什么时候开始流行的。我们前面说过，系统的干支历形成较晚，很可能迟至北宋时期才得以完整建构，那么，生肖属相是在什么时候开始的呢？如果早在唐宋之前就已经开始流行，那就说明在数术家的小传统之外，世俗社会仍有一套自己的民俗话语系统。

《南齐书》中有这么一段记载。

> 永元中，童谣云："野猪虽嗃嗃，马子空闾渠。不知龙与虎，饮食江南墟。七九六十三，广莫人无余。乌集传舍头，今汝得宽休。但看三八后，摧折景阳楼。"识者解云"陈显达属猪，崔慧景属马"，非也。东昏侯属猪，马子未详，梁王属龙，萧颖胄属虎……三八二十四，起建元元年（479 年），至中兴二年（502 年），二十四年也。摧折景阳楼，亦高台倾之意也。言天下将去，乃得休息也。[1]

我们将这几个人的生年查一下，看看是否吻合属相。东昏侯

---

[1] 萧子显：《南齐书》卷一九《五行》，中华书局，1972，第 383 页。

萧宝卷生于癸亥年（483 年），属猪；萧王萧衍生于甲辰年（464
年），属龙；萧颖胄生于壬寅年（462 年），属虎。三者全都吻合。
永元是东昏侯萧宝卷的年号，总共只有三年，公元 499 年至 501
年。也就是说，早在南北朝时期，生肖属相就已经被用作童谣的
谶语，显然已经成为民间常识。

　　另有一个经常被十二生肖研究者提及的著名例子，《北史》
卷五七《宇文护列传》载录了宇文护母亲的一封书信，其中提及：
"昔在武川镇，生汝兄弟，大者属鼠，第二属兔，汝身属蛇。"① 查
北周权臣宇文护生于癸巳年（513 年），正是属蛇。

　　这两个例子都有一个特点，那就是在这一时期，人们认为属
相与命运是密切相关的。前者说明，龙虎联合，天下无敌，而属猪
的只是龙与虎的口中饮食而已。后者说明，宇文护虽然权倾天下，
但是生肖属蛇，终非真龙天子，僭越必生灾祸。由此可见，到南北
朝时期，生肖属相的观念已经广为民间所知，而且很可能主要是
用来占卜人物命运。这大概跟秦代《日书》用动物来描述人物特
征是一脉相承的。

　　严格以立春为岁首的干支历必须依赖于干支纪月的形成，而
干支纪月大约到唐代才开始逐渐流行，也就是说，在干支纪月形
成之前的南北朝时期，民间就已经有了生肖属相的观念。所以说，
南北朝时期谈论生肖属相，必然不是以立春，而是以正月初一作

---

① 李延寿：《北史》卷五七《宇文护列传》，中华书局，1974，第 2063 页。

为时间分界点。

但是，以上例子还只能说明生肖可以用来比附该年出生的人物属性，并不代表当时已经用生肖来指代年份。从文献上看，用生肖指代年份可能要晚于用生肖比附人物。

至迟在唐代，李商隐《行次西郊作一百韵》诗中就有这样的句子："蛇年建丑月，我自梁还秦。南下大散岭，北济渭之滨。"诗中明确使用了"蛇年"的称谓。生肖年的使用虽然比属相的称谓晚了300多年，但依然还在完整干支历形成之前，可见民间以生肖论年、以生肖论属相，都是在干支历尚未成型之前就有了，可见，民间所说的生肖属相只能以正月初一为分界点。

七、数术家推算生肖属相以立春为界

尽管历代统治者禁止民间颁布乃至研究历法，但还是有许多民间数术家甘冒风险，乐此不疲，其中最著名且得善终的大概是落下闳。公元前104年，汉武帝"太初改历"，遭遇了一批历法官员的集体请辞，于是改召民间天文学家，"乃选治历邓平及长乐司马可、酒泉侯宜君、侍郎尊，及与民间治历者凡二十余人，方士唐都、巴郡落下闳与焉"（《汉书·律历志》）。

落下闳这样的数术方士，数千年来从未断绝，在民间社会一直代有传承。唐代的袁天罡、李淳风，更是其中的佼佼者。直到现代还有这样的家族存在，当代著名的《广东省兴宁市罗家推算通书》（简称《罗家通书》），就是创自雍正年间的罗庆辉。传说《罗家通书》曾经得到雍正皇帝恩准发行，近三百年间几乎覆盖了整个华南乡村市场。罗家推算二十四节气，就用"加五日，加三时，减一刻，进四分"的口诀进行推算，先算"二分二至"，再算其他节日时分。而这一切，最终都是服务于背后的择日、算命、山课等一系列内容，借以指导避凶、趋利、求好的民俗生活，内容繁杂而又自成体系。

由于干支纪年和纪日早已进入官方历法体系，我们在翻检古代文献的时候，可以将着眼点放在干支纪月，看看古人是在什么语境中使用这套历法系统。

不出意外的是，但凡使用干支纪月的文献，一般只有两种情况：一是与风水、地理、墓葬、祭祀、建庙相关的勒石纪事，比如河南灵宝的《重修铁佛庵碑记》，落款时间为"时成化十年（1474年）岁在甲午戊辰月壬寅吉日"。另一种情况是述及人物生卒年的命运故事。比如下面两则故事。

> 人之赋命，岁月日时同，则寿夭荣悴亦大略相似。丰城甘同叔、莆田林直卿，皆以绍兴甲寅年、丙寅月、甲子日、甲子时生，皆为士人，同中淳熙戊戌省科……其所享禄食均，甘但多披青袍三年耳。[①]

---

① 洪迈：《夷坚志》甲卷一○《甘林二命》，何卓点校，中华书局，2006，第792页。

富文忠甲辰年丙寅月丙午日癸巳时生，韩忠献戊申年庚申月庚申日庚辰时生。昔有善术者云："富命可及九分，韩不及一二分，功名禄位，不相上下。"论者莫以为然。厥后忠献薨时才年六十，文忠还政优游自适十年方捐馆，寿八十，始信术之精微也。[1]

因为生辰八字中，有四个字关系到生肖，所以，数术家在解释人物命运的时候，常常是取其有解释意义的一两种生肖来做文章，但一般都会用上年份生肖。比如明代传奇《小桃园》，在述及十六国刘渊称帝时说："渊遂即真，大封功臣，而立邵氏为后。其即位在甲寅年戊辰月，应木虎泥龙之祥也。"[2] 甲在五行中属木，戊在五行中属土，故谓木虎泥龙。

经过上面的梳理我们知道，在不同的语境中，至少有三个岁首：公历1月1日、农历正月初一、干支历和节气历的立春日。这样，我们就可以知道生肖属相应该以哪个岁首为界。如果只是普通的社会交往，闲聊攀谈，那就应该以正月初一作为分界点。但如果是找数术家算八字定属相，那他一定会告诉你，生肖属相是以立春为界的。算命先生有一套特别的话语系统，这是他们用来区分专业内外的知识屏障。事实上，我们翻开任何一本由民间数术家印行的皇历（又称黄历、通书、通胜），都会发现他们将干支纪年

---

[1] 高晦叟：《珍席放谈》卷下，孔凡礼整理，大象出版社，2019，第300页。
[2] 佚名：《传奇汇考》卷六《小桃园》，李占鹏点校，巴蜀书社，2017，第517页。

的分界点定在立春这天，比如，壬寅年的最后一天是 2023 年 2 月 3 日，癸卯年的第一天当在 2 月 4 日立春。

八、属相只是一个有趣的生年符号

需要特别说明的是，可能还有许多人不知道，国家标准化管理委员会曾经在 2017 年颁布《农历的编算和颁行》（GB/T33661—2017）国家标准，首次将农历编算和颁行纳入标准化管理体系。

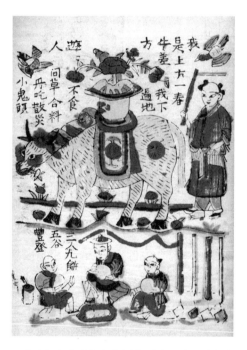

▶ 立春打春牛习俗遍及全国。流行于山西的打春牛年画，画面上书"我是上方一春牛，差我下方遍地游，不食人间草合料，丹吃散灾小鬼头"，下书"三人九饼，五谷丰登"。

但是，这个编算标准并没有告诉我们到底应该如何编算，编算的依据是什么，它只是用一系列"判例法"暗示我们：生肖属相应该按照"遵循先例"的原则，以农历正月初一为界。

《农历的编算和颁行》第 6.1.2 条"生肖纪年法"规定："生肖纪年的循环参考时间：对应于 6.1.1 中干支纪年循环参考时间的农历年为鼠年。"然后，我们再看第 6.1.1 条，是这么规定的："干支纪年的循环参考时间：对应于北京时间公历 1984 年 2 月 2 日 0 时起到 1985 年 2 月 19 日 24 时截止的农历年为甲子年。"①

于是我们得查一查 1984 年 2 月 2 日，发现这一天是农历正月初一，而该年立春日是 2 月 4 日，晚于正月初一。再查 1985 年 2 月 19 日，这一天正是除夕，而该年立春是 2 月 4 日，早于正月初一。于是我们知道了，现在国家规定的干支纪年（生肖年）已经将之完全等同于农历年，标准起算时间就是农历正月初一。

最后，摘录一段明代小说《镜花缘》对于以生肖属相论人品的批评。

左氏云："卜以决疑，不疑何卜。"若谓必须推算，方可联姻，当日河上公、陶弘景未立命格之先，又将如何？命书岂可做得定准？那推算之人，又安能保其一无错误？尤可笑的，俗传女命北以属羊为劣，南以属虎为凶。其说不知何意？至今相沿，殊不可解。人值未年而生，何至比之于羊？寅年而生，又何至竟变为虎？——且世间惧内之人，未必皆系属虎之妇。况鼠好偷窃，蛇最阴毒，那属鼠、属蛇的，岂皆偷窃、阴毒之辈？龙为四灵之一，自然莫贵于此，岂辰年所生，都

① 中国科学院紫金山天文台：《农历的编算和颁行》，国家标准全文公开系统，标准号：GB/T 33661-2017, https://openstd.samr.gov.cn, 2017 年 5 月 12 日发布，2017 年 9 月 1 日实施。

是贵命？此皆愚民无知，造此谬论，往往读书人亦染此风，殊为可笑。[1]

在科学昌明的今天，相信以生肖属相来算命配姻缘的年轻人已经越来越少。所谓生肖，源于民间数术家（算命先生）的发明，在历史的发展中不断扩展其影响，逐渐成为一种民间纪年的时间符号，并且得到国家历法体系的接纳。

生肖属相既不遵循自然法则，也不遵循科学法则，只是一种人为规定的符号体系，得人喜欢而已。年轻人觉得形象好记、呆萌有趣就好，马头或者蛇尾，猴头或者羊尾，那又有什么关系呢？

---

① 李汝珍：《镜花缘》第十二回，上海古籍出版社，2006，第51页。

后　记

把学术著作当侦探小说写

从"破案"这个角度看，学者与侦探没有什么质的区别。我小时候特别喜欢看侦探小说，自打从事学术研究之后，欣喜地发现这项工作也如侦探一样有趣。只不过侦探面对的是现实的、具体的案件，我们面对的是过去的、具有一定人文意义的事件；侦探是在人堆里找证据，而我们是在书堆里、田野中找证据。

一个学者对于过去事件的陈述与解析是否成功，不仅取决于他占有的信息、材料，还取决于他使用的工具、方法，以及他的评判眼光、叙述技巧。一个好的学者，不仅要有警察洞悉世务的机敏，还要有法官明察秋毫的判断能力，以及律师口若悬河的叙事才华。一个学者具备的能力越齐全，他的著作也就越有说服力、越好看。

其实，人类知识都是由各种"合情推论"组成的。在顾颉刚之前，我们一直相信三皇五帝都是真实的上古英雄，但当顾颉刚提出"层累造史说"之后，我们转而相信上古历史大都是神话和传说，因为顾颉刚说服了我们，历史演进法就是顾颉刚递给我们的推论工具。自然科学也是如此，在爱因斯坦之前，牛顿力学显然是"真理"，只有当相对论出现之后，我们才会明白牛顿力学是人类对自然的一次"误读"。

但是，如果没有前面的牛顿力学，又哪来后面的相对论呢？所以，我们只能、而且必须接受当下最合理的解释，这是人类知识据以进步的唯一方案；如果我们什么也不相信，就等于否定了所有的知识基础。

以天文学为例。尽管我们的古人并不知道地球是绕太阳运转的，他们甚至错误地认为太阳是绕着大地运转的，但这并不妨碍他们观测日月轮替、斗转星移的运动规律，他们基于这些观察所建立的天球模型，不仅可以用来预测时节变换，还可以用来判断星宿位置、预测日月食蚀。模型的原理是错误的，但尊重规律、利用规律的原则是正确的。

法官断案不也是这样吗？人们永远无法回到案发现场，法官只能根据有限的证据和各方的陈述来推断案情。哪一方律师能出示更有力的证据，能给出更合理的解释，法官就认为哪一方律师的陈述为"真"。这种判断显然是不尽合理的，但是，当我们亟须一个"结论"的时候，这是唯一可用的办法。

学术研究的任务，就在于为各自领域的"问题"找到一个"最合理的解释"。通过寻找线索和材料，借助逻辑推论，充分运用我们的智慧,生产出新的有意义的知识,充实到人类文化的"传统池"中。

学术研究的尊严不在于结论是否为"真",而在于研究方法是否合乎时代规范、研究过程是否充分体现了人类思考问题和解决问题的能力、研究成果是否闪烁着人类智慧的光芒。通俗地说,学术研究的成败标准可以表述为:有没有遵照学术研究的游戏规则,把游戏玩好。

把学术著作当侦探小说写,一直是我的学术追求。

感谢安徽人民出版社惠允出版这本故事侦探的小册子!感谢安徽人民出版社各位老师为此付出的辛苦工作!

施爱东

2024 年 3 月 3 日